HEYNE ‹

Mihrigul Tursun
Andrea C. Hoffmann

ORT OHNE WIEDERKEHR

Wie ich als
Uigurin Chinas Lager
überlebte

WILHELM HEYNE VERLAG
MÜNCHEN

Sollte diese Publikation Links auf Webseiten Dritter enthalten,
so übernehmen wir für deren Inhalte keine Haftung,
da wir uns diese nicht zu eigen machen, sondern lediglich
auf deren Stand zum Zeitpunkt der Erstveröffentlichung verweisen.

Die Namen einiger in diesem Buch erwähnten Personen wurden zu
ihrem eigenen Schutz und dem Schutz ihrer Angehörigen geändert.

Penguin Random House Verlagsgruppe FSC® N001967

Originalausgabe 01/2022

Copyright © 2022 by Wilhelm Heyne Verlag, München,
in der Penguin Random House Verlagsgruppe GmbH,
Neumarkter Straße 28, 81673 München

Umschlaggestaltung: Hauptmann & Kompanie
Werbeagentur, Zürich
unter Verwendung eines Fotos von Kuzzat Altay
Satz: Satzwerk Huber, Germering
Druck: GGP Media GmbH, Pößneck
Printed in Germany
ISBN: 978-3-453-60614-2

www.heyne.de

Inhalt

Prolog 7

1 Eine Uigurin in China 9

2 Hochzeit mit Hindernissen 36

3 Drei Mal Mutter 60

4 Rückkehr ins Ungewisse 82

5 Gefangen in der Hölle 108

6 Was habt ihr mit meinem Sohn gemacht? 121

7 »Dein Gott ist Xi Jinping!« 136

8 Auf Schritt und Tritt überwacht 182

9 Dem Tode geweiht 197

10 Erlösung 218

11 Heimatlos in Ägypten 240

12 Mein neues Leben im alten 258

Nachwort 277

Prolog

Nach einem langen Flug landete unsere Maschine in Washington. Aufgrund der Zeitverschiebung zwischen Ägypten und den USA schien bei der Ankunft immer noch die Sonne. Meine Kinder, die auf dem letzten Drittel der Strecke geschlafen hatten, rekelten sich und sahen neugierig aus dem Fenster. »Wir sind angekommen!«, sagte ich zu ihnen. »Das ist unser neues Zuhause.«

»Viele Flugzeuge«, staunte mein Dreijähriger. Er konnte es kaum erwarten, die Maschine in Richtung Rollfeld zu verlassen. Ich angelte unsere Taschen aus den Gepäckfächern und schob ihn und seine Zwillingsschwester in Richtung Ausgang. Auf der Gangway schien uns die Nachmittagssonne ins Gesicht.

Eine arabische Passagierin half uns, einen Wagen für unser Gepäck zu ergattern. Dann standen wir in der Schlage zur Sicherheitskontrolle, ich hielt meine beiden Kleinen fest an je einer Hand. Ich konnte es kaum glauben, dass wir uns tatsächlich auf amerikanischem Boden befanden. Doch als die Immigration-Officer in Sichtweite kamen, spürte ich, dass die Kinder zappelig wurden und nicht mehr weiter gehen wollten. Mit weit geöffneten Augen starrten sie den Uniformierten und ihren Hunden entgegen, die das Gepäck auf der Suche nach Drogen beschnüffelten. »Sie werden uns schlagen!«, sagte mein Sohn ängstlich. Plötzlich rissen sich beide Kinder von mir los und rannten davon. Ich setzte ihnen hinterher. Das Gepäck ließ ich einfach stehen. Stattdessen verfolgte ich die beiden Ausreißer, die in der Menge der wartenden Menschen untergetaucht waren. Ich respektierte keines der Absperrbänder und verursachte dadurch große Unruhe. Die Sicherheitsleute waren sofort alarmiert. »Hey, kannst du nicht in der Reihe stehen?«, pflaumte mich einer an.

In diesem Moment entdeckte ich meine Kinder: Sie hatten sich unter einem Tisch versteckt. Ich eilte zu ihnen. Doch sie zitterten vor Angst, weil sie sahen, dass mir einer der Sicherheitsleute gefolgt war und sich mir von hinten näherte. »Sie werden dich festnehmen! Lauf weg, Mama!«, warnte mich meine Tochter.

»Was ist hier eigentlich los?«, fragte der Uniformierte mit lauter Stimme.

»Meine Kinder haben Angst vor Ihnen«, versuchte ich ihm zu erklären.

»Ja, aber warum?« Obwohl der Mann ungefähr 1,90 Meter groß war und eine Waffe trug, fehlte ihm jedes Verständnis, warum sich jemand vor ihm fürchten sollte.

Die Araberin, die uns mit dem Gepäck geholfen hatte, kam jetzt ebenfalls zu uns. Sie bat den Uniformierten, leiser zu sprechen. Und sie hatte Bonbons dabei, die sie den Kindern reichte, die immer noch ängstlich unter dem Tisch kauerten.

Langsam beruhigten sie sich. »Ihr seid kluge Kinder«, sagte ich zu ihnen, als sie wenig später nach etwas Zureden bereit waren, an meiner Hand langsam die Grenzkontrolle zu passieren. »Aber ihr braucht keine Angst mehr zu haben: Wir sind jetzt in den USA, wir sind in Sicherheit.«

Ich konnte ihre ängstliche Reaktion gut verstehen. Wir hatten viel durchgemacht, alle drei. Wir waren gerade der Hölle entkommen.

1
Eine Uigurin in China

Ich stamme aus dem Dorf Toraklik in der Nähe von Qarqan, einer Oasenstadt in der Taklamakan-Wüste im äußersten Westen Chinas. Dieser Ort hatte nichts mit dem Hightech-China zu tun, das die Welt heute kennt. Zumindest zum Zeitpunkt meiner Geburt im Jahr 1989 schien die Zeit in meiner Heimat noch stehen geblieben zu sein.

Ich wurde auf einem Eselskarren geboren. Das Gefährt sollte meine Mutter aus unserem Dorf nach Korla bringen, der nächstgrößeren Stadt, in der es ein Krankenhaus gab. Normalerweise gebaren die Frauen in der Gegend ihre Kinder zu Hause. Aber ich kam viel zu früh auf die Welt und befand mich außerdem in einer gefährlichen Seitenlage. Deshalb brauchte meine Mutter einen Arzt für die Entbindung. Die lange und holperige Fahrt mit dem Karren war die einzige Möglichkeit, zu ihm zu gelangen. Doch sie schaffte es nicht: Ich kam bereits, als sie und mein Vater sich auf der Hälfte des Weges befanden. Bei der Niederkunft gab es schlimme Komplikationen. Meine Mutter, die damals erst siebzehn Jahre alt war, überlebte meine Geburt nicht.

Mein Vater, Tursun, war untröstlich. Er hatte Mutter erst ein Jahr zuvor geheiratet. Die beiden waren sehr verliebt ineinander gewesen, und voller Hoffnung auf eine große Familie.

Aber plötzlich war da nur noch der Schmerz. Und ein kleines Baby, das brüllte und nach der Milch seiner Mutter verlangte.

Mutter wurde noch am selben Tag nach islamischem Ritus beerdigt. Danach tagte der Familienrat, um zu entscheiden, was mit mir geschehen sollte. Niemand räumte mir große Überlebenschancen ein. Ich war fast sechs Wochen zu früh auf die Welt gekommen und viel zu klein. So klein, dass ich angeblich in den Hut meines Vaters passte. Alle glaubten daher, dass ich sterben würde. Nur meine alte Großmutter, die Mutter meiner Mutter, die gerade ihre Tochter verloren hatte, klammerte sich an die Hoffnung, wenigstens ihre Enkelin könnte leben.

Sie machte meinem Vater einen Vorschlag: »Gib die Kleine mir. Ich werde versuchen, sie hochzupäppeln.« Wie alle war auch Großmutter voller Trauer. Aber vielleicht fühlte sie, dass ihr das Mädchen, das da mit etwas Glück heranwachsen würde, über den Verlust ihrer geliebten Tochter hinweghelfen könnte. Meine Großmutter sah in mir immer einen Teil meiner Mutter: den Teil, der noch lebte. Deshalb wollte sie sich um das kleine Wesen kümmern, in dessen Adern das Blut ihrer Tochter Malika floss.

Außerdem verstand meine Großmutter sofort, dass mein Vater mit der Pflege eines Neugeborenen allein völlig überfordert war. Sie hingegen kannte sich gut mit Kindern aus. Schließlich hatte sie insgesamt 24 davon auf die Welt gebracht und großgezogen.

Meine Mutter war ihre Jüngste gewesen. Aber sie hatte noch eine weitere Tochter, die bislang unverheiratet war. Meine Tante Menzire glich meiner Mutter sehr: Sie ist, ebenso wie meine Großmutter und ich selbst, eine kleine und sehr zierliche Frau. Ihre Haut ist für die Menschen unserer Region eher hell, die Züge ihres Gesichts sind sanft. Außerdem besitzt sie dieselben dunkelbraunen, leicht gewellten Haare, die ihr bis fast zur Hüfte reichen. Und sie war nur eineinhalb Jahre älter als meine Mutter. Deshalb war meine Großmutter sich fast sicher, dass sie meinem Vater ebenfalls gefallen würde. Sie schlug ihm vor, Menzire nach einer angemessenen Trauerzeit zu heiraten. Nach einer kurzen Bedenkzeit erklärte mein Vater sich einverstanden, mit Menzire eine neue Familie zu gründen.

So kam es also, dass ich im Haus meiner Großmutter aufwuchs. Sie wohnte in einem bescheidenen Lehmbau etwas außerhalb des Dorfes Toraklik. Mein Vater und meine Tante lebten in einem anderen Dorf. Wir besuchten sie einmal im Monat, oder die beiden kamen zu uns, um mich zu sehen. Daher habe ich bis heute ein sehr inniges Verhältnis zu ihnen und betrachte Menzire als eine Art Ersatzmutter. Aber meine allererste und wichtigste Bezugsperson war meine Großmutter, eine Frau, die damals zwar schon alt war, aber voller Warmherzigkeit und Güte.

Anfangs hatte sie es sehr schwer mit mir, da ich nach der frühen und tragischen Geburt stark kränkelte. Eine Zeit lang wusste niemand, ob ich ohne Muttermilch überleben würde. Aber meine Großmutter besaß eine Kuh und vier Schafe. Und sie hatte Geduld: Wann immer ich nach Nahrung verlangte, tunkte sie ihren Finger in eine Schale mit Schafsmilch und ließ mich daran nuckeln, als ob es die Brust meiner Mutter wäre. Auf diese Weise gelang es ihr, mich mit viel Mühe langsam aufzupäppeln. Mit der Zeit wurde ich stärker und nahm auch etwas an Gewicht zu. Als ich endlich das Schlimmste überstanden hatte und klar war, dass ich leben würde, freute sich meine Großmutter unbändig über ihr fünfundzwanzigstes Kind. Mit Stolz und Zuversicht sagte sie allen, dass Gott es besonders gut mit ihr gemeint habe.

Großmutter vertrat in vielerlei Hinsicht eine Welt, die es heute gar nicht mehr gibt. Schon damals war diese Welt im Begriff unterzugehen – aber das merkten wir nicht. Mehr als 4.000 Kilometer von Peking entfernt lebten wir in einer Art Paralleluniversum. Sogar unsere Uhren gingen anders, weil die Sonne hier viel später aufgeht als im chinesischen Kernland. Um ehrlich zu sein, war mir in den ersten Jahren meines Lebens nicht einmal klar, dass wir in einem Land namens China lebten: Wenn es um unsere Heimat ging, redeten meine Verwandten immer von Ost-Turkistan. Deshalb glaubte ich selbstverständlich, unser Land hieße auch so.

Die Chinesen, das waren für mich irgendwelche fremden Leute, die schmale Augen, platte Nasen und keine Körperbehaarung hatten. Die chinesischen Frauen flochten ihre Haare nicht zu Zöpfen, und die Männer trugen keine Bärte und Kopfbedeckungen, wie die Leute bei uns im Dorf. Uns Kindern schärfte man ein, dass wir uns vor Chinesen in Acht nehmen und im Zweifel vor ihnen wegrennen sollten, da sie gerne uigurische Kinder verspeisten. Das glaubte ich, das glaubten wir alle. Deshalb waren wir auch heilfroh, dass sich nie ein Chinese in unser Dorf verirrte.

In materieller Hinsicht lebten wir bescheiden, manche würden es ärmlich nennen. Damals empfand ich das jedoch nicht so. Aber wenn ich jetzt zurückblicke und unseren Lebensstandard mit dem in anderen Regionen Chinas vergleiche, erkenne ich es deutlich: Im Haus meiner Großmutter gab es weder Elektrizität noch fließend Wasser. Um unsere Trinkwasservorräte zu erneuern, schickte sie mich täglich mit zwei Eimern zu einem nahe gelegenen See, aus dem die Oase ihr Wasser speiste.

Zu meinen Aufgaben rund um das Haus gehörte es auch, das Vieh zu hüten. Nach dem morgendlichen Melken führte ich unsere Schafe und die Kuh zu wenigen Stellen, an denen genug Gras und Grünzeug wuchs, damit sie sich tagsüber satt fressen konnten. Gleichzeitig musste ich aufpassen, dass mir die Tiere nicht wegliefen. Als ich später zur Schule ging, suchte ich auf dem Weg dorthin Orte, wo ich sie anbinden und zurücklassen konnte, um sie nach dem Unterricht wieder abzuholen.

Wenn ich feststellte, dass ein Tier trächtig war, strahlte das faltige Gesicht meiner Großmutter vor Freude. Lämmer waren uns immer willkommen, denn sie brachten zusätzliche Milch und Wolle, aber auch Fleisch. Einmal gebar ein Schaf sogar zwei Lämmer auf einmal. Meine Großmutter überlegte bereits, was wir damit anfangen würden. »Wir können es verkaufen und uns warme Kleider kaufen – oder wir behalten es und füttern mit der Wolle unsere Jacken«, sagte sie zu mir. Im Winter brauchten wir immer besonders warme Kleider.

Aber Großmutter hatte ihre Pläne ohne das Mutterschaf gemacht. Das nämlich hatte überhaupt keine Lust, zwei Lämmer gleichzeitig zu ernähren. Die Schafsmutter ließ nur das größere Lamm an ihre Zitzen, dem kleineren, schwächeren zeigte sie die kalte Schulter. Es saß jammernd in einer Ecke und schrie nach Nahrung. Ich war entsetzt über so viel Grausamkeit. Meine Großmutter mühte sich vergeblich, die Mutter und ihr Junges zu vereinen. Irgendwann gab sie auf.

»Sie wird es nicht annehmen«, erkannte sie nach unzähligen Versuchen.

»Aber wir können es doch nicht einfach sterben lassen!«

»Nein.« Großmutter wies mich an, im Schuppen nach einer speziellen Flasche zu suchen. Die hatte vorne eine Saugvorrichtung und sah aus wie eine Trinkflasche für Menschen-Babys. Darin füllte sie Milch, die vom Melken übrig geblieben war. »Wir müssen es selbst großziehen«, sagte Großmutter, »das ist jetzt deine Aufgabe.«

So fand ich mich plötzlich in der Rolle der Schafsmutter wieder: Mehrmals täglich gab ich dem kleinen Lamm die Flasche, die es immer hungrig und ungeduldig annahm. Nach ein paar Tagen wurde es stärker und sein Fell flauschiger. Schließlich begann es sogar, die Umgebung außerhalb des Schafstalls zu erkunden. Ich war sehr zufrieden mit meiner Arbeit.

Die Schafe waren unsere Lebensgrundlage und entscheidend für unsere Ernährung. Jedes Jahr, meist zu einem besonderen Anlass, schlachteten wir eines. Das Fleisch lagerten wir in einer Erdgrube unter dem Haus, da wir keinen Kühlschrank besaßen. Viel Fleisch kochten wir aber auch unmittelbar nach dem Schlachten ein, um es an unsere Nachbarn und Verwandten im Dorf zu verteilen. Denn so ist es bei uns Tradition: Jeden Tag kocht eine andere Familie im Dorf und gibt allen Nachbarn etwas ab. Auf diese Weise gibt es oft etwas Warmes zu essen, auch wenn man selbst gerade nichts hat oder einfach nicht kochen mag.

Wir aßen das, was der kleine Garten hinterm Haus so hergab. Dort baute meine Großmutter Rüben, Bohnen, Kartoffeln, Tomaten und allerlei anderes Gemüse an. Außerdem gab es Obstbäume mit leckeren Aprikosen und Granatäpfel, die unglaublich süß schmeckten, wenn sie reif waren. Dann schlug ich mir den Magen damit voll, und meine Großmutter schimpfte mit mir. »Du sollst auch den anderen Kindern etwas abgeben«, verlangte sie, denn in unserer Kultur ist es sehr wichtig, dass man sein Essen mit anderen teilt.

Obwohl meine Großmutter und ich eigentlich nur zu zweit und etwas außerhalb des Dorfes lebten, hatten wir sehr oft Gesellschaft. Denn viele meiner Tanten und Onkel wohnten in der Gegend. Sie kamen regelmäßig vorbei, und auch meine zahlreichen Cousins und Cousinen, die ungefähr in meinem Alter waren, gingen bei uns ein und aus.

Meine beste Freundin war Khoshgul, die zarte und kränkliche Tochter unserer Nachbarn. Mit ihr spielte ich am liebsten »Familie«. In diesem Spiel passten wir beide als Puppenmütter auf unsere Kinder auf. Aber natürlich hatten wir keine richtigen Puppen. Wir besaßen überhaupt kein gekauftes Spielzeug, nur selbst gebasteltes. Als Puppen dienten uns große Mohrrüben, in die wir mit einem Messer Gesichter schnitzten. Das Grünzeug betrachteten wir als das Haar unserer Rüben-Kinder. Wir wiegten sie im Arm, fütterten sie oder brachten sie ins Bett, wie echte Kinder – oder eben wie echte Puppen.

Manchmal übernachteten Khoshgul oder andere Kinder auch bei uns. Dann schliefen wir alle zusammen in dem großen Bett meiner Großmutter. Früh am Morgen weckte sie uns. Denn sobald der erste Hahn krähte, war es Zeit für das Morgengebet. Meine Großmutter warf sich dafür einen Schleier über, kniete sich auf den Boden und begann, die arabischen Gebetsformeln aufzusagen. Wir Kinder sollten die Worte eigentlich nachsprechen und auch die Bewegungen ihres Gebets nachahmen. Aber ich erlaubte mir stattdessen oft Späße mit ihr. Wenn sie etwa mit dem Kopf den Boden berührte, nutzte ich die Gelegenheit, mich unbemerkt von der Seite anzuschleichen und sie in die Seite zu piksen. Meine Großmutter ist sehr kitzelig. Anfangs versuchte sie meist, mich zu ignorieren, aber irgendwann konnte sie nicht mehr anders. Dann brach sie mitten im Gebet in schallendes Gelächter aus. Wir Kinder krümmten uns ebenfalls vor Lachen.

Der islamische Glaube gehörte ganz selbstverständlich zu unserem Alltag. Jeden Freitag legten Großmutter und ich unsere besten Kleider an und gingen zur Moschee. Das ganze Dorf versammelte sich dort zum Freitagsgebet. Es ging darum, zu sehen und gesehen zu werden. Und es gab immer jemanden, der Süßigkeiten an uns Kinder verteilte, meistens Mandeln oder Rosinen. Solche Schätze ließ ich schnell in meiner Tasche verschwinden und aß sie langsam und genüsslich die ganze Woche über. Bis zum nächsten Freitag, an dem wir uns erneut versammelten und es wieder Nachschub an solch seltenen Leckereien gab.

Auch den Fastenmonat Ramadan mochte ich. Meine Großmutter war allerdings sehr streng und bestand darauf, dass wir tagsüber nicht einmal Tee oder Wasser zu uns nahmen. Je nachdem, ob der Ramadan gerade in die warme oder kalte Jahreszeit fiel, konnte das sehr hart sein. Aber meine Großmutter fand, wir müssten unsere Willenskraft stärken und lernen, Versuchungen zu widerstehen. »Das ist die wahre Freiheit«, schärfte sie mir ein. Und als Belohnung für die Entbehrungen des Tages aßen wir abends im Kreis der Verwandten ein üppiges Mahl.

Sie erzog mich in diesem Sinne zwar religiös, aber wir lebten keine besonders intensive oder gar extreme Form des Islam. Keiner unserer Verwandten tat das. Mein Vater legte im Gegenteil viel Wert darauf, dass wir Uiguren in Sachen Religion liberaler waren als beispielsweise die Araber. Uigurische Frauen tragen nur selten ein Kopftuch. Wesentlich üblicher ist eine Kopfbedeckung für Männer. Und wir Mädchen gingen sowieso unverhüllt und flochten unser Haar zu vielen kleinen Zöpfen.

In den ersten Jahren meines Lebens habe ich mit meiner Großmutter sowie den Nachbarn und Verwandten nur uigurisch gesprochen. Auch in der Dorfschule erhielten wir Unterricht nur auf Uigurisch. Das hatte damit zu tun, dass Deng Xiaoping, der Mao Zedong als Führer der Kommunistischen Partei ablöste, unserer Region in den 80er-Jahren relativ viel Autonomie zugestand. Diese Ära neigte sich allerdings schon während meiner Schulzeit in den 90er-Jahren ihrem Ende entgegen. Peking versuchte Stück für Stück, wieder mehr Kontrolle über uns auszuüben.

In anderen Teilen der Provinz Xinjiang war der Kurswechsel wohl schon früher zu spüren. In meinem entlegenen Dorf aber bekamen wir davon lange Zeit nichts mit. Die ersten leibhaftigen Chinesen sah ich jedenfalls erst, als ich ungefähr zehn Jahre alt war. Ein chinesischer Mann und eine Frau standen plötzlich auf unserem Schulhof. Ich erkannte sie, weil sie tatsächlich so aussahen, wie sie uns immer beschrieben worden waren, jedenfalls ihre Nasen. Außerdem hatten sie beide kurze Haare.

Meine Mitschüler umringten sie neugierig. Vorsichtig näherten sich auch Khoshgul und ich den Fremden. Meine Freundin ging etwas langsamer. »Meinst du, dass sie wirklich so gefährlich sind, wie die Erwachsenen immer sagen?«, raunte sie mir zu.

»Hast du etwa Angst, dass sie dich auffressen?«, neckte ich sie.

»Du spinnst wohl!«

Die Chinesen entpuppten sich als sehr freundlich. Sie unterhielten sich mit einigen Schülern und wollten wissen, wer von uns schon Chinesisch sprach. Die Frau hatte außerdem eine Schere. Sie bot jedem Mädchen, das sich von ihr einen der vielen Zöpfe abschneiden ließ, zehn Yuan als Belohnung. Zehn Yuan! Das war für mich eine astronomische Summe, so viel

Geld hatte ich noch nie in den Händen gehabt. Wenn Großmutter mich im Dorf Seife oder Mehl kaufen schickte, gab sie
mir höchstens die Hälfte davon mit. Im Kopf rechnete ich bereits um, was ich alles davon kaufen konnte. Und außerdem:
Was war schon ein Zopf. Ich trug aktuell neunzehn davon auf
dem Kopf. Einer mehr oder weniger würde doch wohl nicht so
viel ausmachen. »Komm wir machen es als Mutprobe«, stifte-
te ich Khoshgul an.

Sie sah mich mit ihrem weißen Gesicht und ungläubig gewei-
teten Augen an. »Du willst dir einen Zopf abschneiden lassen?«

»Was ist denn schon dabei? Traust du dich etwa nicht?«, provozierte ich sie weiter. Ich glaube, dass ich mich mit diesen Be-
merkungen vor allem selbst beruhigen wollte. Khoshgul ließ
sich davon jedoch nicht beeindrucken. Sie schüttelte missbilligend den Kopf.

»Was ist mit dir, Mädchen? Willst du dir den Preis verdienen?«, sprach mich die chinesische Frau an. Augenscheinlich
hatte sie uns beobachtet. Ich nickte schüchtern.

»Na, dann komm mal her«, ermutigte sie mich. Schon stand
ich im Innern des Kreises und im Zentrum der Aufmerksamkeit meiner Mitschüler. Nun gab es wirklich kein Zurück mehr,
ohne das Gesicht zu verlieren. »Wie heißt du denn?«, fragte mich
die Frau.

»Mihrigul.«

»Das ist ein schöner Name. Und von wie vielen Zöpfen willst
du dich heute trennen, Mihrigul?«

»Zwei«, hörte ich mich selbst sagen.

»Zwei«, wiederholte sie, und ich glaubte, in ihrer Stimme Anerkennung zu hören. »Habt ihr das gehört, Kinder? So mutig
ist eure Mitschülerin!«

Noch während sie sprach, nahm die Frau ihre große Schere und näherte sich mit ihr meinen Haaren. Ich vernahm ein »Ratsch« – und ein dunkler Zopf von mir sauste zu Boden. Mir wurde ganz schwindelig. Schon machte es wieder »Ratsch«. Die Frau lächelte. »Hier, du mutiges Mädchen«, sagte sie und händigte mir zwei Zehn-Yuan-Scheine aus. Das Antlitz des noch jungen KP-Führers Mao lächelte mich an.

Wieder zu Hause bei meiner Großmutter kam mir die ganze Sache absurd vor. Ich versuchte, meinen Kopf so zu drehen, dass sie nicht sah, dass die Zöpfe fehlten. Dummerweise hatte die Frau sie nicht etwa irgendwo am Nacken, sondern an einer ziemlich gut sichtbaren Stelle in der Nähe meines Gesichts entfernt.

Großmutter sah mich mit Argusaugen an. »Wer hat das getan?«, stellte sie mich zur Rede. Ich gestand ihr, dass da zwei Chinesen in der Schule aufgetaucht waren.

»Haben sie dich dazu gezwungen?«

»Nein.« Großmutters Gesicht verriet mir, dass sie aufgebracht war. Deshalb traute ich mich nicht zu sagen, dass ich Geld dafür bekommen hatte. »Auch die anderen Schülerinnen haben ihre Zöpfe abschneiden lassen«, betonte ich.

Diese Aussage schien sie jedoch nur noch wütender zu machen. »Habe ich dir nicht gesagt, dass du den Chinesen nicht trauen sollst?«

»Aber die waren aber eigentlich ganz nett…«, versuchte ich mich zu verteidigen.

»Ganz nett«, fauchte sie. »Sie haben dich verunstaltet! Welcher uigurische Mann soll sich bitte schön für ein Mädchen interessieren, dass seine schönen Zöpfe einfach so hergibt?«

Ich sah Großmutter mit großen Augen an. Über Männer hatte ich mir zu diesem Zeitpunkt wirklich keine Gedanken gemacht.

Aber ich versprach ihr hoch und heilig, nie wieder irgendjemandem die Erlaubnis zu geben, meine langen Haare abzuschneiden.

Ab der fünften Klasse mussten alle Schüler meiner Schule Chinesisch lernen. Wir bekamen auch einen chinesischen Lehrer, Herrn Hu, einen hagereren Mann mit Brille. Der paukte mit uns die chinesischen Schriftzeichen. Sie waren für uns anfangs völlig fremd. Denn um Uigurisch zu schreiben, verwendeten wir das arabische Alphabet. Nun aber hieß es, sich umzustellen: Für jedes Wort stand ein einziges, manchmal recht kompliziertes Zeichenbild.

Abends saß ich mit meiner Großmutter oft am Tisch und übte mich darin, die Zeichen zu zeichnen, um sie mir besser einprägen zu können. Sie interessierte das sehr, da sie selbst nie zur Schule gegangen ist: Sie war Analphabetin. Aber dadurch, dass ich ihr die Bedeutung eines jeden Zeichens verriet, konnte sie ein bisschen davon wettmachen. Breitwillig hörte sie daher auch meine chinesischen Vokabeln ab. Wenn ich ihr vormachte, wie Herr Hu die Wörter aussprach, mussten wir beide oft lachen. Denn das Chinesische klingt ganz anders als Uigurisch – und auch die Wörter sind vollkommen verschieden. Meine Großmutter versuchte zwar, sich ein paar von ihnen einzuprägen, aber es gelang ihr kaum. »Macht nichts«, tröstete ich sie. »Dafür hast du ja mich.«

»Ja«, antwortete sie dann nachdenklich. »Für mich macht es keinen großen Unterschied mehr. Aber du musst fleißig lernen. Denn diese Zeichen sind das Tor zur Welt. Sie können dir Flügel verleihen, die dich bis weit aus unserem Dorf hinaustragen.« Ich wusste nicht wirklich, was sie damit meinte. Aber ich strengte mich an. Schließlich wollte ich unbedingt erreichen, dass meine Großmutter stolz auf mich war.

Ein Jahr nach dem wir mit dem Chinesisch-Unterricht begonnen hatten, verkündete der Schuldirektor, dass alle Schüler unserer Schule an einer Prüfung teilnehmen mussten. Nachdem ich Großmutter davon erzählte, ließ sie mich nicht mehr zur Ruhe kommen: Sie entband mich sogar vorrübergehend von meinen Pflichten im Haushalt, damit ich in jeder freien Minute dafür übte.

»Gib dein bestes, meine kleine Blume.« Damit spielte sie auf meinen Namen an, der übersetzt »liebenswürdige Blume« bedeutet. »Zeig ihnen, was in dir steckt«, flüsterte sie mir am Morgen vor der Prüfung ins Ohr.

Ich glaube, das war eine Art Zauberspruch. Jedenfalls entfaltete er magische Wirkung. Das merkte ich bereits, als ich versuchte die ersten Aufgaben zu lösen: Sie gingen mir unglaublich leicht von der Hand. Während des ganzen Tages hatte ich das Gefühl, meine Großmutter stünde hinter mir und würde mir die korrekten Antworten aufzeigen. Die Schriftzeichen erschienen vor meinem inneren Auge – und ich musste sie nur noch auf das Papier vor mir pinseln.

Zwei Wochen später rief mich der Direktor zu sich. Im ersten Moment war ich ein bisschen erschrocken, weil ich glaubte, ich müsse etwas ausgefressen haben. Etwas zaghaft klopfte ich an seine Bürotür. »Herein!«, tönte es von innen.

Ich öffnete. Da saß nicht nur der Direktor, sondern auch Herr Hu, mein Chinesisch-Lehrer. »Was stehst du da rum? Komm doch herein«, sagte er freundlich auf Chinesisch zu mir.

»Herzlichen Glückwunsch«, sagte der Direktor, nachdem ich eingetreten war. Auch unser Schulleiter sprach nun plötzlich chinesisch. Irritiert sah ich von einem zum anderen. Was hatte das alles zu bedeuten?

»Du hast die beste Prüfung von allen gemacht«, eröffnete mir der Direktor und deutete auf einen Stapel Papier, der vor ihm auf dem Schreibtisch lag. »Wirklich toll. Wie alt bist du eigentlich, Mihrigul?«

»Zwölf Jahre«, erwiderte ich.

»Und du lebst bei deiner Großmutter?«

Ich nickte schüchtern.

»Die wird sich sehr über diese Neuigkeiten freuen«, sagte er: »Du hast ein Stipendium gewonnen! Nach den Sommerferien darfst du auf eine andere Schule gehen, auf ein Internat in Guangzhou. Das ist eine große Auszeichnung. Freust du dich? In den Ferien kannst du natürlich nach Hause kommen.«

Mir wurde heiß und kalt. Ja, Großmutter würde sich bestimmt freuen, dachte ich. Aber bedeutete das nicht auch, dass ich irgendwo anders wohnen musste? »Wo liegt Guangzhou?«, erkundigte ich mich.

Mein Heimatdorf und die Stadt Guangzhou trennen nicht weniger als 4.000 Kilometer. Fünf Tage und fünf Nächte dauerte meine Reise an die südchinesische Küste: Ich nahm zuerst einen Bus bis nach Korla, wo ich die anderen Kinder aus Xinjiang traf, die für das Programm ausgewählt worden waren. Den Rest der Strecke bewältigten wir mit dem Zug, eine Erzieherin begleitete uns.

Ich kann nicht sagen, dass ich glücklich war. Es erfüllte mich zwar mit Stolz, dass ich das Examen als beste Schülerin unserer Schule abgeschlossen hatte. Aber was ich von der Belohnung in Form des Stipendiums halten sollte, wusste ich nicht so recht. Auch meine Großmutter schien mir in ihren Gefühlen hin- und hergerissen: Einerseits erfüllten sich jetzt alle Hoffnungen, die sie in mich gesetzt hatte. »Das ist eine riesige Chance für dich, mein Kind«, betonte sie mehrmals: »Jetzt kannst du alles im Leben erreichen.« Andererseits bedeutete das Stipendium, dass wir uns trennen mussten – und darüber war sie mindestens genauso traurig wie ich.

Zumindest heimlich. In den Wochen vor meiner Abreise hatten wir beide versucht, den Schmerz, den der Abschied für uns bedeutete, voreinander zu verbergen. Im Stillen hatte ich mich ein paar Mal gefragt, ob man so ein Stipendium eigentlich auch ablehnen oder an jemand anderen weitergeben durfte. Aber dieser Gedanke schien so absonderlich, dass keiner ihn in meiner Gegenwart je erwähnte: weder der Direktor noch die Lehrer und schon gar nicht meine Großmutter. Es schien einfach klar zu sein, dass man das tat, was die Schulleitung vorgab.

Großmutter sprach die ganze Zeit nur davon, wie wichtig es für mich sei, fleißig zu lernen und einen guten Beruf zu ergreifen. »Ich möchte, dass du Karriere machst und eine reiche Frau wirst«, spornte sie mich an. »Du wirst nicht mehr auf dem Dorf leben und Schafe melken.«

Sie war ganz vernarrt in diesen Gedanken. Und weil ich sie so liebte und sie glücklich sehen wollte, machte ich mir ihren Wunsch zu eigen. »Dann kaufe ich dir einen schönen Mantel, und wir fahren zusammen nach Mekka«, versprach ich ihr.

Erst am Tag meiner Abreise waren wir nicht mehr imstande, gute Miene zum bösen Spiel zu machen. Heulend standen wir beide an der Bushaltestelle. »Vergiss nicht, deinen Vater anzurufen, damit er mir von deinen Fortschritten berichten kann«, erinnerte sie mich noch, denn sie selbst besaß kein Telefon. Und dann kam auch schon der Bus. Ich musste einsteigen und sie alleine zurücklassen. Es brach mir das Herz, als ich sie durch das Fenster winken und dabei immer kleiner werden sah.

Erst bei dieser Reise wurde mir klar, in was für einem riesigen Land ich lebte. Zuerst durchquerte ich die Taklamakan-Wüste mit ihren imposanten Sanddünen und danach die schneebedeckten Gebirgszüge, die sie umrandeten. Dann fuhren wir weiter nach Urumchi, die moderne Provinz-Hauptstadt mit ihren Wolkenkratzern und mehrspurigen Straßen. Die größte Überraschung erlebte ich jedoch, als wir Xinjiang hinter uns ließen: Plötzlich war die Landschaft viel grüner, als ich sie aus meiner Heimat kannte. Der Schienenweg führte weiter durch die Millionen-Städte Gansu, Xian und Wuhan, bis wir am fünften Tag schließlich die Küste erreichten.

Wir waren am Ziel: Als ich aus dem Zug ausstieg, befand ich mich plötzlich in China. Eigentlich hatte ich ja schon immer in China gelebt. Aber bislang hatte es sich nie so angefühlt. In Xinjiang waren die Chinesen für uns Fremde gewesen. Nun aber gab es um mich herum nur noch Chinesen, und sie sahen mich so an, als ob ich die Fremde sei. Das war sehr verwirrend für mich.

Guangzhou ist eine riesige Stadt. Und alles an ihr war ungewohnt für mich: Die Luft schmeckte feuchter und nach Abgasen, das Klima war wärmer, die Menschen hasteten durch die Straßen und telefonierten dabei ununterbrochen mit kleinen Telefonen, überall knatterten Autos. Ich kam mir vor, als wäre ich auf dem Mond gelandet. Vor allem irritierte mich, dass alle Menschen um mich herum plötzlich chinesisch sprachen. Denn auch wenn ich in meiner Dorfschule das beste Ergebnis erzielt hatte, bedeutete das keinesfalls, dass ich die Sprache gut beherrschte. Zunächst verstand ich nur einen Bruchteil der Worte, die man an mich richtete.

Mit großen Augen lief ich der Erzieherin hinterher, die mich in mein neues Schulgebäude führte, ein riesiges, modernes Haus. Mein Schlafsaal lag im achten Stock, und ich teilte ihn mit fünf Mädchen, die alle Chinesinnen waren und aus verschiedenen Regionen des Landes stammten. Sie schwatzten miteinander, während wir unsere Betten bezogen. Nur ich blieb stumm, weil ich mich noch nicht ausdrücken konnte. Mit Mühe versuchte ich mir zusammenzureimen, worüber sie sprachen. Aber wenn sie mir eine Frage stellten, konnte ich nur mit den Schultern zucken. Das frustrierte mich sehr: Meiner Sprache beraubt, fühlte ich mich minderbemittelt. Den anderen Uigurinnen, den ich auf dem Schulhof und im Speisesaal begegnete, erging es wohl ähnlich. Doch wenn wir uns austauschen wollten, gingen die Lehrer dazwischen: Sie sagten uns, dass wir uns bemühen sollten, nur chinesisch zu sprechen. Deshalb war auch in jedem Schlafsaal nur eine einzige Uigurin untergebracht.

Anfangs fiel es mir wahnsinnig schwer, mich an mein neues Leben zu gewöhnen. Ich spürte schmerzliches Heimweh nach meinem Dorf. Mir fehlten meine Schulkameraden, die Nachbarstochter Khoshgul, meine Schafe, die klare, trockene Wüstenluft, die Kühle der Nächte in Xinjiang und die Dampfnudeln meiner Tante. Vor allem aber vermisste ich meine Großmutter. Was hätte ich dafür gegeben, nur ein einziges Mal morgens von ihr geweckt und zum Morgengebet genötigt zu werden. Oder mit ihr ein Gemüsebeet umzugraben. Selbst den Schafstall hätte ich in solchen Momenten gerne mit ihr ausgemistet.

Mein Vater hatte mir ein gebrauchtes Handy mitgegeben. Ich selbst konnte damit nichts anfangen, da ich kein Guthaben besaß. Aber ich freute mich, wenn er mich alle zwei Wochen kurz anrief. »Klappt es in der Schule? Lernst du auch schön?«, erkundigte er sich dann.

»Ja«, log ich. Denn ich konnte ihm ja schlecht sagen, dass ich noch keine Freunde gefunden hatte und im Unterricht kaum ein Wort verstand.

»Deine Großmutter lässt dich ebenfalls grüßen«, sagte er manchmal. Dann hüpfte mein Herz. Aber ich machte mir auch Sorgen: Schließlich galt mein Stipendium nur ein Jahr, danach hing die Verlängerung von meinen Schulnoten ab. Und im Moment konnte ich mir kaum vorstellen, dass die besonders gut ausfallen würden. Was würde Großmutter sagen, wenn ich nach einem Jahr zurückkehrte und ihr berichtete, dass ich meine Chance nicht in ihrem Sinne genutzt hatte? Dann würde sie ziemlich enttäuscht von mir sein. »Du hättest dir mehr Mühe geben müssen!«, hörte ich im Geiste schon ihren Vorwurf an mich.

Meine Angst, hinter ihren Erwartungen zurückzubleiben, spornte mich so an, dass ich begann, mit Feuereifer zu lernen. Ich wollte mir unbedingt so viele Schriftzeichen aneignen, dass ich in der Lage war, die chinesischen Lehrbücher zu verstehen und dem Unterricht zu folgen. Deshalb übte und wiederholte ich die Zeichen in jeder freien Minute. Selbst wenn die anderen Mädchen bereits schliefen, lag ich mit einer Taschenlampe unter meiner Bettdecke und sah sie mir an. Denn dies war mehr oder weniger die einzige Zeit, die ich ganz allein für mich hatte: Ansonsten war unser Tag streng durchgetaktet mit Unterricht, gemeinsamen Mahlzeiten und sportlichen Aktivitäten wie Fußball oder Volleyball.

Mit der Zeit verbesserten sich meine Sprachkenntnisse. Ich bemerkte, dass es mir leichterfiel, den Unterhaltungen meiner

Mitschülerinnen zu lauschen und ihren Sinn zu begreifen. Und auch die Worte meiner Lehrer hörten sich nicht mehr ganz so unverständlich an wie noch am Anfang. Allerdings fühlte ich mich immer noch sehr einsam. Vielleicht lag es daran, dass ich zu sehr aufs Chinesisch-Lernen konzentriert war, vielleicht aber auch daran, dass ich von Natur aus ein bisschen schüchtern bin. Jedenfalls fiel es mir schwer, Freundschaften mit den chinesischen Mädchen zu schließen.

In meiner Isolation wandte ich mich intensiver der Religion zu. In meinem alten Leben hatte ich den Islam nicht so ernst genommen, weil er ganz selbstverständlich zu unserem Alltag dort gehörte, ihn aber nicht dominierte. Nun aber wurde mein Glaube mir plötzlich sehr wichtig. Ich denke, das lag daran, dass er so etwas wie eine letzte Verbindung zwischen mir und meiner Heimat darstellte. Mein Glaube war das, was mich von den anderen Mädchen unterschied. Deshalb wollte ich auf keinen Fall darauf verzichten. Wie meine Großmutter pochte auch ich nun darauf, die Gebetszeiten einzuhalten, wenigstens das Morgengebet.

Wenn die anderen Mädchen noch schliefen, kletterte ich aus dem Bett, warf mir einen Schal um und murmelte leise die Formeln, die meine Großmutter mir vorgesprochen hatte. Auch die Abfolge der Bewegungen führte ich so wie sie aus. Dadurch fühlte ich mich ihr irgendwie näher: Ich wusste, dass ihr das gefallen hätte, wenn sie mich hätte sehen können. Nach dem rituellen Teil des Gebets fügte ich außerdem einen freien hinzu, indem ich schlicht Zwiesprache mit Allah hielt: Ich redete mit ihm wie mit einem guten Freund, dem ich von meinem Tag erzählen und alle meine Geheimnisse anvertrauen konnte. Ich erzählte ihm auch, was mich beunruhigte, was ich mir wünschte und auf welche meiner Taten ich nicht so stolz war. Das alles hatte einen unglaublich beruhigenden Effekt auf mich. Nach einem solchen Gespräch fühlte ich mich für den Tag gewappnet. Ich hatte das Gefühl, dass ich unter dem Schutz einer höheren Macht stünde – und dass mich nichts aus der Bahn werfen konnte, solange sie ihre Hand über mich hielt.

»Was machst du denn da?«, fragte mich Yangjali eines Tages, als sie aufwachte und ich mich gerade gen Mekka verneigte. Sie war das Mädchen, das im Bett unter mir schlief. Wenn ich an ihr vorbei die Leiter nach unten kletterte, hatte ich sie bereits öfter mit den Augen blinzeln sehen. Vermutlich dachte sie, dass ich nur die Toilette aufsuchte, und schlummerte dann wieder. Heute aber hatte sie mir offenbar zugesehen und sprach mich danach an.

»Ich habe gebetet«, antwortete ich ihr wahrheitsgemäß. Sie schaute mich verständnislos an. Offenbar wusste sie nicht, was ich damit sagen wollte. Oder vielleicht glaubte sie auch, dass es sich um ein sprachliches Problem handelte. »Ich habe mich mit Gott unterhalten«, präzisierte ich in der Hoffnung, dass mein Tun dadurch klarer werden würde.

Aber in ihrem Gesicht erschienen nur noch mehr Fragezeichen. »Mit Gott?«, wiederholte sie. »Was ist das? Was meinst du damit?«

Nun wurde selbst ich unsicher, ob ich mich richtig ausgedrückt hatte. Eigentlich kannte ich die Zeichen für »Gott« und »Beten«, aber vielleicht musste ich sie anders betonen? Jetzt mussten wir uns erst mal für die Schule fertig machen, deshalb war keine Zeit, die Sache weiter zu bereden. Aber ich nahm mir vor, noch einmal im Wörterbuch nachzuschlagen, weil ich Yangjali auf jeden Fall eine befriedigende Antwort geben wollte.

Am Abend, nach dem Abendessen, nahmen wir unser Gespräch wieder auf. Ich malte die Schriftzeichen vor ihr auf ein Blatt Papier, um ganz sicher zu sein, dass sie auch verstand, was ich meinte. Sie lachte. »Du glaubst an einen Gott?«, fragte sie mich amüsiert.

Ich war perplex. »Ja, natürlich. Du nicht?«

»Nein. Das ist doch ein ganz altes, unwissenschaftliches Konzept.«

Wir musterten uns wie zwei Wesen von einem anderen Stern. Da war echte Neugierde zwischen uns: Yangjali wollte wissen, was es mit meinem »Gott« auf sich hatte, und ich fragte mich, woran sie denn bitte schön sonst glaubte, wenn nicht an ihn. »Wer hat die Erde und den Menschen denn deiner Meinung nach erschaffen?«, provozierte ich sie.

»Na, die Erde entstand durch den Urknall – und der Mensch stammt vom Affen ab.«

»Das glaubst du wohl selbst nicht!«

»Doch, natürlich.« Sie zuckte nicht mit der Wimper. Anscheinend meinte sie das wirklich ernst.

»Also ich glaube, dass ich von Gott erschaffen wurde.«

»Einen Gott gibt es nicht!«

»Klar gibt es einen Gott«, konterte ich.

»Woher willst du das wissen?«

»Ich spreche doch jeden Morgen mit ihm.«

»Und? Antwortet er?«

»Selbstverständlich.« Ich schwärmte ihr vor, wie mein Gott mich leitete und beschützte. Yangjali und die anderen Mädchen lauschten gespannt. »Ich kann ihm alles sagen, was mich bedrückt«, sagte ich, »er zeigt mir, welchen Weg ich gehen muss.«

»Das machen bei mir meine Eltern«, warf unsere Zimmergenossin Wanchauwa ein.

»Ja, aber Gott ist viel besser!«, behauptete ich.

»Warum?«

»Na, weil er einfach immer da ist! Auch wenn man mal kein Guthaben auf dem Handy hat, kann man ohne Probleme mit ihm sprechen.«

Wanchauwa nickte, dieser Vorteil leuchtete ihr ein.

»Auch wenn ich etwas Falsches getan habe, kann ich ihm das sagen und ihn um Vergebung bitten.«

Ich hatte meine Mitschülerinnen neugierig gemacht. Nach diesem Gespräch kamen Yangjali und Wanchauwa immer wieder auf mich zu und forderten mich auf, ihnen von meinem Gott und vom islamischen Glauben zu erzählen. Anfangs dachte ich, sie wollten mich veralbern. Aber dann merkte ich, dass sie wirkliches Interesse hatten, und sagte ihnen alles, was ich selbst wusste. Sie besorgten sich aber auch selbst Bücher. Und als wir in der Schule begannen, mit Computern zu arbeiten, recherchierten sie im Internet. Dabei stellten sie auch Unterschiede zwischen der Art, wie ich lebte, und den islamischen Vorschriften fest.

»Aber du betest ja gar nicht fünf Mal am Tag!«, stellte mich Wanchauwa einmal zu Rede.

»Na, aber zumindest einmal«, verteidigte ich mich.

»Und du trägst auch kein Kopftuch!«

»Frauen müssen nicht unbedingt ein Kopftuch tragen. In meinem Dorf tun das nur wenige.« Ich erklärte ihr, dass all diese Regeln nicht in Stein gemeißelt seien und dass man sie an die individuellen Lebensumstände anpassen dürfe.

»Zeigst du mir, wie man betet?«, bat sie mich daraufhin.

Es war nie mein Ansinnen, jemanden vom Islam zu überzeugen. Aber Yangjali und Wanchauwa ließen wirklich nicht locker. Vielleicht hing es damit zusammen, dass wir im Internat lebten, dass sie sich so nach Spiritualität sehnten. Jedenfalls wollten sie irgendwann wissen, was sie tun müssten, um auch Muslime zu werden. Ich fühlte mich überfordert. Da hätte ich wirklich gerne einen Geistlichen in der Nähe gehabt. Aber wir konnten auch keine Moschee aufsuchen, da es uns nicht erlaubt war, das Schulgelände zu verlassen. Also recherchierten wir erneut im Internet, wie man eigentlich zum Islam konvertiert – und wurden fündig. »Hier steht, dass man sich einen islamischen Namen zulegen und in Anwesenheit eines Muslims die *Schahada* sagen muss«, las ich vor.

»Die Schahada?«

»Ja, das islamische Glaubensbekenntnis.«

Unser Glaubensbekenntnis kannte ich natürlich – und konnte es auch auf Arabisch sagen. Schließlich hatte ich den Satz jeden Freitag in der Moschee gehört. Also sprach ich ihn vor: »*La ilaha illa Allah wa Muhammad rasul Allah* – Es gibt keinen Gott außer Allah und Mohammed ist sein Gesandter.«

Die beiden Chinesinnen sprachen mir feierlich nach. Danach schauten sie mich erwartungsvoll an. »Wir brauchen noch neue Namen«, erinnerte Wanchauwa, die alles immer besonders korrekt machen wollte. Also beschlossen wir, dass Wanchauwa ab sofort »Muriman« und Yangjali »Aischa« heißen sollten.

»So, das war's schon«, sagte ich. »Jetzt seid ihr Muslime!«

Sie schauten etwas ungläubig – aber dann breitete sich auf ihren Gesichtern ein Lächeln aus. »Wirklich?«, fragen sie froh.

»Ja, wirklich«, versicherte ich, »herzlichen Glückwunsch!«

Yangjali und Wanchauwa wurden meine besten Freundinnen. Während meiner gesamten fünfjährigen Internatszeit teilten wir uns einen Schlafsaal. Wir nannten uns immer bei unseren islamischen Namen, sie nannten mich Mina. So schufen wir uns eine geheime Welt jenseits des Internatsleben. Mit den islamischen Regeln nahmen meine Glaubensschwestern es allerdings genauer als ich.

Beide aßen ab sofort kein Schweinefleisch mehr und trugen ein Kopftuch. Sie kritisierten mich dafür, dass ich das nicht tat. Aber sie hatten gut reden. Schließlich waren sie Han-Chinesinnen. Daher machte ihnen keiner Vorschriften in Sachen Religion. Sie konnten glauben, was sie wollten. Bei mir jedoch sah die Sache anders aus: Von mir als Uigurin erwarteten die Lehrer eine möglichst weitreichende Assimilation. Und da ich sehr ehrgeizig war, wollte ich nicht meine akademische Laufbahn riskieren. Immer hatte ich die Worte meiner Großmutter im Ohr: »Du kannst alles erreichen. Also streng dich an!«

Das tat ich. Ich war eine unglaublich fleißige Schülerin. Mein Chinesisch unterschied sich schon bald nicht mehr von dem der Muttersprachler. Und jedes Jahr vor den Abschlussprüfungen lernte ich, bis mir der Kopf brummte und die Augen brannten. Diese Prüfungen waren sehr wichtig für mich. Denn nur, wer sehr gut bei den Prüfungen abschnitt, bekam auch im nächsten Jahr noch sein Stipendium bezahlt. Ich stand also unter einem enormen Leistungsdruck. Schließlich wollte ich nicht in mein Dorf zurückkehren und meiner Großmutter beichten müssen, dass ich nicht mehr weiterstudieren durfte. Das hätte ich mir nie verziehen.

Allerdings war es auch mit dem Stipendium nicht einfach für mich, in Guangzhou über die Runden zu kommen: Der Unterricht und meine Unterkunft in der Schule waren dadurch zwar gedeckt. Aber für Essen und Kleidung musste jeder Schüler selbst aufkommen. Fast alle bekamen das Geld von ihren Eltern geschickt. Auch mein Vater schickte mir jeden Monat Geld. Aber das reichte hinten und vorne nicht, weil das Leben hier nun einmal viel teuer war als in Xinjiang. Selbst wenn ich in der Schulkantine immer nur das günstigste Gericht aß, blieb mir nichts mehr übrig für Schreibblocks oder Shampoo.

Ich wusste genau, dass mein Vater nicht mehr Geld zur Verfügung hatte. Deshalb bat ich ihn auch nicht darum. Ich musste eine andere Lösung finden. In der Schulkantine fragte ich den Leiter, ob er Hilfe in der Küche benötigte. Er sah mich mitleidig an. »Aber du hast doch Schule, wann willst du hier denn arbeiten?«, fragte er.

»An den Wochenenden!«

Am Samstag und Sonntag hatten wir keinen Unterricht – und einige Schüler nutzen die Zeit für Besuche bei ihren Familien. Das kam für mich natürlich nicht infrage. Deshalb ließ er sich schließlich erweichen, mich zumindest an den Wochenenden in der Kantine Teller spülen zu lassen. Ich war sehr angetan von dieser Gelegenheit, etwas dazuzuverdienen: Wenn ich weiter auf meine Ausgaben achtete, könnte ich es vielleicht schaffen, genug Geld zu sparen, um meiner Großmutter zum Schulabschluss den Mantel zu kaufen, den ich ihr bei meiner Abreise versprochen hatte.

Der Job in der Küche blieb nicht mein einziger. Je länger ich in Guangzhou lebte, desto besser wurden die Jobs, die ich mir suchte: Ich half bei der großen Kanton-Messe aus und arbeitete als Übersetzerin für eine Import-Export-Firma. Schließlich verdiente ich als Schülerin richtig gut. Von meinem Lohn konnte ich mir auch endlich ein Smartphone kaufen. Das erleichterte die Kommunikation mit meiner Familie daheim. Nun konnte ich mehrmals wöchentlich mit meinem Vater telefonieren.

Er war ein guter Gesprächspartner. Wir hatten in meiner Kindheit zwar nicht viel Zeit miteinander verbracht, aber ich hatte immer das Gefühl, dass er sich für mich interessierte und mich nach Kräften unterstützte. Auch er ermutigte mich, viel in meine Ausbildung zu investieren. »So eine Chance wie du bekommen nicht viele. Also nutze sie«, sagte er oft. Und ich glaubte fast, die Stimme meiner Großmutter zu hören.

Großmutter vermisste ich noch immer sehr. Wenn ich mich nach ihr erkundigte, hieß es stets, sie sei wohlauf. Aber selbst mit ihr sprechen konnte ich nicht, da es in ihrem Haus immer noch keinen Strom und auch kein Telefon gab. Es war schrecklich: Jahrelang hatte ich mich nun schon nicht mit ihr verständigen können. Wie es ihr wohl erging? Ich konnte es gar nicht erwarten, nach meiner letzten Prüfung nach Hause zurückzukehren und sie in die Arme zu schließen.

Nach fünf Jahren machte ich meinen Abschluss mit Auszeichnung. Außerdem gewann ich sogar noch ein Stipendium fürs Studium. Mit stolzgeschwellter Brust löste ich ein Flugticket nach Urumchi und noch eines für den Weiterflug nach Korla. Im Internat nahm ich von meinen Freundinnen Abschied. »Freust du dich, nach Hause zu fahren?«, frage Muriman.

Ich konnte ihr gar nicht sagen, wie sehr.

Der Flug dauerte acht Stunden. Eigentlich eine lächerliche Zeit im Vergleich zu den fünf Tagen und Nächten, die ich bei der Hinreise auf der Schiene verbracht hatte. Trotzdem kam sie mir wie eine Ewigkeit vor. Endlich sah ich die karge, trockene

Landschaft meiner Heimatprovinz unter mir auftauchen. Die majestätischen Berge glitzerten weiß. Und mein Herz schlug höher. Wie hatte ich das alles vermisst.

Mein Vater und meine Tante Menzire warteten am Flughafen. Ich sah sie schon von Weitem und eilte ihnen entgegen. Mit einem Anflug von Enttäuschung registrierte ich allerdings auch, dass meine Großmutter nicht gekommen war. Klar, sie war eine alte Frau und sollte solch unnötige Anstrengungen lieber vermeiden, sagte ich mir.

Ich küsste meine Eltern und ließ mir von meinem Halbbruder die Reisetasche abnehmen. Mit Erstaunen stellte ich fest, dass er bereits ein Teenager war. »Ich bin so froh, wieder bei euch zu sein«, sagte ich, als wir zu dem Auto gingen, das mein Vater sich eigens für den Anlass bei einem Nachbarn geliehen hatte. Aber eine Sache brannte mir auf dem Herzen. »Fahren wir gleich zu Großmutter?«

Mein Vater sah zu Boden. Dann schüttelte er langsam den Kopf. »Bitte verzeih, ich hätte es dir schon viel früher sagen sollen. Aber ich dachte, dass es dich aus dem Konzept bringen und beim Lernen stören würde ...«

»Was denn?«, fragte ich nervös.

»Deine Großmutter lebt nicht mehr«, sagte er und schluckte. »Sie ist bereits vor zwei Jahren verstorben.«

2
Hochzeit mit Hindernissen

Die Stewardess ging noch einmal durch den Gang und bat die letzten Gäste, ihre elektronischen Geräte auszuschalten und die Sicherheitsgurte zu schließen. Mit einem ergebenen Lächeln beendete der Mann neben mir sein Telefonat und stellte sein Handy auf Flugmodus. Dann rollten wir in Richtung Startbahn, und die Maschine hob ab.

Ich atmete tief durch. Es war ein gutes Gefühl, in der Luft zu sein. Das Flugzeug würde mich nach Kairo bringen, wo ich studieren wollte. Nach dem Tod meiner Großmutter hielt mich nicht mehr viel in der Heimat. Zuerst war ich nach Guangzhou zurückgekehrt und hatte dort meinen Bachelor-Abschluss in Betriebswirtschaft gemacht. Dann arbeitete ich eine Weile bei einer Import-Export-Firma. Aber ich wollte unbedingt noch ein Masterstudium im Ausland hinzufügen. Am liebsten wäre ich nach London gegangen. Doch das war zu teuer, und es gab keine Stipendien. Schließlich gelang es mir, einen Studienplatz in Kairo zu ergattern. Das war für mich ein guter Kompromiss: Ich rechnete aus, dass das Geld, das ich selbst angespart hatte, zusammen mit einer kleinen Erbschaft von meiner Großmutter und dem, was mein Vater beisteuern wollte, genau für ein Jahr reichen würde. Ich hatte bereits in der Schule ein wenig Arabisch gelernt. Zudem war mir der

Klang der Sprache vertraut, weil wir die Gebete aus dem Koran nachgesprochen hatten.

»Fliegen Sie denn ganz alleine nach Ägypten?«, erkundigte sich mein Sitznachbar.

Ich musterte ihn: Er war ein elegant gekleideter Mann mit hellbraunen Augen, die von langen Wimpern umrahmt wurden. Seine Gesichtszüge verrieten mir, dass er Araber war. Er sprach allerdings Englisch. »Ja, ich werde an der British University in Kairo studieren«, antwortete ich ihm in seiner Muttersprache. Ich konnte zwar nicht viel Arabisch, aber der Mann war begeistert.

»Na, so etwas! Sie sprechen ja unglaublich gut«, behauptete er. Das stimmte natürlich nicht. Aber ich fand es nett, dass er das sagte. Außerdem verriet er mir, dass er bis vor Kurzem noch an derselben Universität studiert hatte, an der ich jetzt beginnen würde. Ich konnte es kaum glauben.

»Wirklich?«

»Ja, wirklich. So ein Zufall, nicht wahr?«

Der Mann stellte sich als Mahmud vor. Während die Stewardess uns mit Kaffee und Keksen versorgte, fragte ich ihn über Kairo und vor allem über meine neue Uni aus. Er beschrieb sie in schillernden Farben und lobte vor allem das internationale Ambiente, das dort herrschte. »Viele Studenten kommen wie du aus dem Ausland, weil die Reputation so gut ist.«

»Und die Dozenten?«

»Die Mehrzahl stammt aus Ägypten oder aus anderen arabischen Ländern. Deshalb ist es gut, dass du schon ein bisschen Arabisch gelernt hast.«

»Ich werde parallel zum Studium auch noch einen Sprachkurs besuchen.«

Das hielt er für eine gute Idee. Mahmud versicherte mir, dass das Niveau der Forschung und Lehre an der British University ziemlich hoch sei. »Dort herrschen eben britische Standards«, sagte er. »Und wenn du von dieser Uni den Abschluss in der Tasche hast, steht dir die Welt offen: Der wird überall anerkannt.«

Das hörte ich natürlich gern. Genau das hatte ich mir erhofft, denn ich war keineswegs sicher, ob ich am Ende meines Studiums nach China oder gar in meine Provinz zurückkehren wollte. Vielleicht würde ich eine internationale Geschäftsfrau werden oder zumindest diese Richtung einschlagen. Auch Mahmud war Geschäftsmann. Er erzählte mir, dass er regelmäßig nach Guangzhou fliege, um dort Ware für das Bekleidungsgeschäft einzukaufen, das er in Kairo betrieb. »Die Kleider, die in China gefertigt werden, sind günstiger als die aus der Türkei«, sagte er, »und die Qualität ist vergleichbar. Vielleicht schaust du ja mal vorbei und sagst mir, ob du derselben Meinung bist.«

»Das werde ich ganz sicher.«

Wir unterhielten uns während des gesamten Fluges. Als wir nach zehn Stunden landeten, fühlte ich mich nicht müde, sondern regelrecht aufgeputscht. Mahmud brachte mich mit einem Taxi zu der Pension, in der ich übernachten würde. Er ermutigte mich, ihn zu kontaktieren, wenn ich etwas bräuchte. »Ruf mich einfach an«, sagte er, »ganz egal, was es ist.«

Wir freundeten uns an. Mahmud half mir anfangs sehr, in meiner neuen Umgebung Fuß zu fassen. Er zeigte mir die Stadt und erklärte mir, wie alles funktionierte.

Zuerst wohnte ich in einem Studentenwohnheim, wo eine ganze Menge chinesischer und auch uigurischer Studenten wohnten. Aber dort fühlte ich mich nicht wirklich wohl. Es war

nicht sonderlich sauber, und auch die Miete schien mir über-
teuert. Mahmud unterstützte mich dabei, eine Wohnung außerhalb des Campus zu finden. Die teilte ich mir mit zwei Freundinnen: Aja war Araberin und studierte mit mir. Und Tanja aus
Barcelona arbeitete als Au-pair-Mädchen. Mit beiden verstand
ich mich sehr gut.

Unser Zusammenleben erinnerte mich an meine Zeit im Internat, nur dass es viel freier und selbstbestimmter war. Keiner
gab mir mehr vor, wie ich meinen Tag einteilen sollte, was ich essen oder anziehen musste oder wann es Schlafenszeit war. Auch
das Studium selbst unterlag viel weniger Regeln als in China.
Endlich konnte ich mir die Fächer aussuchen, die mich wirklich interessierten. Ich war meine eigene Herrin!

In Sachen Religion fühlte ich mich ebenfalls viel freier: In
Ägypten sah einen niemand schräg an, wenn man sich als Muslima zu erkennen gab – schließlich waren hier ja fast alle Muslime. Das empfand ich als sehr angenehm. Freitags ging ich mit
einigen uigurischen Freundinnen manchmal zur weltbekannten
al-Azhar-Moschee, denn dort predigten immer sehr berühmte
Geistliche. Das wollten wir uns natürlich nicht entgehen lassen.
Und selbstverständlich banden wir uns, bevor wir die Moschee
betraten, ein Kopftuch auf, um darunter unsere stylish blond
gefärbten Haare zu verdecken.

Alles entwickelte sich gut. Auch mein Arabisch wurde immer
flüssiger, sodass ich besten Mutes war, mein Studium bewältigen
zu können. Ich wusste nicht, was meine Pläne noch durchkreu-
zen sollte, und sah mich schon mit meinem Abschluss von der
British University in der Hand. Doch dann kam alles anders.

In Ägypten brachen politische Unruhen aus. Der Arabische
Frühling hatte begonnen: Nachdem in Tunesien der Diktator

Ben Ali gestürzt worden war, gingen die Menschen auch in Kairo auf die Straße und demonstrierten gegen ihren langjährigen Präsidenten Hosni Mubarak. Vor allem junge Leute in meinem Alter wollten die schlechte Regierungsführung, die staatliche Willkür und die zahlreichen Repressionen, die das Regime ausübte, nicht mehr akzeptieren. Sie forderten bessere Lebensverhältnisse, Freiheit und soziale Gerechtigkeit.

Ich fand das sehr interessant: Dass man sich auf öffentlichen Plätzen traf und seinem Unmut Ausdruck verlieh, war für mich ein ganz neuer Gedanke. So etwas hatte ich in China nie erlebt. Aber vielleicht hätten auch wir genug Gründe dafür gehabt? Zumindest in meiner Heimatprovinz, wo die Chinesen uns Uiguren bevormundeten und uns ihren Willen aufzwangen? Ich verscheuchte den Gedanken: Schließlich war ich hier nicht in China, sondern in Ägypten. Sollte ich mitdemonstrieren? Nein, entschied ich: Dies war schließlich nicht meine Regierung – und es war auch nicht mein Kampf. Trotzdem freute ich mich mit den Ägyptern, als sie es nach nur vier Wochen des Protests schafften, ihren Tyrannen zu besiegen.

Ich feierte mit Mahmud; wir waren fröhlich. Anders die chinesische Regierung. Die revolutionären Ereignisse in Ägypten machten die Herrscher in Peking nervös. Wahrscheinlich hatten sie Angst, dass die Aufmüpfigkeit gegenüber den Machthabern in Kairo auch bei uns Schule machen könnte. Jedenfalls ordnete die chinesische Regierung an, dass alle Studenten aus den arabischen Ländern zurück nach Hause kommen sollten. Offiziell begründete die Kommunistische Partei das mit ihrer Sorge um unsere Sicherheit. Aber ich bin mir ziemlich sicher, dass etwas anderes dahintersteckte: Insbesondere die starke religiöse Komponente der arabischen Revolution und das Erstarken der Muslimbrüder kurz danach war unseren Kadern in Peking wohl nicht geheuer.

Als ich die Aufforderung zur sofortigen Rückkehr per E-Mail erhielt, war ich schrecklich enttäuscht. Im Ausland zu studieren war immer mein großer Traum gewesen. Und da ich nicht aus einem reichen oder einflussreichen Elternhaus komme, hatte es mich unendlich viel Mühe und Anstrengung gekostet, diesen Traum zu verwirklichen. Nun aber wollte man mir diesen Erfolg wieder entreißen.

»Ich will nicht zurück«, gestand ich meinen Freundinnen, als wir am Abend zusammensaßen und den Linsen-Reis verspeisten, den Aja gekocht hatte. »Ich habe zu viel in dieses Studium investiert.«

»Das verstehe ich«, sagte meine arabische Freundin. »Aber was willst du tun? Du kannst dich doch der Aufforderung nicht einfach widersetzen – oder?«

»Tja…« Ich überlegte. Denn das war in der Tat die Frage: Was würde geschehen, wenn ich die Aufforderung ignorierte und einfach im Land blieb? Zunächst einmal gar nichts. Irgendwann, in ein paar Monaten, würde dann mein Visum auslaufen und auch nicht wieder verlängert werden. Spätestens dann müsste ich Ägypten verlassen. Und bei meiner Rückkehr nach China würde ich wahrscheinlich jede Menge Ärger bekommen. Nein, das hörte sich nicht nach einem besonders klugen Plan an. Mein Mut sank.

»Okay, die chinesischen Studenten sollen also zurück«, überlegte Aja. »Aber was ist denn mit den Chinesen, die permanent hier wohnen?«

»Die haben einen anderen Status.«

»Dann musst du den auch bekommen«.

»Und wie soll ich das anstellen?«

»Könntest du nicht einen Ägypter heiraten?«

Ich sah sie kurz ungläubig an, aber dann arbeitete es in meinem Kopf. Was sich zunächst so abwegig anhörte, wäre bei näherem Hinsehen vielleicht wirklich eine realistische Möglichkeit. Als Ehefrau eines Ägypters müsste ich doch eigentlich im Land bleiben dürfen, zumal Ehefrauen in der patriarchalen Gesellschaft Ägyptens als eine Art Eigentum ihrer Männer betrachtet wurden. »Aber wen soll ich denn auf die Schnelle heiraten?«, überlegte ich laut.

Meine Freundinnen tauschten vielsagende Blicke. Dann brachen sie in schallendes Gelächter aus. »Na, das ist doch sonnenklar: Mahmud natürlich!«, sagte Tanja, und Aja nickte heftig.

»Mahmud?!« Ich wusste überhaupt nicht, wie sie auf diese absurde Idee kamen. Sicher hatten sie mitbekommen, dass Mahmud und ich befreundet waren. Das war schließlich nicht zu übersehen. Aber das bedeutete doch nicht, dass ich ihn hätte bitten können, mich einfach von jetzt auf gleich zu heiraten. Ich errötete bereits, wenn ich nur daran dachte. »Aber wir sind nur Freunde...«, setzte ich an.

»Na, und?«, fragte Tanja, die recht pragmatisch veranlagt war. »Ist doch egal. Dann heiratet ihr eben nur auf dem Papier. Es geht doch nur darum, dass du hierbleiben kannst.«

»Frag ihn einfach! Er macht es bestimmt«, ermutigte mich auch Aja. Doch ich wies diese Möglichkeit weit von mir. Lieber hätte ich einen ganz Fremden gebeten, als meinen besten Freund zu behelligen. Was sollte Mahmud nur von mir denken? Dass ich mich in ihn verliebt hatte? Oder schlimmer noch: dass ich seine Gutmütigkeit ausnutzen wollte?

Aja strich versonnen über die Bordüre der Abaya, die sie anzog, wenn sie das Haus verließ, und die jetzt vor ihr auf dem Stuhl lag. Sie murmelte etwas davon, dass wir Ausländer prüder seien, als sie es sich je hätte vorstellen können. »Ich kann ja mal für dich vorfühlen«, bot sie mir schließlich schmunzelnd an.

Zu meiner großen Überraschung erklärte sich Mahmud mit dem Plan einverstanden. Er musste nicht einmal groß überzeugt werden. »Natürlich heiraten wir!«, sagte er, als wir uns das nächste Mal in der Nähe der Uni in einem Studentencafé trafen. »Ich habe dir doch schon gesagt, dass ich dir immer helfen werde.«

Ich wurde vor Verlegenheit ganz rot. »Das ist sehr nett von dir«, brachte ich hervor, mehr konnte ich nicht sagen.

»Was redest du da? Es ist eine große Ehre für mich.«

Und so verbrachten Mahmud und ich die nächsten Monate mit unseren Hochzeitsplanungen. Denn auch wenn wir nur eine Scheinehe anstrebten, so bedurfte sie gründlicher Vorbereitung. Die Behörden verlangten eine Unmenge an Papieren und Urkunden von uns. Wir mussten beide unsere Geburtsurkunden und die Zeugnisse unserer Schulen beibringen. Außerdem brauchte ich aus China ein offizielles Zertifikat mit der amtlichen Bestätigung, dass ich dort unverheiratet war.

Das war natürlich ein Problem. Denn dass ich noch unverheiratet war, musste gemäß den Vorschriften mein Vater bezeugen. Es gab keine andere Möglichkeit: Ich musste ihn bitten, dieses Dokument für mich anzufertigen. Er wurde sofort misstrauisch. »Wozu brauchst du das denn?«, fragt er, als ich ihn am Telefon darum bat.

»Für meine Uni«, log ich. »Du ahnst ja gar nicht, wie kompliziert die hier sind. Sonst verlängern sie mir die Studienerlaubnis nicht.« Das war bei genauerer Betrachtung nicht einmal eine Lüge, denn ich hätte ja in der Tat nicht weiterstudieren können, wenn ich diese Maßnahme nicht ergriff.

»Na, ich schau mal«, sagte mein Vater wenig überzeugt.

»Es ist wirklich unglaublich wichtig«, bedrängte ich ihn, damit er die Sache auch ernst nahm. »Ich sage dir: Mein Studium und meine Karriere hängen von dieser Bescheinigung ab!«

Als wir endlich alle Papiere zusammenhatten, dachten wir, wir würden einen Termin auf dem Standesamt bekommen. Aber da war noch die Sache mit den Zeugen, die laut ägyptischem Recht für eine Eheschließung notwendig waren. Keine Trauung, auch keine standesamtliche wie unsere, durfte hier ohne Anwesenheit der Familien stattfinden. In meinem Fall war es etwas einfacher: Wir argumentierten, dass meine Familie in China lebte und für die Hochzeit nicht nach Ägypten reisen konnte. Aber bei Mahmud taten wir uns ziemlich schwer mit einer Begründung. Wir erfanden allerlei Lügengeschichten: Wir behaupteten, seine Geschwister seien ausgewandert und seine Eltern bereits zu alt und schwach, um an der Hochzeit teilnehmen zu können. Nichts davon stimmte. Tatsächlich hatten wir einfach niemanden informiert, dass wir heiraten würden, denn es war ja eine Scheinhochzeit. Letztlich konnten wir die Behörden überzeugen, dass anstelle der Familien fünf Standesbeamte der Zeremonie beiwohnen würden.

Nun war auch diese Hürde genommen. Endlich konnten wir uns auf den angenehmen Teil unseres Projekts konzentrieren: die Frage der Kleiderwahl. Ich bestand darauf, in Weiß zu heiraten. »Schließlich sollen die Beamten keinen Verdacht schöpfe11«, argumentierte ich gegenüber Mahmud. In Wirklichkeit war es so, dass ich langsam aufgeregt wurde, Scheinehe hin oder her: Dies war doch meine Hochzeit! Es war ein wichtiger Tag in meinem Leben – und entsprechend wollte ich mich auch anziehen und zurechtmachen.

Mahmud war ganz meiner Meinung. »Ja, ich will dich in einem langen, weißen Kleid sehen. Du wirst bestimmt wunderschön darin aussehen, Mihrigul«, sagte er.

Mahmud bot mir sogar an, die Kosten für mein Brautkleid zu übernehmen. Ich sagte, er sei verrückt. Warum sollte er sich in Unkosten stürzen? Schließlich tat er das alles nur mir zuliebe. Aber er bestand darauf. Also zog ich mit meiner Freundin Aja los und probierte Kleider. Abends, nach der Uni, machten wir die Brautmoden-Läden in ganz Kairo unsicher.

Es war eine merkwürdige Zeit. Manchmal gerieten wir bei unseren Shopping-Ausflügen unverhofft in große Demonstrationszüge. Die ganze Stadt vibrierte und stand ständig unter Spannung: Verschiedene Fraktionen kämpften nach der Revolution um Einfluss. Die ersten freien Wahlen hatten bereits die Muslimbrüder und die Salafisten gewonnen. Aber viele Revolutionäre, die nichts mit Religion am Hut hatten, wollten sich nicht damit abfinden. Deshalb demonstrierte immer die eine oder die andere Seite. Die Unruhen hielten an, auch als im Juni 2012 der Muslimbruder Mohammed Mursi zum Präsidenten gewählt wurde. Die alte Clique um Ex-Präsident Mubarak und die säkularen Kräfte im Land wollten den Sieg der Muslim-Brüder nicht akzeptieren. Doch all das nahm ich nur durch einen Schleier wahr, durch meinen Hochzeitsschleier: Für mich war es weitaus wichtiger, endlich mit Mahmud aufs Standesamt zu gehen.

Schließlich war es so weit. Wir hatten einen Termin, und in meinem Schrank baumelte ein wunderschönes, weißes Brautkleid mit Gesichtsschleier und Schleppe. Natürlich hatte ich es Mahmud noch nicht gezeigt. Er selbst kam in einem auf Taille geschnittenen, schwarzen Anzug und sah sehr elegant aus. Als er mich aus dem Taxi steigen sah, fielen ihm fast die Augen aus dem Kopf.

»Gefällt es dir?«, fragte ich.

»Womit habe ich das verdient? Du bist ein Lottogewinn«, erwiderte er.

Mahmud reichte mir seinen Arm. Fast bedauerte ich, dass wir gar keine Gäste eingeladen hatten, als wir so feierlich das Standesamt betraten. Dann standen wir vor dem Beamten und waren beide verlegen. »Willst du diesen Mann zu deinem Ehemann nehmen?«, fragte der Mann mich.

»Ja«, hauchte ich.

Mahmud bekräftigte seinen Willen ebenfalls. Der Beamte erklärte uns zu Mann und Frau. Dann hob Mahmud meinen Schleier und küsste mich. Es war alles so perfekt, dass es sich fast echt anfühlte. Die Beamten, die für uns die Dokumente als Trauzeugen unterschrieben, beglückwünschten uns und brachten uns Süßigkeiten. Ich war glücklich, als ich an Mahmuds Seite das Standesamt verließ – und irgendwie war es in diesem Moment schwierig, zwischen Schein und Wirklichkeit zu unterscheiden.

Mahmud gestand mir später, dass er heimlich gebetet hatte. »Gott, bitte lass sie wirklich meine Frau werden.« Mir schossen ähnliche Gedanken durch den Kopf. Aber da wir beide sehr schüchtern sind, fuhr Mahmud mich einfach nur nach Hause, und wir verloren darüber kein Wort.

Dennoch änderte sich etwas zwischen uns. Es war, als hätte die Hochzeit einen Schalter umgelegt, insbesondere bei Mahmud. Klar, er war schon immer sehr zuvorkommend und aufmerksam mir gegenüber gewesen. Aber jetzt trug er mich regelrecht auf Händen: Da ich – zumindest auf dem Papier – seine Frau war, fühlte er sich verpflichtet, dafür Sorge zu tragen, dass es mir gut ging und dass ich in Sicherheit war.

Wenn er beispielsweise hörte, dass es in der Nähe meiner Uni Unruhen gab, etwa weil die regierenden Muslimbrüder die Gesetze islamisieren wollten, rief er mich sofort an und fragte, wo genau ich mich gerade befände. Er wollte verhindern, dass ich in eine Menschenmenge geriet, weil das für Frauen schlimm enden konnte. Insbesondere Ausländerinnen wurden dort oft belästigt oder unsittlich angefasst. Wenn er es irgendwie einrichten konnte, holte er mich mit dem Auto ab und brachte mich nach Hause. Oder er sagte, ich solle mir ein Taxi nehmen, und gab mir später das Geld dafür wieder. Ganz so, als ob er tatsächlich mein Ehemann sei. Und irgendwann wünschte ich mir das.

Sehnlichst wartete ich darauf, dass er irgendetwas unternehmen würde. Ich selbst traute mich nicht. Wenn er mich mit dem Auto nach Hause brachte, umarmte ich ihn zum Abschied. An seinen glühenden Augen sah ich, wie sehr ihm das gefiel. Aber ich küsste ihn nicht. Ich befürchtete, er würde mich dann für unanständig halten. Schließlich kam er aus einer sehr religiösen Familie. Und das war wohl auch der Grund, warum er sich so zurückhielt. Es war seine Form von Respekt mir gegenüber.

»Mahmud«, sagte ich eines Tages, als wir wieder zusammen im Auto saßen und ich langsam, aber sicher verzweifelte, weil ich mich so sehr nach seiner Nähe sehnte. Nach körperlicher

Nähe. »Wünschst du dir nicht auch manchmal, wir hätten richtig geheiratet?« Glücklicherweise war es dunkel, und so konnte er nicht sehen, wie schrecklich rot ich dabei wurde.

»Ach, Mihrigul. Du bist meine Traumfrau«, sagte er. »Ich würde mir nichts sehnlicher wünschen, als dich wirklich zu heiraten.« Er nahm meine Hand und küsste sie. Und dann küsste er mich plötzlich auf den Mund. Der Bann war gebrochen.

Ab diesem Zeitpunkt waren wir ein Paar. Ein richtiges Paar, meine ich: ein Liebespaar. Während draußen die blutigen Nachwehen der Revolution tobten, schwebten wir auf rosa Wolken. Wir verbrachten jede freie Minute miteinander und turtelten. Entweder schlenderten wir Hand in Hand durch die Stadt, oder wir trafen uns bei mir zu Hause, wo meine Freundinnen längst Bescheid wussten. In gewisser Weise glaube ich sogar, dass sie das Potenzial zwischen Mahmud und mir früher erkannt hatten als wir selbst. Zumindest Aja, die unsere Hochzeit ja sozusagen erfunden hatte. Und Tanja hatte selbst einen festen Freund, Erfan; er war ebenfalls Uigure. Die beiden hatten also nichts dagegen, dass ein weiterer Mann bei uns ein und aus ging. Und den allzu sittsamen Mahmud konnte ich überzeugen, dass wir nichts Unrechtes taten, da er ja mein Mann war. »Ja, das bin ich«, bestätigte er stolz.

Allerdings hatten wir noch ein großes Problem. Wir hatten ja beide unseren Eltern nichts von der Verbindung erzählt. Das bedeutete zum Beispiel, dass Mahmud nie bei mir übernachten konnte, denn seine Mutter erwartete, dass er abends heimkehrte. Und auch ans Zusammenziehen oder gar Kinderkriegen war nicht zu denken.

Mahmud drängte darauf, diese Geheimnistuerei gegenüber unseren Familien zu beenden. »Ich möchte deine Eltern kennenlernen und dich auch meinen Eltern vorstellen«, sagte er. »Ich will ein großes Hochzeitsfest mit allen feiern.«

»Das wäre sehr schön«, antwortete ich. Auch ich wünschte mir den Segen meines Vaters. Aber wenn ich mir seine Reaktion vorstellte, wenn er erführe, dass ich heimlich einen Araber geheiratet hatte, wurde mir ganz flau im Magen. »Lass uns meine Eltern nicht vor vollendete Tatsachen stellen«, bat ich deshalb Mahmud.

»Was schlägst du vor?«

»Ich möchte, dass mein Vater dich kennenlernt und uns aus freien Stücken sein Einverständnis zur Hochzeit gibt.«

Er nickte. »So ist es der richtige Weg«, sagte er. In seiner Stimme hörte ich fast so etwas wie Bedauern darüber, dass wir die Dinge so eigenmächtig angegangen waren. Auch in Ägypten gehört es sich schließlich, dass der Bräutigam erst einmal beim Brautvater vorspricht und die beiden Familien ihr Einverständnis geben. Und dann wird der Brautpreis verhandelt. Heiraten ist normalerweise ziemlich teuer für die Familie des Ehemannes, weil sie der Braut Goldschmuck schenken muss. Auch die gemeinsame Wohnung muss der Mann bereitstellen. Vielleicht kam sich Mahmud deshalb vor wie eine Art Heiratsschleicher. Aber wir konnten die Zeit nicht zurückdrehen. Wir konnten nur versuchen, unser eiliges und heimliches Handeln zu korrigieren und die Sache noch einmal neu aufzuziehen.

Bei meinem nächsten Telefonat mit daheim lud ich meine Eltern nach Ägypten ein. »Jetzt lebe ich schon fast zwei Jahre hier«, sagte ich, »kommt mich doch bitte endlich einmal besuchen!«

»Wie stellst du dir das vor?«, lachte mein Vater, der als Busfahrer arbeitete, »glaubst du, ich habe im Lotto gewonnen?«

»Ich kann über meine Schule ein Darlehen für die Tickets aufnehmen«, log ich.

»Aha. Und wie willst du das Geld wieder zurückzahlen?«

»Das ist für mich ein Klacks! Ich habe einen gut bezahlten Übersetzerjob.« In Wirklichkeit würde Mahmud die Tickets bezahlen. »Biiitte!«, fügte ich flehentlich hinzu, »ich vermisse euch so schrecklich.«

Mein Vater versprach, darüber nachzudenken. Ich bestürmte ihn wieder und wieder – und behauptete sogar, dass die Regierung derzeit Reisen fördere, um wieder Touristen ins Land zu locken, die wegen der unruhigen Lage ausgeblieben waren. »Was macht es denn für einen Unterschied, ob ich zu euch oder ihr zu mir kommt?« Schließlich gab er sich geschlagen. Das Datum, dass wir vereinbarten, lag noch mehrere Monate entfernt. Bis dahin mussten Mahmud und ich uns mit unseren Plänen gedulden. Ungeduldig fieberten wir dem Besuch entgegen.

Meine Eltern kamen Mitte 2013 nach Kairo. Ich fuhr mit Mahmud zum Flughafen; ich brauchte ihn an meiner Seite, denn ich war wahnsinnig aufgeregt vor dieser wichtigen Begegnung. Ein paar Tage später hatten wir dann das Treffen mit beiden Elternpaaren geplant. Mahmuds Vater und Mutter wussten bereits, dass sie die Eltern seiner Braut kennenlernen sollten, und sie bereiteten sich sorgfältig darauf vor.

Aber mein Vater wusste von alldem noch nichts, als er zusammen mit Menzire in die Ankunftshalle trat. Er ist ein schlanker, nicht besonders großer Mann. Ich erkannte ihn sofort an der traditionellen Stoffmütze, die er immer trug, um die Tatsache zu verdecken, dass er nur noch wenige Haare auf dem Kopf hatte. Im Gewusel der Passagiere wirkte er fast ein bisschen verloren. Ich winkte ihm. »Mihrigul!«, rief er erfreut.

»Baba!«

Er eilte auf mich zu und breitete seine Arme aus. Lange drückte er mich an sich. »Meine Tochter«, sagte er, »ich bin so froh, dich wiederzusehen!«

Als er mich wieder losließ, deutete ich auf Mahmud. »Und das ist mein Freund Mahmud«, stellte ich ihn vor. Erst in diesem Moment schien mein Vater zu realisieren, dass der fremde Mann neben mir zu mir gehörte. Seine Miene verfinsterte sich.

»Guten Tag, Herr Mahmud«, sagte er und schüttelte ihm förmlich die Hand. »Sehr erfreut, Sie kennenzulernen.«

»Mich freut es auch sehr«, beteuerte Mahmud.

»Seid ihr Studienkollegen?«, fragte mich mein Vater auf Uigurisch.

»Mahmud ist mein Freund.«

»Ah.«

Mahmud nahm meinen Eltern ihre Koffer ab, und wir fuhren in die Stadt. Bevor wir sie zu der Pension brachten, in der sie übernachten sollten, aßen wir noch Kebab-Spieße zusammen. Im Restaurant sah ich, wie mein Vater Mahmud beäugte. »Er ist ein anständiger Junge«, bemerkte er einmal auf Uigurisch und erkundigte sich, ob er verheiratet sei.

»Nein«, antwortete ich, »natürlich nicht.«

»Aber er ist Ägypter?«

Ich nickte, wunderte mich allerdings ein bisschen über diese Fragen. Außerdem fand ich es unhöflich, in Mahmuds Präsenz über ihn zu reden. Noch dazu, wo er nichts verstehen konnte. Deshalb bat ich meinen Vater, das Gespräch später unter vier Augen fortzusetzen.

»So, nun mal raus mit der Sprache«, konfrontierte er mich, als wir alleine in ihrer Pension waren. Meine Eltern waren nach dem langen Flug beide müde und hätten eigentlich ins Bett gemusst. Meine Tante begann bereits, sich umzuziehen. Aber diese Sache wollte mein Vater trotzdem noch vorher besprechen. »Was soll das alles mit diesem Mahmud? Warum muss ich den kennenlernen?«

»Wir wollen heiraten«, ließ ich die Maske fallen.

»Hm. Das habe ich schon befürchtet«, sagte er und zog seine Stirn kraus. Mein Vater schien nachzudenken und nach den richtigen Worten zu suchen.

»Du hast gesagt, dass du ihn nett findest«, erinnerte ich ihn.

»Ja, er ist nett. Aber er ist Araber. Und die Araber und wir passen nicht zusammen. Wir sind viel zu unterschiedlich, als dass eine Ehe funktionieren könnte. Er braucht eine arabische Frau. Und du brauchst einen uigurischen Mann, der dieselbe Kultur wie du hat und dich versteht.« Mein Vater sagte das nicht bösartig, sondern ruhig und überlegt. Ich fühlte, dass er nur das Beste für mich wollte. Trotzdem bedeuteten seine Worte ein unüberwindbares Hindernis für unsere Beziehung – und das konnte ich nicht akzeptieren.

»Bitte urteile nicht so schnell, Baba«, bat ich. »Wir lieben uns. In drei Tagen werdet ihr Mahmuds Eltern kennenlernen, dann kannst du ja sehen, ob seine Familie dir gefällt.«

»Nein, auf gar keinen Fall wird dieses Treffen stattfinden«, widersprach er mir, »meine Entscheidung steht bereits.«

Mit seiner harten Haltung brachte mein Vater mich in eine schwierige Lage. Ich hatte zwar schon damit gerechnet, dass er sich schwertun würde, meine Wahl zu akzeptieren. Denn wir Uiguren haben viele Vorurteile gegenüber Arabern, die sich vor allem auf das Thema Religion beziehen: Wir werfen ihnen vor, den Islam zu engstirnig zu interpretieren. Außerdem sind viele Uiguren genervt, dass die Araber gerne so tun, als wüssten alleine sie, wie unsere Religion korrekt zu leben sei. Das galt auch für meinen Vater. Er hielt Araber für zu strenggläubig und rückwärtsgewandt. Aber das war gegenüber Mahmud nicht fair. Sicher kam er aus einer strenggläubigen Familie, aber er war kein Extremist. Außerdem war er mein Mann. Aber dieses Argument konnte ich gegenüber meinem Vater natürlich nicht ins Feld führen.

Mit Engelszungen redete ich auf ihn ein, bis ich ihn schließlich doch noch zu dem Treffen überreden konnte. Wir hatten ein schickes Restaurant am Nilufer gebucht. Da ich wusste, dass Mahmuds Familie eher konservativ war, legte ich mir einen leichten Schal um den Kopf. »Setz dir doch gleich einen Turban auf!«, kommentierte mein Vater meine Aufmachung.

»Das ist in Ägypten völlig normal«, argumentierte ich und bat Menzire, meinem Beispiel zu folgen, damit wir einen guten Eindruck bei meinen Schwiegereltern machten. »Es ist ein Zeichen des Respekts vor ihnen.« Murrend tat sie es mir gleich.

Die Stimmung meiner Eltern war also bereits auf dem Tiefpunkt, als wir das Restaurant betraten. Mahmuds Familie erwartete uns schon. Sie hatten sich auf ihre Weise fein gemacht: Sein Vater trug einen beigen Kaftan mit Gold-Verzierung. Seine Mutter kam ganz in Schwarz und hatte eine perlenbesetzte Abaya mit dazugehörigem Hejab angelegt. Das stand in ziemlichem Kontrast zu meinen Eltern, die sich westlich und modern kleideten. Mein Vater, der eine Stoffhose und ein Jackett trug, zog die Brauen hoch. »Wie rückständig sie im Vergleich zu uns doch sind«, sagte er auf Uigurisch zu meiner Tante.

»In der Tat«, stimmte sie ihm zu und riss sich augenblicklich ihr Tuch vom Kopf.

Mahmuds Familie hatte Geschenke für uns gebracht. Menzire bekam ein feines weißes Tuch überreicht, und mein Vater erhielt einen Kaftan im selben Beige wie der, den Mahmuds Vater trug. Er verdrehte unmerklich die Augen, als er das Geschenk annahm. Dann holte Mahmuds Mutter eine kleine Schatulle hervor. Darin lag ein goldener Ring, den sie mir mit feierlicher Geste an den Finger steckte. Klar, ihr war die Begegnung als Verlobungsfeier angekündigt worden. Aber meinen Vater brachte dieser Akt zur Weißglut. Ich fürchtete schon, er würde wutentbrannt aus dem Restaurant stürmen, doch er beherrschte sich noch einmal und blieb wie einbetoniert auf seinem Platz sitzen.

Unsere Gastgeber hatten bereits bestellt. Nach der Geschenke-Übergabe fuhren die Kellner sofort alles auf, was die Küche zu bieten hatte: verschiedene Sorten Fleisch, Humus, eingelegte Paprika, gefüllte Weinblätter, gebackene Auberginen, Tabulé, Linsensalat, Oliven, eine scharfe Knoblauchsoße und frischen Fisch aus dem Nil. Sie servierten die Gerichte auf vielen kleinen Tellern, die sie in der Mitte des Tisches platzierten, sodass sich alle bedienen konnten. Meine Schwiegermutter bot uns pausenlos etwas zum Essen an. Aber ich war so angespannt, dass ich keinen Bissen herunterbrachte. Und meine Eltern erklärten, dass sie keinen Hunger hätten. Sie saßen nur mit versteinerten Mienen da. »Was ist denn mit ihnen, geht es ihnen nicht gut?«, fragte meine Schwiegermutter mich schließlich verzweifelt. Sie konnte aufgrund der Sprachbarriere ja nicht direkt mit ihnen reden.

»Sie sind noch müde«, sagte ich entschuldigend.

»Von der Reise?«

»Ja, die Zeitverschiebung macht ihnen zu schaffen.«

»Das ist nur verständlich.« Sie sah mich traurig an, und ich wäre am liebsten im Boden versunken, so sehr schämte ich mich für meine Eltern und ihr unmögliches Verhalten.

Nach diesem fürchterlichen Treffen war klar, dass es mit Mahmuds und meinen Plänen kein gutes Ende nehmen würde. Mein Vater war fuchsteufelswild und verbot mir jeden weiteren Kontakt mit Mahmud. »Das reicht jetzt, Mihrigul«, stellte er klar, »du wirst diesen Mann nicht heiraten. Du wirst überhaupt keinen Araber heiraten, verstanden?«

»Du bist furchtbar ungerecht!«

»Ich bin überhaupt nicht ungerecht. Ich will nur dein Bestes. Und es ist nun mal eine Tatsache, dass diese Menschen uns fremd sind, dass sie eine ganz andere Kultur als wir haben. Das *kann* nicht gut gehen.«

»Aber ich will keinen anderen Mann als Mahmud!«

»Papperlapapp!«, fuhr er mir über den Mund. »Du wirst einen uigurischen Mann heiraten.« Mein Vater sprach davon, mich bei seiner Abreise aus Kairo sofort mit nach Hause zu nehmen. »Es ist ja klar, dass du hier nur auf dumme Gedanken kommst.«

Ich dachte, ich höre nicht recht. »Willst du etwa, dass ich mein Studium abbreche?«

»Nein«, beteuerte mein Vater, »ich bin nur realistisch: Der nächste Mahmud wartet wahrscheinlich schon an der Ecke. Ich bin doch nicht verrückt, dich alleine hierzulassen!«

Ich fing an zu weinen. Erst verbot er mir den Umgang mit Mahmud, dann wollte er mich auch noch von der Uni nehmen. Ich bat ihn, seine Ankündigung zu überdenken. »Du zerstörst meine Karriere!«

»Nein, du zerstörst deine Karriere«, konterte er. »Das alles hast du dir selbst zuzuschreiben.«

Er blieb unerbittlich. Nachdem ich meine Eltern wieder in ihrer Pension abgesetzt hatte, ging ich nach Hause und weinte den ganzen Abend und die ganze Nacht. Ich war nicht einmal imstande, auf Mahmuds SMS zu reagieren. Denn was sollte ich ihm sagen? Dass ich mit ihm Schluss machen musste, da mein Vater ihn als Schwiegersohn ablehnte? Dass ich nach Xinjiang zurückkehren würde?

Irgendwann klopfte es an meiner Tür. »Was ist denn passiert?«, fragte mich meine spanische Freundin Tanja, die im Nachthemd vor meinem Bett stand. Ich erzählte ihr von dem Desaster, das sich ereignet hatte, als wir versuchten, einander unsere Familien vorzustellen. »Mein Vater ist strikt gegen die Verbindung, er verbietet mir sogar, in Ägypten zu bleiben!«

Tanja war geschockt. »Das darfst du dir nicht bieten lassen, Mihrigul«, sagte sie. »Du bist nicht mehr fünfzehn Jahre alt, und er kann dich nicht einfach zwingen, mit ihm zurück nach Hause zu gehen.«

»Aber ich kann mich nicht gegen den Willen meines Vaters stellen, das geht nicht.« Ich versuchte ihr zu erklären, wie wichtig in meiner Kultur die elterliche Zustimmung und Autorität ist.

»Dann gib ihm eben, was er will: Heirate einen Uiguren, der in Ägypten lebt.« Sie grinste verschmitzt. Ich verstand nicht, was sie daran so komisch fand.

»Ich bin bereits verheiratet, und zwar mit Mahmud«, erinnerte ich sie.

»Ja, mit dem bist du staatlich getraut. Aber für deinen Vater könntest du doch zumindest diese islamische Zeremonie inszenieren.«

Ich sah sie verständnislos an. Sicher, wenn ich in Kairo einen uigurischen Ehemann hätte, würde mich mein Vater wohl bleiben lassen.

»Ich wüsste da einen Kandidaten, der keine hohen Ansprüche an die Ehe stellt«, sagte Tanja und grinste noch ein bisschen breiter als zuvor. Ich stand immer noch auf der Leitung.

»Erfan natürlich!«, löste sie das Rätsel. Meine Freundin sprach von ihrem uigurischen Freund. Ich war sprachlos.

»Tanja …!« Konnte sie das ernst meinen?

»Na, es liegt doch auf der Hand: Ihr schließt eine Scheinehe – alle deine Probleme sind gelöst.« Es klang zu schön, um wahr zu sein. »Das wird schon. Ich werde gleich morgen mit Erfan reden«, versprach sie.

Am nächsten Morgen bat Tanja Erfan, uns zu besuchen. Eine halbe Stunde saß mein Kommilitone an unserem Küchentisch, und wir erklärten ihm meine Notlage. »Diese verdammten uigurischen Sturköpfe!«, brach es aus ihm heraus. Erfan war ein Studienkollege von mir – und dass mich mein Vater von der Uni nehmen wollte, fand er unmöglich. »Soll ich mal mit ihm reden?«

»Wir hatten an etwas anderes gedacht«, sagte Tanja. Sie weihte ihn in unsere Pläne ein. Ich wurde purpurrot, während ich ihr zuhörte. Und auch Erfan fiel die Kinnlade herunter. Er ist zwar ein ziemlich selbstbewusster und souveräner Bursche. Aber einen so verwegenen Plan hatte er offenbar weder seiner Freundin noch mir zugetraut.

Tanja sah, dass er schwankte. Deshalb legte sie nach. »Ich finde, Mihriguls Vater hat es nicht anders verdient, als an der Nase herumgeführt zu werden«, bekräftigte sie ihre Haltung.

»Ja, das stimmt schon«, sagte Erfan zweifelnd.

»Biiitte, Erfan! Wir können doch nicht zulassen, dass er sie einfach in den Koffer packt und zurück nach Xinjiang zurückbefördert. Schließlich leben wir nicht im Mittelalter!«

Er nickte nachdenklich.

»Ich wusste es. Du bist ein Schatz!«, jubelte sie und drückte ihm einen Kuss auf den Mund. Damit war die Sache besiegelt: Erfan hatte sich den Job eingefangen. Sonderlich glücklich wirkte er darüber zwar nicht. Aber er musste wohl oder übel mitziehen. Ich war mir ziemlich sicher, er tat es nicht mir, sondern seiner Freundin Tanja zuliebe.

Wenige Tage später sprach er bei meinem Vater vor. Der staunte nicht schlecht, wie schnell es mir gelungen war, einen Ersatzkandidaten für Mahmud an Land zu ziehen – und war hellauf begeistert. Endlich bekam er den uigurischen Schwiegersohn, den er sich wünschte. Er kannte sogar zufällig Erfans Vater und war mit ihm befreundet. Deshalb hatte er überhaupt keine Bedenken, zumal die Familie einen guten Leumund hatte.

»Erfan ist eine fantastische Wahl«, beglückwünschte er mich, als wir gemeinsam die Moschee betraten, in der die Trauung stattfinden sollte. Abermals würde die Zeremonie in kleinster Runde, ohne Hochzeitsgesellschaft stattfinden – und das erzeugte bei mir eine Art Déjà-vu: Schmerzlich fühlte ich mich an meine erste Hochzeit erinnert und konnte es kaum fassen: Nun ging ich bereits zum zweiten Mal in meinem jungen Leben eine Scheinehe ein. Und das alles nur, um in Kairo bleiben und mein Studium beenden zu können. War es selbstsüchtig, was ich tat, fragte ich mich. Hätte es irgendeine andere, eine bessere Lösung gegeben?

Vor allem quälte mich der Gedanke an Mahmud, der der Zeremonie natürlich nicht beiwohnte. Ich hatte ein furchtbar schlechtes Gewissen ihm gegenüber, da ich ihn nach unserem desaströsen Treffen im Restaurant aus lauter Enttäuschung tagelang nicht mehr sprechen konnte. Es dauerte fast eine Woche, bis ich die Kraft fand, ihn anzurufen und ihm mitzuteilen, dass meine Eltern unserer Verbindung nicht zustimmten. »Es tut mir so leid, aber sie akzeptieren dich nicht als Ehemann. Deshalb kann ich dich nicht mehr sehen«, hatte ich zu ihm gesagt.

Nach all dem Aufwand, den er für mich betrieben hatte, war er verständlicherweise sehr enttäuscht. Und mir brach es ebenfalls das Herz, ihm eine so fürchterliche Enttäuschung bereiten zu müssen.

»Ich werde Erfan heiraten«, fuhr ich fort, »natürlich nur zum Schein, mit einer Zeremonie in einer Moschee …« Ich wollte ihm gerade erklären, dass ich das nur tat, weil mich mein Vater ansonsten zwingen würde, in meine Heimat zurückzukehren. Aber dazu kam ich nicht mehr: Mahmud war so verletzt von meinen Worten, dass er einfach aufgelegt hatte.

Am Abend bekam ich eine SMS von ihm. »Ab heute bist du für mich gestorben«, stand darin. Das war das Letzte, was ich von ihm hörte. Danach wechselte er seine Nummer.

Ich war zwar sehr traurig. Aber ich verstand seine Bitterkeit und sagte mir, dass ich seine Entscheidung akzeptieren müsste: Er hatte ein Recht darauf, dieses Kapitel in seinem Leben zu beenden und mich zu vergessen. Doch dann stellte ich wenig später fest, dass ich schwanger von ihm war.

3
Drei Mal Mutter

Sobald ich morgens aufwachte, wurde mir übel. So übel, dass ich gleich aus dem Bett springen und aufs Klo rennen musste, um mich zu übergeben. »Hey, Mihrigul, bist du etwa schon wieder da drin?«, fragte mich meine Mitbewohnerin Tanja verwundert, als ich wieder einmal stundenlang das Bad blockierte, weil ich Angst hatte, mich von der Toilette zu entfernen. Kreidebleich kam ich schließlich heraus und wankte in mein Zimmer. »Bist du krank? Oder was ist los?«, rief sie mir hinterher.

Später, als wir zusammen mit Erfan am Frühstückstisch saßen, musterte sie mich, während ich versuchte, etwas von dem Omelett zu essen, das sie zubereitet hatte. Zwar verspürte ich Hunger. Aber ich konnte praktisch nichts zu mir nehmen, da mir auch die Gerüche so zusetzten.

»Sag mal, da stimmt doch was nicht«, sagte Tanja, »willst du dich nicht lieber mal von einem Arzt untersuchen lassen?«

Sie bat meinen »Ehemann« Erfan, mich ins Behman-Krankenhaus zu bringen. Als ich der Ärztin dort von meinen Symptomen berichtete, hatte sie gleich eine Vermutung. »Hatten Sie in den vergangenen Monaten Geschlechtsverkehr?«

Ich errötete angesichts dieser allzu direkten Frage. Zuerst wollte ich spontan den Kopf schütteln. Aber dann dachte ich an Mahmud, rechnete nach, wann ich ihn zuletzt gesehen hatte, und nickte schüchtern.

»Und wann hatten Sie ihre letzte Periode?«

Ich überlegte. »Vor drei Monaten.«

Sie lächelte. »Dann sollten wir dringend einen Schwangerschaftstest machen.«

Obwohl die Vermutung, dass ich schwanger sein könnte, auf der Hand lag, hatte ich zunächst nicht daran gedacht. Ja, es schockierte mich regelrecht, als die Ärztin diese Möglichkeit aussprach. Schwanger! Um Himmels willen, nein! Ich lebte allein in einem fremden Land. Ich konnte unmöglich ein Kind kriegen.

»Ganz ruhig«, sagte die Ärztin, die mich beobachtet hatte, »eine Schwangerschaft ist eine gute Nachricht. Natürlich ist sie für jede Frau eine große Umstellung. Aber vielleicht ist es ja gar nicht so. Gleich werden wir es wissen.«

Sie bat mich eine Urinprobe abzugeben. Dann sollte ich noch einmal hinaus auf den Flur gehen und mich dort auf die Bank setzen. Ich schwitzte Blut und Wasser, während ich zusammen mit Erfan auf das Testergebnis wartete. »Nein, lieber Gott, schenk mir kein Kind«, betete ich.

Nach einer Weile rief mich die Ärztin wieder in ihr Zimmer. Sie strahlte und streckte mir die Hand entgegen. »Herzlichen Glückwunsch, Frau Tursun«, sagte sie. »Sie sind schwanger.«

Ich sah sie völlig entgeistert an und war nicht in der Lage, darauf zu reagieren. »Das darf nicht wahr sein«, war alles, was ich denken konnte: Es war ein böser, böser Streich des Schicksals.

Die Ärztin führte mich in einen anderen Raum, wo eine Ultraschall-Aufnahme von meiner Gebärmutter gemacht werden sollte. Zitternd nahm ich Platz. »Wenn wir Glück haben, können wir das Baby schon sehen«, versprach sie, während sie den Schallkopf in meine Vagina einführte. Insgeheim hoffte ich noch auf das Gegenteil: Vielleicht hatte sich die Frau ja geirrt, und alles stellte sich als ein Missverständnis heraus.

»Oh, das ist ja spannend!«, rief sie plötzlich und zeigte auf den Bildschirm, auf dem ein paar kreisförmige, graue Gebilde auftauchten. Aber sie waren so unscharf, dass ich rein gar nichts erkannte.

»Sehen Sie da ein Kind?«, fragte ich sie furchtsam.

»Ja, Frau Tursun: zwei Kinder sogar.«

Ich war total verstört, als ich das Krankenhaus verließ. Erfan fuhr mich nach Hause zu Tanja, und ich erzählte ihr von der katastrophalen Diagnose. Auch Aja war bei dem Gespräch dabei. »Wenn Mahmud und ich uns nicht entzweit hätten, wäre es das Schönste, was ich mir vorstellen könnte«, beteuerte ich. »Aber jetzt?!«

»Jetzt ist die Sache komplizierter«, sagte Tanja.

»Aber trotzdem nicht aussichtslos«, behauptete Aja. Sie überlegte. »Wir könnten Mahmud aufsuchen und ihm die Situation erklären.«

»Ich könnte mit ihm sprechen«, bot Erfan mir an.

Aber das hielt ich für keine gute Idee: Mahmud hatte mich aus seinem Leben getilgt – und das konnte ich gut verstehen. Schließlich hatte ich ihm das Herz gebrochen. Jetzt, wo ich mich in einer Notlage befand, konnte ich unmöglich wieder bei ihm angekrochen kommen. Ich hätte auch gar nicht gewusst, wie. Ich besaß ja nicht einmal mehr seine aktuelle Telefonnummer. Und als ich kürzlich mit dem Bus an seinem Geschäft vorbeigefahren war, hatte ich gesehen, dass dort ein neues Schild angebracht worden war. Anscheinend hatte er aus lauter Enttäuschung seine Zelte in Kairo abgebrochen.

»Ich werde diese Kinder nicht bekommen«, sagte ich fest. Es brachte überhaupt nichts, sich darüber weiter den Kopf zu zerbrechen: In meiner jetzigen Situation überforderte mich das schlicht. »Ich lasse eine Abtreibung vornehmen.«

Aja schaute skeptisch. Aber Tanja verstand meine Entscheidung sofort. »Wahrscheinlich ist es besser so«, bestärkte sie mich.

»Wie ist denn überhaupt die rechtliche Situation in Ägypten?«, erkundigte ich mich bei Aja. »Sind Abtreibungen hier erlaubt?«

»Nein, nur aus gesundheitlichen Gründen.«

»Hm...«, überlegte Tanja mit kraus gezogener Stirn. »Aber schließlich erwartet Mihrigul Zwillinge ... Ist das nicht per se problematisch?«

»Bei einer so zarten, kleinen Frau wie Mihrigul allemal«, stimmte Aja zu. »Jedenfalls könnten die Ärzte, wenn sie wollten, daraus vielleicht einen legitimen Grund für einen Abbruch konstruieren.«

Gott sei Dank, dachte ich, das wäre vielleicht ein Ausweg. »Dann müssen wir nur noch einen willigen Arzt finden.«

Ich schlug vor, im Krankenhaus nachzufragen. Da Schwangerschaftsabbrüche in China eine recht alltägliche Sache sind, dachte ich mir nichts dabei. Aber Aja schüttelte skeptisch den Kopf. »Du solltest dort besser nicht mit der Tür ins Haus fallen«, warnte sie mich. »Klüger wäre es, wenn wir uns vorher erkundigen, wer für so etwas infrage kommt.« Sie versprach mir, sich umzuhören.

Obwohl sie sich tagelang bemühte, kam sie zu keinem befriedigenden Ergebnis: Sämtliche Tipps, die sie bekam, bezogen sich auf irgendwelche Quacksalber, die in dubiosen Hinterhof-Kliniken ihrem Geschäft nachgingen. So etwas wollte ich nicht riskieren.

Deshalb machte ich nach einer Woche doch erneut einen Termin im Krankenhaus. Der Gynäkologe, der mich untersuchte, bestätigte den Befund seiner Kollegin, dass Zwillinge in meinem Bauch heranwuchsen. Der Mann kniff die Augen zusammen. »Vielleicht sogar Drillinge«, sagte er.

»Was?!!« Jetzt verließ mich vollkommen der Mut.

»Es ist in diesem Stadium noch etwas schwer zu erkennen. Jedenfalls wird es keine leichte Sache für Sie werden.«

Ich hatte das Gefühl, die Diagnose wurde mit jedem Arztbesuch schlimmer. Jetzt oder nie, dachte ich. Ich musste ihn bitten, den Spuk zu beenden. »Herr Doktor«, setzte ich an und merkte, dass meine Stimme sich hoch und piepsig anhörte. »Gibt es denn nicht vielleicht eine andere Möglichkeit?«

Er sah mich an und rätselte offenbar, was ich meinte. »Wir werden Sie selbstverständlich mit Anästhesie unterstützen.«

»Ich möchte diese Kinder nicht bekommen.«

Er lächelte nachsichtig. »Es ist ganz normal, dass Sie nervös sind. Machen Sie sich nicht zu viele Sorgen. Auch andere Frauen haben bereits Mehrlinge zur Welt gebracht.«

»Ich würde diese Schwangerschaft gerne beenden«, erklärte ich ohne Umschweife.

»Ach so ist das?« Er runzelte die Stirn. »Und was sagt Ihr Mann dazu?«

»Der, äh …«

»Sie sind doch verheiratet?«

»Ja.« Ich nickte unsicher. Genau genommen war ich sogar zweifach verheiratet. Aber bei den Behörden und in meinem

Personalausweis hieß es nach wie vor, dass Mahmud mein Ehemann sei. Daran hatte die religiöse Trauung mit Erfan nichts geändert.

»Wenn Sie einen Abbruch wünschen, muss ihr Gatte sein Einverständnis bekunden.«

»Wirklich?« Ich sah ihn schockiert an.

»Ja. Sie müssen beide zusammen hierherkommen. Und Sie werden Ihre Personalausweise und eine Kopie der Heiratsurkunde vorlegen müssen.«

»Aber das geht nicht«, stammelte ich. Er sah mich prüfend an. »Mein Mann lebt im Ausland.«

»Das tut nichts zur Sache. Wenn Sie eine Abtreibung wünschen, müssten Sie ihn bitten zurückzukommen, um seine Zustimmung zu geben. Sonst kann ich nichts für Sie tun.« Der Arzt zuckte mit den Schultern. »So lautet nun mal das ägyptische Gesetz.«

Als ich die Praxis verließ, verstand ich zum ersten Mal, dass mit meinem Status als Ehefrau von Mahmud ein veritables Problem entstanden war: Ich durfte nicht mehr allein über meinen Körper entscheiden. Das fand ich ziemlich schockierend, vielleicht auch, weil ich selbst aus einem Land stamme, in dem Schwangerschaftsabbrüche kaum mehr als eine Routineangelegenheit darstellen. Eine chinesische Frau, die versehentlich schwanger wird und diesen Zustand beenden möchten, bucht einen Termin beim Arzt, bezahlt die OP-Gebühr und lässt den Fötus entfernen. Das ist kein großer Akt, über den eine Frau völlig autonom entscheidet. Sie braucht dazu keinerlei Einwilligung von niemandem. Aber das ägyptische Recht zwang mich tatsächlich dazu, die Kinder, die in meinem Bauch heranwuchsen, auszutragen, solange Mahmud mich nicht von dieser Pflicht entband.

Da half nur eines: Ich musste zurück nach Hause zu meinen Eltern und den Eingriff dort vornehmen lassen. Später, wenn ich alles geregelt hätte, könnte ich immer noch versuchen, nach Ägypten zurückzukehren, um mein Studium zu beenden. Würde ich nicht handeln, könnte ich das ohnehin nicht: Ich konnte unmöglich gleichzeitig studieren und die alleinerziehende Mutter von drei Säuglingen sein.

Ich rief meinen Vater an. Nach der ganzen Scharade, mit der ich ihn hinters Licht geführt hatte, fiel mir das alles andere als leicht. Aber ich wusste keinen anderen Ausweg: Er musste mir aus der Klemme helfen. »Papa?«

»Mihrigul, mein Kind«, sagte er fröhlich, als er mein Gesicht auf dem Display seines Handys erblickte. »Wie geht es euch?«

»Uns? Ach, gut … na ja …« Ich hatte keine Kraft zum Schauspielern. »Eigentlich überhaupt nicht gut«, brach es aus mir heraus.

»Warum, was ist denn?«

»Ich bin schwanger.«

»Aber das ist doch wunderbar, meinen Glückwunsch an euch beide!«

»Papa, es ist nicht so, wie du denkst …« Wo sollte ich nur anfangen? »Ich bin nicht von Erfan schwanger.«

»Aha.« Seine Miene verfinsterte sich. »Sondern?« Wahrscheinlich ahnte er schon, was jetzt kommen würde.

»Ich bin von Mahmud schwanger«, gestand ich ihm – und wartete auf das Donnerwetter. Ich war auf einen Wutausbruch gefasst. Aber mein Vater schwieg. Das war fast noch schlimmer.

»Papa, es tut mir so schrecklich leid …« Ich begann zu weinen. »Aber du musst nicht denken, dass ich eine Ehebrecherin bin. Es ist bereits vor meiner Verbindung mit Erfan passiert … Ich war nicht mehr Jungfrau – und deshalb konnte ich ihn auch eigentlich gar nicht heiraten … Das war alles nur dir zuliebe …«

Je mehr ich sagte, desto sprachloser wurde mein Vater am anderen Ende.

»Es sind Drillinge – und ich will sie unbedingt abtreiben …«

Fassungslos schüttelte er den Kopf. »Was hast du nur getan, Mihrigul?«, seufzte er.

Mein Vater war von meinem Geständnis so geschockt, dass er sich erst einmal Bedenkzeit ausbat. Ich konnte ihn gut verstehen, und ich schämte mich in Grund und Boden für mein Verhalten ihm gegenüber. Was hatte mich bei alldem nur geritten? Warum hatte ich so viele falsche Entscheidungen getroffen? Ich hätte ihn nie hintergehen und Mahmud ohne sein Einverständnis heiraten dürfen. Nun aber war es zu spät für Reue: Ich musste mit den Konsequenzen meines Handelns leben.

Ungeduldig wartete ich darauf, dass er sich wieder bei mir meldete. Aber offenbar brauchte Vater seine Zeit. Würde er nach allem, was ich angestellt hatte, noch bereit sein, mir zu helfen? Oder würde er mir mitteilen, dass ich in Zukunft allein zurechtkommen müsse? Ich konnte das Warten auf seinen Anruf kaum ertragen.

Endlich, nach drei langen Tagen, surrte mein Handy. »Hör zu, Mihrigul«, sagte er. »Menzire und ich haben beratschlagt …« Im Hintergrund des Bildes sah ich meine Tante auftauchen. »Wir sehen die Sache so: Wir sind eine Familie. Und wir helfen uns gegenseitig.« Ich fühlte, wie mich ein warmer Strom durchfuhr.

»Also: Setz dich in ein Flugzeug und komm zurück zu uns. Aber komm nicht, um die Kinder abzutreiben. Ich wünsche mir, dass du sie behältst und dass sie bei uns aufwachsen.«

»Papa!«, sagte ich gerührt.

»Dein Bruder und seine Frau haben noch keine Kinder: Die können eines der Kleinen übernehmen«, schlug Menzire vor.

Ich war total überwältigt und wusste nicht, was ich sagen sollte.

»Und sag diesem Araber nichts von ihnen, hörst du?«, forderte mein Vater. »Wir wollen sie auf unsere Weise erziehen.«

Ich schmunzelte über diese Bedingung. Aber ich war unendlich erleichtert, dass er nach unserem Konflikt und nach meinen zahlreichen Lügen so viel Güte zeigte und mir sogar anbot, für meine Kinder zu sorgen. Das konnte ich nicht ausschlagen. »Danke, Papa«, murmelte ich. »Ich werde sie nach Qarqan bringen. Und es werden uigurische Kinder werden.«

Nachdem ich die Entscheidung getroffen hatte, meine Kinder zu behalten, betrachtete ich die Welt mit anderen Augen. Plötzlich fühlte ich mich nicht mehr allein. Ich war nicht mehr nur für mich selbst verantwortlich, sondern auch noch für drei weitere Menschen, die komplett auf meinen Schutz angewiesen und von meinen Entscheidungen abhängig waren.

Diese Einsicht verlieh allen meinen Handlungen ein neues Gewicht. Und meine Prioritäten verschoben sich radikal: Hatte ich vorher alles andere meinem Ziel untergeordnet, mein Studium weiterzuführen und zu einem guten Abschluss zu bringen, so rückte nun das Thema Gesundheit an die vorderste Stelle. Meine wichtigste Aufgabe war es, diese drei Kinder gesund und wohlbehalten auf die Welt zu bringen. Und dafür wiederum musste ich in Bezug auf andere Punkte Kompromisse machen.

Das wurde mir klar, als ich meine Reisepläne verwirklichen wollte. Mein ursprünglicher Plan lautete ja, so schnell wie möglich zu meinen Eltern zurückzukehren, um die Kinder dort auf die Welt zu bringen. Aber so einfach war das nicht mit Drillingen im Bauch.

»Ich muss Ihnen dringend von dieser Reise abraten«, sagte mein Gynäkologe zu mir, als ich ihn fragte, ob ich den langen Flug nach Hause in meinem Zustand noch riskieren dürfte. Bei Air China hatte man mir den Transport bereits rundheraus verweigert. Und bei Egypt Air hieß es, sie würden mich nur auf eigene Verantwortung befördern.

Ich war hin- und hergerissen. Sollte ich mich wirklich ins Flugzeug setzen? Mittlerweile war ich im fünften Monat und mein Bauchumfang aufgrund der Drillinge beachtlich angewachsen. Auch im Alltag spürte ich die Belastung: Ich konnte mich nicht mehr gut bewegen, war ständig müde und wünschte mir nichts sehnlicher, als in der Nähe meiner Familie zu sein. In Ägypten fühlte ich mich plötzlich fremd und schutzlos. Ich wusste nicht, wie ich die Sache alleine überstehen sollte.

»Mihrigul, ich weiß, dass du dich in Kairo nicht mehr wohlfühlst. Aber du solltest nichts riskieren«, redete mir mein Vater bei einem unserer Telefonate ins Gewissen. »Besser ist es, du übst dich in Geduld und bringst die Kinder dort auf die Welt.«

»Ganz alleine?«, protestierte ich selbstmitleidig.

»Ich werde mal Menzire fragen, ob sie dir nicht beistehen kann.«

So kam es, dass meine Tante wenig später abermals in Kairo landete, diesmal ohne meinen Vater. Sie sollte mich während der

Schwangerschaft umsorgen und mich auch bei der Geburt begleiten, die laut Aussage der Ärzte nicht einfach werden würde.

Ich war sehr dankbar, als Menzire bei mir in die Wohngemeinschaft einzog. Wir übernachteten im selben Zimmer, Menzire schlief auf einer schmalen Matratze neben meinem Bett. Sie versprach mir, auch für mich zu kochen. »Es ist sehr wichtig, dass du in der Schwangerschaft gut isst, damit die Kinder mit den notwendigen Nährstoffen versorgt werden«, erklärte sie mir. Und ich glaubte ihr, da sie ja schon zwei Kinder zur Welt gebracht hatte. Außerdem hatte ich große Lust auf die traditionelle uigurische Küche.

Am nächsten Tag gingen wir zusammen auf den Markt, um Lammfleisch, Chili, Petersilie, Kreuzkümmel und Joghurt zu besorgen. Wir brieten das Fleisch in der Pfanne und würzten es kräftig. Dann bereiteten wir den Joghurt mit Kräutern zu. Außerdem buk ich noch etwas Naan-Brot nach einem Rezept, das ich von meiner Großmutter kannte. Meine Tante lobte mich: »Du kochst wirklich super!«

Ich nickte bescheiden, denn es stimmte: Kochen hatte ich bereits sehr früh bei meiner Großmutter gelernt, die ja auch Menzires Mutter war. Ich wünschte, ich hätte ihr das Kompliment zurückgeben können. Aber das wäre gelogen gewesen: Menzire verstand wirklich überhaupt nichts vom Kochen, weil das zu Hause immer ihre Schwester gemacht hatte. Selbst Huhn und Fisch konnte sie nicht richtig zubereiten. Auch mochte sie unsere traditionellen Gerichte mit Lammfleisch und Reis nicht. Wenn es nach meiner Tante gegangen wäre, hätten wir wahrscheinlich jeden Tag Nudeln gegessen.

Also übernahm ich das Kochen für uns. Ich schrieb meiner Tante auf, was sie einkaufen sollte, und bereitete uns das Essen.

Bald merkte ich, dass ich mich auch um andere Hausarbeiten weitgehend selbst kümmern musste. Sie strengten mich ziemlich an, weil mein Körper so aus der Form gegangen war. Nach dem Essen musste ich mich oft hinlegen. Bald hatte ich überhaupt keine Lust mehr, vor die Tür zu gehen, weil alles so anstrengend geworden war. Meine Tante hatte dafür wenig Verständnis: Sie wollte in Kairo etwas erleben. Von der politisch angespannten Situation und der prekären Sicherheitslage auf den Straßen ließ sie sich nicht abschrecken. »Uns wird schon nichts passieren. Komm, lass uns einen kleinen Einkaufsbummel machen«, schlug sie oft vor. Doch ich sagte immer Nein.

Das sorgte natürlich für Spannungen. Meine Tante langweilte sich, ich hingegen fühlte mich verpflichtet, meinen »Gast« zu unterhalten. So wurde ihre Anwesenheit nicht zur geplanten Entlastung, sondern im Gegenteil zu einer zusätzlichen Belastung für mich. Nachdem wir ein paar Wochen zusammen verbracht hatten, hielt ich es nicht mehr aus. »Hör zu, Menzire«, sagte ich zu ihr. »Ich komme hier schon alleine zurecht.« Ich wusste, dass auch sie sich nichts sehnlicher wünschte, als unser Experiment zu beenden. »Was hältst du davon, wenn du nach Hause zurückfährst und dort schon mal alles für mich und die Kinder vorbereitest?«, schlug ich ihr vor.

Ich brauchte nicht lange, um sie zu überzeugen. »Bist du sicher, dass du es alleine schaffst?«, fragte sie hoffnungsvoll.

»Ja, kein Problem«, log ich.

»Und wenn du etwas brauchst, meldest du dich, okay?«

Mir entfuhr ein tiefer Seufzer, als Menzire wieder abreiste. Erleichtert sah ich dem Flughafenbus nach, bis er nicht mehr zu sehen war. Endlich musste ich mich nicht mehr um sie kümmern. Jetzt gab es nur noch mich und meine eigenen Bedürfnisse. Auf dem Heimweg kaufte ich ein halbes Huhn und brühte mir daheim eine Suppe. Langsam und bedächtig löffelte ich sie und legte mich danach schlafen. Herrlich, dachte ich.

Eine Weile lang kam ich ganz gut zurecht. Ich aß gut, schlief viel und begann sogar langsam, mich auf meine Kinder zu freuen. Wie würde es sich wohl anfühlen, drei Babys auf einmal im Arm zu halten? Wie würden sie aussehen? Würden sie eher Mahmud oder eher mir gleichen?

Jede Woche ging ich zur Untersuchung ins Krankenhaus. Die Ärzte beobachteten meine Schwangerschaft sehr genau. Je mehr mein Bauch anschwoll, desto besorgter wurden sie, ob wir alle vier die Schwangerschaft wohlbehalten überstehen würden. Denn mein zierlicher Körper war für eine solche Belastung nicht gebaut. Schon das Gehen fiel mir immer schwererer. Und wenn ich die Stufen zu meiner Wohnung erklomm, brach mir sofort der Schweiß aus. Kaum konnte ich mich für die Untersuchungen ins Krankenhaus und zurückschleppen.

Schließlich verboten mir die Ärzte jegliche Bewegung. Sie hatten Angst, dass ich eine Frühgeburt erleiden würde, wenn ich in den letzten Wochen meiner Schwangerschaft nicht permanent lag. Ich wusste nicht, wie das funktionieren sollte. »Wie stellen Sie sich das vor?«, fragte ich meinen Gynäkologen, Doktor Nur.

»Wenn Sie niemanden haben, der Sie zu Hause versorgt, muss ich Sie ins Krankenhaus einweisen«, sagte er. Ich überlegte kurz und nickte. Diese Option erschien mir besser, als mich allein der Fürsorge meiner WG-Mitbewohnerinnen anzuvertrauen.

Ab Beginn des achten Monats lag ich im Behman-Krankenhaus. Mein Bauch wuchs immer weiter, irgendwann bestand ich nur noch aus meinem Bauch und glaubte, ich müsse platzen, wenn ich auch nur einen Zentimeter mehr zulegte. Doktor Nur beobachtete die Entwicklung mit Sorge. Am Ende meiner ersten Woche im Krankenhaus setzte er sich an mein Bett, weil er ein wichtiges Thema mit mir besprechen wollte.

»Frau Tursun, Sie wissen, dass wir alles tun werden, um Sie bei der Geburt zu unterstützen. Aber sie wird bestimmt nicht leicht werden …«

Das war mir natürlich schon klar. Deshalb fragte ich mich, was Doktor Nur mir eigentlich sagen wollte.

»… Sie müssen auf alles gefasst sein …«

Ich nickte.

»Haben Sie denn in Ägypten Angehörige, die wir im Notfall verständigen könnten?«

Ich schüttelte den Kopf.

»Das ist aber äußerst wichtig, Frau Tursun«, sagte er mit ernster Miene. »Ich will Ihnen ja keine Angst machen. Und es tut mir auch leid, dass ich Ihnen das so direkt sagen muss. Aber es ist durchaus möglich, dass Sie die Geburt nicht überleben.«

Ich sah ihn schockiert an. Das war es also, was der Arzt hatte loswerden wollen.

»Stehen Sie denn im Kontakt mit dem Vater der Kinder?«

»Nein …«, stotterte ich.

»Wenn Sie meinen Rat hören wollen: Es wäre ziemlich wichtig, diesen Kontakt wieder aufzunehmen. Damit die Kinder im Fall der Fälle nicht ohne eine Familie dastehen. Sie wissen, was das bedeuten könnte …«

Ich senkte den Blick. Ja, verdammt, das wusste ich. Mit einem Mal wurde mir das alles klar: Wenn es mir nicht gelang, Mahmud über meine Lage zu informieren und ihn zu überzeugen, diese Kinder auch als seine Kinder anzuerkennen, würden sie im Heim landen, falls mir selbst etwas zustieße. Da meine eigene Familie im Ausland lebte, hätte sie keine Chance, die Babys zu sich zu holen.

Dieser Gedanke war furchtbar für mich. In der Nacht tat ich kein Auge zu. Aber die Gefahr ließ sich nicht wegdiskutieren: Es war durchaus möglich, dass ich die Geburt nicht überlebte. Das schreckte mich nicht einmal. Aber die Vorstellung, dass meine drei Kleinen dann völlig schutzlos wären und weder Vater noch Mutter hätten, fand ich unerträglich. Das durfte ich ihnen nicht antun. Sollte ich doch versuchen, Mahmud zu kontaktieren? »Ab heute bist du für mich gestorben«, sah ich seine letzte SMS vor mir.

Als Tanja und Erfan mich am nächsten Tag im Krankhaus besuchten, sahen sie sofort, dass ich tiefe Ringe unter den Augen hatte. »Du Ärmste, kannst wohl gar nicht mehr schlafen«, sagte Tanja mit Blick auf meinen Bauch. »Kein Wunder, bei der Kugel.«

Mir entfuhr ein tiefer Seufzer. »Ich wünschte, es ginge nur darum ...«

»Wieso, was ist los?«

Ich erzählte Tanja von dem Gespräch mit dem Arzt. Als ich die Möglichkeit erwähnte, dass ich die Geburt nicht überleben würde, bekam sie große Augen. »Der Arzt will mich sogar eine Verfügung unterschreiben lassen, mit der ich erkläre, dass im Zweifel das Leben der Kinder gerettet wird und nicht meines.«

»Um Himmels willen!«, entfuhr es ihr.

»Das ist kein Problem«, beruhigte ich sie. »Für meine Kinder werde ich das unterschreiben. Meine Sorge ist nur, was aus ihnen wird, wenn ich nicht mehr da bin. Ich habe doch keine Familie hier ...«

»Aber du hast mich und Aja.« Sie sah Erfan an »Und ...«

»Nein«, unterbrach er sie. »Mihrigul hat recht! Die Kinder müssen mit ihrer Familie aufwachsen. Und sie haben ja eine Familie hier in Ägypten. Wir müssen endlich mit Mahmud sprechen.«

Ich sah ihn unentschlossen an. Vor allem dachte ich an meine Eltern, die mir das Versprechen abgenommen hatten, Mahmud außen vor zu lassen. Und wieder an seine letzte SMS.

»Doch, Mihrigul!«, beharrte Erfan und sah mich bitterernst an. »Du hast eine Verantwortung deinen Kindern gegenüber: Wenn du wirklich stirbst, kannst du sie nicht einfach ihrem Schicksal überlassen.«

Mir schossen die Tränen in die Augen. »Glaubst du etwa, das weiß ich nicht?«, fuhr ich ihn an.

»Doch natürlich. Und deshalb müssen wir Mahmud endlich in Kenntnis setzen – damit er im schlimmsten Fall die Verantwortung übernehmen kann. Zum Wohle der Kinder ...«

Es war nicht so, dass mir dieser Gedanken während der Zeit meiner Schwangerschaft nie durch den Kopf gegangen wäre. »Aber ich weiß ja nicht einmal, wie ich ihn erreichen soll!«, brach es aus mir heraus. »Seine Nummer funktioniert nicht mehr.«

»Erlaubst du mir, nach ihm zu suchen?«

Ich nickte schwach. »In Ordnung«, sagte ich.

Ich schickte Erfan zuerst zu Mahmuds Bekleidungsgeschäft, das ihm, wie ich bereits vermutet hatte, nicht mehr gehörte: Von dem neuen Besitzer erfuhr er, dass Mahmud ins Ausland gezogen war. Seine Adresse kannte der Ladenbesitzer jedoch nicht, offenbar hatte Mahmud auch seine E-Mail gewechselt. Meine Hoffnung, ihn zu finden, sank. Eine Möglichkeit gab es allerdings noch: In meinem Personalausweis war die Adresse seiner Eltern vermerkt.

Dort sprach Erfan vor. Er gab sich als ein alter Freund von Mahmud aus und bat seinen Vater, ihm seine neue Kontaktdaten mitzuteilen. »Mahmud arbeitet neuerdings in Dubai. Er hat sich dort bei einer Handelsfirma anstellen lassen«, erzählte Erfan, als er wieder ins Krankenhaus kam. Mein Herz klopfte.

»Konntest du mit ihm sprechen?«

»Ja. Ich musste es ein paar Mal versuchen, weil er meine Nummer nicht kannte. Aber schließlich ist er rangegangen.«

»Und?«

»Ich habe ihm alles erzählt.« Erfan klang verhalten. »Er sagt, er brauche etwas Bedenkzeit.«

»Ich verstehe.« Das hörte sich nicht gut an.

»Gib die Hoffnung nicht auf. Sei geduldig, Mihrigul.«

Nach Erfans Bericht war ich erst einmal ernüchtert. Mahmud war offenbar immer noch sehr verletzt von meinem Verhalten und eher nicht gewillt, sich umstimmen zu lassen. Dafür hatte ich Verständnis. Wie konnte es anders sein? Was hatte ich mir denn erhofft, wenn ich sogar den Mann, den Mahmud wahrscheinlich als Nebenbuhler empfand, bei ihm anrufen ließ und er von ihm erfuhr, dass ich drei Kinder erwartete? Wie hätte ich selbst an seiner Stelle reagiert?

Gesundheitlich baute ich immer mehr ab. Das hatte zwei Gründe: Zum einen produzierte mein Körper zu wenig Blut, sodass ich mehrfach Transfusionen erhalten musste. Zum anderen wurden die drei Babys jetzt einfach zu groß für mich. In der 31. Schwangerschaftswoche entschieden die Ärzte deshalb, die Geburt vorzeitig einzuleiten und die Kinder per Kaiserschnitt zu holen. Für mich selbst sah es dabei nicht gut aus.

»Wir werden alles für Sie tun, was in unserer Macht steht«, versprach mir Doktor Nur, »aber ich kann für nichts garantieren: Die Entscheidung über Leben und Tod fälle nicht ich, sondern Allah.«

Kurz nachdem der Arzt gegangen war, sah ich einen wunderschönen, bunten Blumenstrauß in der Zimmertür auftauchen. Dahinter versteckte sich ein Mann, der auf der Schwelle verharrte. »Darf ich eintreten?«, vernahm ich die Stimme Mahmuds hinter den Blüten.

Ich war unfähig zu antworten. Tränen kullerten mit über die Wangen. »Mahmud!«, flüsterte ich, als er näher kam. »Ich bin so froh, dass du da bist!«

»Und ich erst!« Er umarmte mich schüchtern. Dabei roch er so gut wie immer, nach Aftershave. Auch Mahmud hatte Tränen in den Augen. »Warum hast du mir nur nichts gesagt?«

»Ich wusste nicht, wie du reagieren würdest …«

»Es tut mir so leid, dass du das alles allein durchstehen musstest!«

Wir lagen uns in den Armen und weinten. Mahmud gestand mir, dass er überglücklich über meine Schwangerschaft sei und sich nichts sehnlicher wünschte, als Vater zu werden. Aber eine Frage brannte ihm noch auf der Seele.

»Und du bist dir auch ganz sicher …?«, begann er und errötete.

Ich wusste sofort, worauf er anspielte. »Tausendprozentig«, sagte ich fest. »Ich hatte nie einen anderen Mann als dich, Mahmud. Die Zeremonie mit Erfan haben wir nur für meinen Vater veranstaltet. Aber wir waren nie ein Paar …«

Mahmud senkte die Augen und sagte nichts. Ich spürte, dass er mir glauben wollte. Aber er war nicht restlos überzeugt.

»Wenn du willst, machen wir direkt nach der Geburt einen DNA-Test. Dann bist du sicher, dass es deine Kinder sind«, bot ich ihm an. Er strahlte.

»Gut«, sagte er.

»Und bis dahin musst du mir vertrauen.«

»Das mache ich ohnehin«, behauptete er.

Mit Mahmud an meiner Seite fühlte ich mich plötzlich stark. Jetzt war ich bereit, die Geburt in Angriff zu nehmen. Mahmud versprach mir, die ganze Zeit über bei mir zu bleiben. Das verlieh mir neue Kräfte. Vor allem aber beruhigte mich der Gedanke, dass er für die Kinder da sein würde, falls ich die Operation nicht überstand. Dafür war ich ihm unendlich dankbar.

Bevor die Ärzte vor dem Kaiserschnitt die Narkose einleiteten, drehten wir noch Videos. Auf einem wiederholte ich mein Einverständnis, dass im Zweifel das Leben meiner Kinder und nicht meines gerettet werden sollte. Auf einem anderen sprach ich zu meinen Eltern, informierte sie über meine Entscheidung und bat sie, nichts gegen die Ärzte zu unternehmen, falls doch etwas schiefging.

Danach war ich ganz ruhig. Als der Anästhesist kam, um mir die Spritze zu geben, saß Mahmud neben mir, und ich lächelte ihn an. Ich fühlte den Piks in meinem Arm und sah zu, wie sich der Inhalt der Ampulle leerte. Dann verließ mich mein Bewusstsein.

Was danach geschah, weiß ich nur aus Erzählungen und von den Filmaufnahmen, die Mahmud während der Geburt machte. Zuerst verlief alles nach Plan. Die Ärzte schnitten mir den Bauch auf. Dabei blutete ich fürchterlich, wie auf den Aufnahmen zu sehen ist. Es gelang ihnen aber, alle drei Kinder wohlbehalten auf die Welt zu bringen: Als Erstes kam mein Sohn Mohammed, der Größte und Kräftigste der drei. Dann folgte meine Tochter Elena. Und das Schlusslicht bildete mein jüngster Sohn Moez, der deutlich kleiner und schmächtiger als seine beiden älteren Geschwister war.

Als auch er wohlbehalten auf der Welt war, stieß Mahmud einen Seufzer der Erleichterung aus. Auf dem Videofilm ist zu sehen, wie er Allah für seine gesunden Kinder dankt.

Aber die Ärzte im Kreissaal wirkten zunehmend hektisch. Denn die dreifache Geburt hatte viel Zeit in Anspruch genommen. Zeit, während der ich unentwegt Blut verloren hatte. Zu viel Blut. Plötzlich zeigten die Monitore eine flache Linie. Mein Herz stand still. Auf dem Video ist noch ein verzweifelter Appell meines Mannes an die Ärzte festgehalten, mir das Leben zu retten. Dann endet es abrupt.

Die Ärzte versuchten natürlich, mich zu reanimieren. Aber das funktionierte nicht. Mein Herzschlag wollte nicht wieder einsetzen, weil mein Körper von den Strapazen zu sehr geschwächt war. Schließlich hielten sie mich für verloren. Sie forderten Mahmud auf, meine Augen zu schließen. Der nahm unseren ältesten Sohn Mohammed auf den Arm, führte ihn zu meinem Gesicht und sagte: »Küss deine Mutter zum Abschied, kleiner Mohammed, dann machen wir ihre Augen zu.«

Das Baby berührte meine Wange – und fing an zu schreien. Es mag vielleicht komisch klingen. Aber irgendwie habe ich dieses Weinen in meinem Innern gehört. Der verzweifelte Schrei meines Kindes war wie ein Weckruf für mich. Plötzlich erinnerte sich mein Körper an alles – und vor allem daran, dass meine Kinder mich brauchten. Ich schnappte nach Luft. Mein Herzschlag setzte wieder ein.

Die Ärzte begannen sofort wieder mit der Reanimation und verabreichten mir Sauerstoff. Unter der Sauerstoffmaske, die sie mir übers Gesicht stülpten, wachte ich schließlich auf.

Das war für uns alle wie ein Wunder. »So etwas habe ich in meiner ganzen Karriere noch nicht erlebt«, sagte der Arzt, der mir beim Aufwachen zusah. »Du bist so klein – und du hast so viel Blut verloren. Wir dachten schon, du schaffst es nicht. Aber du bist sehr stark.«

»Meine tapfere Mihrigul«, murmelte Mahmud, der ebenfalls bei mir saß. Er nahm meine Hand und küsste sie.

»Wie geht es den Kindern?«, wollte ich sofort von ihm wissen. Selbst beim Aufwachen erinnerte ich mich noch an den Schrei meines Sohnes, den ich zwischen den Welten des Lebens und des Todes vernommen hatte.

»Sie sind alle drei gesund.«

»Und wo sind sie?«

»Sie liegen im Nebenzimmer und schlafen. Bist du bereit, sie kennenzulernen?« Was für eine Frage! Mahmud sah den Arzt an – und der nickte. Er gab einer Krankenschwester das Zeichen, dass sie die Drillinge holen sollte.

Kurz darauf ging die Tür auf, und zwei Krankenschwestern kamen mit den Neugeborenen wieder. Den Ältesten, Mohammed, legten sie mir auf die Brust und die beiden jüngeren rechts und links von meinem Kopf. Ich glaubte zu träumen und konnte mein Glück überhaupt nicht fassen.

Vorsichtig berührte ich die zerknitterten Gesichter der Kleinen, die trotz ihrer vorzeitigen Geburt schon erstaunlich gut entwickelt waren und sogar schon Haare auf den Köpfchen hatten. Genauer gesagt: dunkle, schwarze Locken, genau wie ihr Vater. Und auch die Augen hatten dieselbe dunkle Farbe wie seine. Sie waren ihm wie aus dem Gesicht geschnitten. Mahmud beobachtete mich, wie ich sie in Augenschein nahm und erforschte. Und er hatte wohl ähnliche Gedanken.

»Den DNA-Test können wir uns sparen«, bemerkte er lachend. »Die drei sehen ja wie kleine Kopien von mir aus.«

4
Rückkehr ins Ungewisse

Mahmud war hingerissen von seinen Kindern. In den ersten Wochen, als ich mich noch von den Strapazen der Geburt erholen musste, kümmerte er sich Tag und Nacht um uns. Er entpuppte sich als liebevoller und verantwortungsvoller Vater. Alles schien sich für uns zum Guten zu wenden: Dass wir zusammenbleiben und die Kinder gemeinsam großziehen würden, stand nun völlig außer Frage für mich.

Auch Mahmuds Eltern waren ganz aus dem Häuschen vor Glück, als sie erfuhren, dass sie Enkel bekommen hatten. Um sie zu schonen, hatte er ihnen gar nicht erzählt, dass meine Eltern ihnen damals eine Abfuhr erteilt hatten. In ihren Augen waren Mahmud und ich also die ganze Zeit über verlobt gewesen – und er hatte es einzig versäumt, ihnen meine Schwangerschaft mitzuteilen. Nun aber drängten sie darauf, dass unsere Hochzeit bald groß gefeiert würde. Sie fragten nach einem konkreten Datum.

Wenn es nach Mahmud gegangen wäre, hätten wir sofort Einladungen verschicken können. Aber ich hatte vorher noch etwas zu erledigen. »Hör zu«, sagte ich zu ihm: »Du weißt, dass ich meinen Eltern versprochen habe, die Neugeborenen zu ihnen zu bringen. Und dieses Versprechen muss ich auch halten. Danach werden wir unsere Hochzeit feiern.«

Er nickte verständnisvoll. Aber er sah auch besorgt aus. So als wäre er sich nicht ganz sicher, ob ich auch wirklich zu ihm zurückkommen würde.

»Wirst du mich nach Hause begleiten?«, fragte ich ihn.

Er strahlte. »Natürlich komme ich mit dir und den Kindern!«

Im Mai 2015, sechs Wochen nach der Geburt der Drillinge, saßen wir gemeinsam im Flugzeug nach Peking. Ich war froh, dass Mahmud mich begleitete. Denn wie ich diese Reise mit drei Säuglingen alleine hätte bewältigen sollen, wusste ich wirklich nicht. So konnten wir uns die Betreuung aufteilen: Beim Einsteigen hielt ich meinen Ältesten und Mahmud die beiden jüngeren Kinder im Arm. Und wenn ich während des Fluges eines von ihnen stillte, kümmerte er sich um die anderen beiden.

Der Aufenthalt an Bord verlief besser als erwartet. Nur anfangs weinten die Kinder ein wenig. Aber da sie noch so klein waren, schliefen sie viel. Trotzdem fühlten wir uns erledigt, als wir nach dreizehn Flugstunden in Peking landeten. Und das war ja nicht einmal das Endziel unserer Reise! Im Anschluss würden wir nach Urumchi weiterfliegen – und von dort aus den Überlandbus durch die Wüste nach Qarqan nehmen.

Als ich nach der Landung zusammen mit Mahmud durch die Hallen des Pekinger Flughafens ging, machte ich große Augen: Nach meiner mehrjährigen Abwesenheit kam mir alles auffällig sauber und überdimensioniert vor. Was für ein riesiges Gebäude war das! Und so modern im Vergleich zu Ägypten. Man sah schon auf den ersten Blick, dass China sich derzeit auf der Überholspur befand. Ob es in meiner Heimat Xinjiang wohl ebenso aussah?

Im Flugzeug hatte ich die ganze Zeit darüber nachgedacht, wie es sein würde, meinen Eltern mit Mahmud im Schlepptau gegenüberzutreten. Ich hatte ihnen noch nicht gebeichtet, dass ich ihn in meiner Notlage verständigt hatte und wir jetzt wieder eine vollständige Familie waren. Das war schließlich kein Thema, das man am Telefon besprach.

Ich stellte mir das Zusammentreffen mit ihnen so vor: Zunächst würde ich alleine mit den Kindern das Haus betreten und sozusagen das Feld bereiten. Wenn ich ihnen dann alles erklärt und gebeichtet hatte, würde er dazustoßen. Diesmal konnten sie ihn einfach nicht abweisen. Schließlich war er der Vater der Kinder. Selbst mein unbelehrbarer Vater musste einsehen, dass wir fünf jetzt zusammengehörten. Hoffentlich machte er es uns nicht allzu schwer.

Wir erreichten die Kontrollen des Flughafens. »Kann ich bitte Ihre Pässe sehen?«, fragte mich die Dame am Schalter, und wir zeigten unsere Dokumente. Ich hatte meinen chinesischen Pass dabei, Mahmud seinen ägyptischen, in dem ein China-Visum prangte. Die Kinder hatten ebenfalls ägyptische Pässe. Die Frau, eine Han-Chinesin, besah sich alles genau und nickte dann.

»Bleiben Sie in Peking, oder haben Sie noch ein anderes Ziel?«, erkundigte sie sich bei mir. »Wenn ja, bräuchte ich Ihre Tickets.«

Ich reichte ihr die Boardkarten für unseren Weiterflug nach Urumchi.

»Ah, nach Urumchi«, sagte sie. »Und Sie wollen alle zusammen dorthin reisen?«

»Ja, natürlich«, antwortete ich und wunderte mich über ihre Frage. Denn allein aufgrund des Kinderwagens war unverkennbar, dass wir gemeinsam verreisten. »Wir besuchen meine Familie«, fügte ich hinzu.

Sie tippte etwas in den Computer ein. Ein Schatten huschte über ihr Gesicht, und sie räusperte sich. »Ich bedaure, Ihnen das mitteilen zu müssen. Aber dieser Besuch wird nicht möglich sein.«

»Wie meinen Sie das?«

»Nur Sie können fliegen.«

Ich glaubte, sie wolle mich veralbern. »Nur ich? Aber warum denn?!«

Die Frau druckste herum. »Hat man ihm das auf der Botschaft nicht mitgeteilt?«

»Nein.«

»Ausländer dürfen nicht nach Xinjiang reisen.«

Ich sah sie mit offenem Mund an. Wann um Himmels willen war diese Regel in Kraft getreten? »Wollen Sie sagen, dass wir unsere Tickets umsonst gekauft haben?«

»Tut mir leid. Sie hätten sich vorher erkundigen müssen …« Die Frau schlug die Augen nieder.

»Was ist denn los?«, erkundigte sich Mahmud, da wir die ganze Zeit auf Chinesisch gesprochen hatten.

Ich sagte ihm, dass die Frau ihn und die Kinder nicht weiterreisen lassen wollte. »Wie bitte?«, echauffierte er sich. »Das kann doch nicht sein!«

Inzwischen waren wir nicht mehr allein: Zwei Sicherheitsbeamte hatten sich dem Schalter genähert und nahmen Mahmud und mich beiseite, sodass die Frau sich wieder anderen Passagieren widmen konnte. »Es tut mir leid, dass Sie diese Information erst jetzt erhalten«, sagte ein uniformierter Mann, jetzt auf Englisch, zu Mahmud. »Aber derzeit sind Reisen nach Xinjiang nur mit einem speziellen Visum gestattet.«

»Aber meine Frau ist Chinesin. Sie will die Kinder ihren Eltern zeigen.«

Die Männer berieten sich. Schließlich hieß es, dass ich die Säuglinge mitnehmen durfte.

»Aber Sie sehen doch, dass meine Frau mit den Kindern nicht allein reisen kann!«, argumentierte Mahmud.

»Wenn Sie wünschen, stellen wir ihr eine Kinderbetreuung beiseite.«

»Wirklich?«, wunderte er sich.

»Ja, das ließe sich organisieren«, versprachen sie – und Mahmud gab sich geschlagen.

»Dann fahr allein zu deinen Eltern«, sagte er zu mir. »Es ist besser, nur ein Ticket zu verlieren als alle fünf.«

»Bist du sicher?«

»Ja.« Er hatte feuchte Augen. Aber er wollte mir auch nicht die Möglichkeit nehmen, meine Eltern zu treffen und ihnen unsere Kinder zu zeigen. Seiner Überzeugung nach hatten sie als Großeltern ein Recht darauf, ihre Enkel kennenzulernen. Und das wollte er respektieren. Ich rechne ihm das hoch an – besonders vor dem Hintergrund, dass sie ihn ihrerseits nicht gerade gut behandelt hatten. In diesem Moment liebte ich ihn noch ein bisschen mehr als vorher. Vor den Augen der Beamten gab ich ihm einen Kuss auf den Mund.

»Ich werde in Kairo auf dich warten und jeden Tag an euch denken«, sagte Mahmud zum Abschied.

»Das wird nicht lang sein, wir kommen ganz bald zurück zu dir«, versprach ich ihm. Aber auch mir wurde bang ums Herz, als ich mich umdrehen und mit den drei Kindern auf dem Arm in die andere Richtung gehen musste.

Am Gate warteten bereits zwei Personen auf mich, ein chinesischer Mann und eine junge Frau. Als sie mich mit den Kindern kommen sahen, eilten sie auf mich zu und stellten sich als Herr Tian und Frau Cai vor. »Uns wurde gesagt, dass Sie unsere Unterstützung benötigen?«, sagte Herr Tian. Diese Information musste er wohl von den Beamten bekommen haben.

Dass sie mir helfen wollten, war ja erst mal positiv, dachte ich. Außerdem brauchte ich Unterstützung. Deshalb fragte ich nicht weiter nach. »Das ist sehr nett von Ihnen«, sagte ich lediglich.

Herr Tian und Frau Cai nahmen mir jeweils ein Kind ab. »Das sind aber süße, kleine Mäuse«, sagte Frau Cai, die meine Tochter Elena übernommen hatte. An ihrer ungelenken Art erkannte ich, dass sie noch nicht oft einen Säugling im Arm gehalten hatte.

Wir betraten das Flugzeug nach Urumchi und setzten uns auf die Plätze, die auf wundersame Weise bereits umgebucht worden waren, sodass wir alle in einer Reihe saßen. Ich bekam den Mittelplatz. Das war zwar alles merkwürdig, aber ich hinterfragte es nicht weiter: Ich war viel zu eingespannt mit den Babys, die ich der Reihe nach stillen musste, weil sie inzwischen hungrig geworden waren. Danach döste ich vor lauter Erschöpfung mit Mohammed auf dem Schoß ein.

Ich erwachte von der Lautsprecherdurchsage, die verkündete, dass wir uns nun im Anflug auf Urumchi befänden. Einen kurzen Moment brauchte ich, um mich zu orientieren. Ich fragte mich, wer die beiden fremden Leute neben mir waren und warum sie meine Kinder im Arm hielten. Aber dann fiel mir alles wieder ein, und ich lächelte Frau Cai an.

Doch deren Gesichtsausdruck hatte sich verändert. Frau Cai lächelte nicht zurück. Stattdessen zog sie aus ihrer Jackentasche einen Ausweis hervor und hielt ihn mir unter die Nase. Sie hieß gar nicht Cai, aber ich erkannte ihr Foto und das Siegel der Polizei daneben. Sie war eine Beamtin in Zivil. Herr Tian wies sich auf genau dieselbe Weise aus und ab diesem Zeitpunkt waren die beiden überhaupt nicht mehr freundlich zu mir. Sie sprachen in herrischem Ton und gaben mir Anweisungen: »Du steigst ruhig mit uns aus und sagst kein Wort zu niemandem«, verlangten sie von mir.

»Aber ...«

»Nichts aber!«, unterbrach mich Herr Tian. »Du stellst ab jetzt keine Fragen mehr. Du sagst überhaupt nichts mehr, bevor wir dich nicht dazu auffordern. Verstanden?«

Ich nickte verängstigt.

Als das Flugzeug gelandet war, stiegen wir aus. Stumm folgte ich den beiden Beamten, die noch immer meine beiden jüngeren Kinder Moez und Elena im Arm hielten. Ich hatte ein furchtbar ungutes Gefühl dabei, aber ich konnte nichts tun. Sie führten mich an den Warteschlangen vor der Passkontrolle vorbei in einen separaten Raum. Dort waren noch weitere Polizisten, einige von ihnen trugen chinesische, andere die lokalen uigurischen Uniformen.

Ein Uigure bedeutete mir, mich ihm gegenüber an einen Tisch zu setzen. Er verlangte meine Ausweispapiere. Ich reichte sie ihm. »Wie lang waren Sie nicht mehr in Ihrer Heimat?«, fragte er.

Ich überlegte kurz. »Seit Beginn meines Studiums vor drei Jahren«, antwortete ich wahrheitsgemäß.

»Und was haben Sie in Ägypten die ganze Zeit gemacht?«

»Ich habe studiert und ...« Mein Blick fiel auf das Baby auf meinem Schoß sowie die beiden anderen, die immer noch von den Beamten gehalten wurden.

»Sind Sie mit einem Ägypter verheiratet?«

»Ja.« Er machte sich eine Notiz auf dem Laptop.

»Warum Sind Sie zurückgekommen?«

»Ich will meine Eltern besuchen.«

»Deren Name und Adresse bitte.« Er reichte mir einen Stift, und ich notierte den Namen meines Vaters, meiner Tante und deren Adresse in Qarqan, außerdem die Nummern ihrer Mobil-Telefone. Dabei beschlich mich ein merkwürdiges Gefühl. War es richtig, dass ich ihre Daten weitergab? Ich wollte sie nicht in Schwierigkeiten bringen. Andererseits konnte ich auch keine falschen Angaben machen.

»Wissen Ihre Eltern, dass Sie kommen?«

»Selbstverständlich.« Er machte sich eine weitere Notiz.

»Und wie lange wollen Sie bei ihnen bleiben?«

»Einen Monat.«

»Was genau wollen Sie in dieser Zeit in Xinjiang tun?«

»Nichts Besonderes.« Was für eine dumme Frage, dachte ich. Was sollte ich denn bitte schön Besonderes tun, wenn ich drei Säuglinge zu versorgen hatte? »Ich werde einfach auf Besuch bei der Familie sein.«

Er nickte. »Waren Sie in Ägypten Mitglied einer terroristischen Vereinigung«, fragte er plötzlich.

Ich starrte ihn an. War das sein Ernst? »Natürlich nicht.«

»Aber Sie sind Muslima?«

Als Uigure wusste er sehr genau, dass wir alle muslimischen Glaubens waren. »Ja«, antwortete ich.

»Haben Sie in Ägypten ein Kopftuch getragen?« Wieder so eine Frage! Aktuell ging ich unverschleiert, weil es für die Reise praktischer war, und auch, weil ich bei der Einreise in China niemanden durch mein Bekenntnis zur Religion irritieren wollte. Aber in Ägypten hatte ich mich in der Tat oft verschleiert. Aus verschiedenen Gründen: Zum einen wusste ich, dass es Mahmud gefiel. Zum anderen war es in der aufgeheizten politischen Situation, die dort zuletzt herrschte, einfach sicherer, als Frau eine Kopfbedeckung zu tragen. Würde ich das Misstrauen des Beamten erregen, wenn ich das zugab?

»Manchmal schon«, antwortete ich.

Er fragte noch eine Weile weiter. Mohammed auf meinem Schoß, aber auch die anderen beiden Kinder wurden langsam unruhig. Ich glaube, sie spürten die ungute Atmosphäre in dem Raum.

»So, das reicht«, sagte der Beamte schließlich. Er erhob sich. Ich wollte es ihm gleichtun und erwartete, dass ich nun meine Reise fortsetzen durfte. Aber just in diesem Moment kam eine weitere Polizistin auf mich zu und forderte mich auf, ihr Mohammed zu übergeben.

»Warum denn?«

»Frag nicht so viel«, sagte sie und streckt ihre Arme nach dem Säugling aus.

Instinktiv drehte ich mich zur Seite. Ich wusste, dass ich es nicht zulassen durfte, dass sie ihn mir wegnahm. Aber die Polizistin hatte ihn schon gepackt und riss ihn an sich. Mohammed begann zu weinen. Und auch die beiden anderen Kinder, die sich ja auf den Armen der Zivilpolizisten befanden, schrien jetzt lauthals.

Ich erkannte, dass etwas sehr, sehr Ungutes im Gange war. »Gebt mir sofort meine Kinder zurück!«, flehte ich sie an. Doch die Polizisten reagierten nicht. Sie hielten mich fest. Ich schrie wie am Spieß.

Diesen Moment werde ich nie im Leben vergessen: den Moment, indem sie mir meinen ältesten Sohn aus meinen Armen rissen und ich ihn nicht mehr erreichen konnte. Noch heute höre ich ihn schreien, noch heute sehe ich Mohammeds erschrockene Augen in meinen Albträumen. Nacht für Nacht verfolgt mich dieses Bild.

Die Polizisten packten mich an den Armen, und plötzlich schnappten Handschellen um meine Gelenke. Irgendjemand pappte mir ein Stück Pflaster über den Mund. »Bück dich!«, bellte der Mann, der mich verhört hatte. Alles ging blitzschnell, ich bekam von hinten einen schwarzen Sack über den Kopf gestülpt, und es wurde auf einmal stockdunkel um mich herum. Dann zerrten sie mich aus dem Raum.

Blind stolperte ich in die Richtung, in die mich die Polizisten an den Händen voraus zogen und schubsten. Sie bellten immer wieder Anweisungen: »Jetzt nach rechts drehen, jetzt die Füße heben«, sagten sie. »Jetzt kommt eine Stufe: Hoch mit dir!« Unsanft wurde ich schließlich in das Innere eines Fahrzeugs gestoßen. Dabei stieß ich mit dem Gesicht gegen etwas Hartes. Mich durchfuhr ein höllischer Schmerz. Ich war mit der Nase gegen den Türrahmen gestoßen – und sie blutete stark. Ich spürte, wie das Blut heraustropfte, und ich musste weinen. »Stell dich nicht so an«, bellte eine Männerstimme. »Ich hab dir doch gesagt, dass du die Füße heben sollst!«

Dann knallte eine Tür hinter mir zu. Ich hörte, wie der Motor angelassen wurde. Der Transporter, auf dessen Ladefläche ich mich befand, setzte sich in Bewegung. Irgendjemand nestelte an meiner Nase herum und versuchte offenbar, mit einem Tuch das Blut zu stillen, was ihm nicht gelingen wollte. Schließlich nahm er mir den Sack ab und tupfte mir mit dem Tuch das Gesicht ab. Es war ein uigurischer Polizist, der mich bewachte.

Insgesamt befanden sich vier Polizisten auf dem Transporter: drei uigurische und ein chinesischer. Der chinesische hatte eine andere Uniform, und er war auch der einzige, der eine Pistole und einen Schlagstock am Gürtel trug. Offenbar war er der Chef von den drei anderen, die wiederum jeweils einen Gefangenen beaufsichtigten: Außer mir wurden nämlich noch zwei weitere Menschen mit Säcken über den Köpfen abtransportiert.

Den beiden anderen nahmen sie die Säcke nicht ab. Und wir sprachen auch nicht. Wohin wir fuhren, konnte ich nicht erkennen, weil es in dem Laderaum nur ein kleines, hoch gelegenes Fenster gab. Aber immerhin erkannte ich, dass es draußen dunkel war. Hin und wieder sah ich Scheinwerferlicht, sonst nichts.

Wir fuhren etwa eine halbe Stunde lang mit dem Wagen. Dann wurde die Straßenbeleuchtung draußen heller; wir hatten offenbar das Zentrum von Urumchi erreicht. Wir passierten eine Schranke und fuhren in einen Hof. Da mein Bewacher darauf verzichtet hatte, mir den Sack wieder überzustülpen, sah ich, dass es sich um den Hof einer Polizeidienststelle handelte. Sie erinnerte mich an die Wache, in der ein Onkel von mir arbeitete, der ebenfalls Polizeibeamter war.

Die Polizisten befahlen uns auszusteigen und lotsten uns in das Gebäude hinein. Dort betraten wir das Treppenhaus, dass hell in kühlem Neonlicht erleuchtet war. Von einem Polizisten, der vor mir ging, und einem im Rücken wurde ich in den Keller geführt. Wir liefen ins erste Untergeschoss, dann ins zweite und schließlich eine weitere Treppe hinunter bis ins dritte. Ich hatte nicht vermutet, dass das Gebäude so weit in die Tiefe reichte.

Ganz unten betraten wir einen Korridor mit Gitterstäben zu beiden Seiten, hinter denen sich Menschen aller Nationalitäten drängten, oft bis zu einem Dutzend in einer Zelle. Ich sah etliche Asiatinnen, die vor allem aus muslimischen Ländern wie Pakistan oder Indonesien stammten. Aber auch blauäugige Europäer und sogar Amerikaner saßen hier unten ein. Ein strenger Geruch ging von ihnen aus. Sie beobachteten die Ankunft von uns drei Neuzugängen mit einer Mischung aus Empörung, Ratlosigkeit und Verzweiflung. Und ich fragte mich, wie um Himmels willen ich hierhergeraten war. Hielten mich die Polizisten irrtümlicherweise ebenfalls für eine Ausländerin? Vielleicht, so hoffte ich, würde sich bald alles als schreckliche Verwechslung entpuppen.

Ich wurde in eine Zelle mit einer jungen Indonesierin und einer Malaysierin gesperrt. Die beiden sahen äußerst mitgenommen aus und hatten verängstigte Augen. Die Malaysierin, die ein buntes Kopftuch trug, war sehr klein und hatte kleine Augen wie die von Chinesen. Die Indonesierin war etwas dicklicher, sie hatte schokoladenfarbige Haut und trug einen schmutzigen, weißen Hijab. Beide Frauen befanden sich anscheinend schon längere Zeit in Gewahrsam, hatten aber noch immer wie ich selbst Fesseln an den Händen. Unter den Polizisten, die mich begleitet hatten, entspann sich unterdessen ein Streit: Es ging darum, ob zuerst die Ausländerinnen oder ich, die Uigurin, verhört werden sollte. Schließlich entschieden sie sich für die Ausländerinnen und nahmen zuerst die Indonesierin mit.

Unterdessen hockte ich in der Zelle und wartete ab. Was würden die Polizisten mit mir machen, fragte ich mich. Vielleicht konnte ich, wenn ich erneut verhört wurde, endlich das Missverständnis aufklären, das zu meiner Festnahme geführt hatte. Schließlich musste ich zurück zu meinen Kindern. Meine schmerzenden Brüste erinnerten mich daran, dass sie mittlerweile bestimmt Hunger hatten, und es brach mir das Herz, dass ich sie nicht stillen konnte. Wo waren sie jetzt? Und wer tröstete sie, wenn sie weinten?

Plötzlich tauchte einer der Polizisten vor den Gitterstäben auf und fragte mich, ob ich Englisch spräche. Ich bejahte das. »Dann wirst du jetzt für uns übersetzen«, entschied er.

Er führte mich in einen hell erleuchteten Raum ohne Fenster. Es gab nur eine dunkle Glasscheibe, hinter der sich ein weiterer Raum befand. An einem Tisch in der Mitte saß die Indonesierin mehreren Beamten gegenüber: Zwei Polizisten trugen uigurische Uniformen. Der dritte Mann hatte das glatte Haar und die flachen Gesichtszüge eines Chinesen. Er saß zwischen den beiden anderen und leitete das Verhör. Als ich hereingeführt wurde, sah er nur kurz auf und befahl mir mit einer Geste, mich neben die Indonesierin zu setzen.

Im Gesicht der Frau prangten mittlerweile rote Flecke. Sie versuchte zu erklären, dass sie in Urumchi studierte und in den Semesterferien ihre Eltern besucht hatte. Aber sie konnte sich kaum ausdrücken. »Wie kann es sein, dass du nach einem Jahr Studium noch immer nicht unsere Sprache beherrschst?«, fragte sie der Verhörleiter in aggressivem Tonfall. »Und überhaupt: Warum studierst du in Xinjiang und nicht im Inneren Chinas?«

Er befahl mir, seine Worte ins Englische zu übersetzen. Das tat ich. Aber die Frau schaute genauso verständnislos wie zuvor. Scheinbar verstand sie auch kein Englisch. Also versuchte ich es auf Arabisch. Das verstand sie. »Ich wollte so gerne in China studieren, und ich habe mich sehr gefreut, als die Zusage der Universität in Urumchi kam«, antwortete sie.

Der Verhörleiter kniff seine Augen zusammen, bis sie nur noch dünne Striche waren, und schaute misstrauisch zwischen mir und ihr hin und her. »Hey, welche Sprache war das?«, fragte er. »Habt ihr etwa Arabisch gesprochen?«

Ich bestätigte es. Aber das hätte ich lieber nicht getan. Denn danach kreiste das Verhör nur noch um die Frage, warum sie und ich so gut Arabisch sprächen. Ich verwies auf mein Studium in Ägypten; sie erklärte, dass sie als Kind eine Koranschule besucht hatte. Bei den Beamten gingen alle roten Lichter an. »Bist du Agentin? Willst du chinesische Staatsgeheimnisse nach Indonesien bringen?«, unterstellten sie ihr.

»Ich verstehe nicht, was ihr meint. Ich will hier nicht arbeiten, nur studieren«, stammelte das Mädchen.

Erst nach einer gefühlten Ewigkeit unterbrachen sie die Inquisition mit der Indonesierin und führten die Malaysierin herein. Mit der gab es, wie ich erfuhr, ebenfalls ein Sprachproblem.

Sie war verhaftet worden, weil man auf ihrem Computer eine Tastatureinstellung entdeckt hatte, die ihr erlaubte, arabische Schriftzeichen zu verwenden. Die Frau lebte eigentlich in Malaysia, war aber auf Besuch in Xinjiang, da sie mit einem Uiguren verheiratet war. Sie bemühte sich, den Beamten zu erklären, dass es in ihrer Heimat völlig normal sei, die arabische Schriftoption auf dem Computer zu haben, da die malaiische Sprache ursprünglich in der auf dem Arabischen basierenden Jawi-Schrift verfasst wurde.

»Mittlerweile wird dafür aber die lateinische Schrift verwendet«, wandte der Verhörleiter ein.

»Trotzdem braucht man die arabischen Buchstaben manchmal«, behauptete die Frau.

»Die brauchst du für religiöse Texte! Gib es zu!«, bellte der Chinese.

Die Frau stritt alles ab. Sie weigerte sich zuzugeben, dass ihre Schrifteinstellungen irgendeinen religiösen Hintergrund hätten, und verlangte stattdessen, Kontakt zu ihrem Konsulat aufnehmen zu dürfen. Die Beamten amüsierte das, jedenfalls grinsten sie breit. »Weißt du, wie viele Leute hier schon Kontakt zu ihrem Konsulat aufnehmen wollten?«, sagte einer der Uiguren. »Das kannst du vergessen. Wir sind hier euer Konsulat!«

Sie rissen der Frau ihr Kopftuch herunter. Sie bückte sich und versuchte, es sich wieder aufzusetzen. Damit hatte sie allerdings ziemliche Mühe, weil ihre Hände ja gefesselt waren. Die Beamten machten sich einen Spaß daraus, ihr dabei zuzusehen. Sie warteten geduldig, bis sie das Tuch zurück auf ihren Kopf befördert hatte. Und dann kam einer und riss es wieder herunter. Und sie bückte sich erneut danach.

So ging das eine Weile, wobei die Frau immer verzweifelter wirkte, während die Beamten immer größere Schadenfreude entwickelten. Das Ganze war ein demütigendes Spiel. Doch die Beamten fühlten sich von ihrem Widerstand offenbar so herausgefordert, dass sie sich immer aggressiver verhielten. Schließlich begannen sie damit, ihr mitten ins Gesicht zu schlagen, während sie mit ihrem Tuch beschäftig war.

Erschöpft und verängstigt brach die Frau in Tränen aus. »Ich muss mein Kind sehen«, weinte sie. »Habt ihr denn überhaupt kein Mitleid mit einer Mutter? Ich erfuhr, dass sie so wie ich ein Neugeborenes hatte, von dem sie bereits schon eine Woche lang getrennt war. »Macht mit mir, was ihr wollt, aber lasst mich mein Baby stillen!«, flehte sie.

»Erst wenn du mit uns kooperierst und uns sämtliche Informationen zur Verfügung stellst«, antwortete der Verhörleiter unerbittlich.

Ich war schockiert von diesen beiden Befragungen. Die Beamten, begriff ich, hatten überhaupt keine Skrupel, Kinder als Druckmittel gegen uns einzusetzen. Dasselbe würden sie auch bei mir versuchen. Und ich würde meine drei Babys vielleicht sogar längere Zeit nicht wiedersehen.

Zurück in der Zelle, fiel ich in einen komatösen Schlaf, der meiner totalen Erschöpfung geschuldet war. Seit unserem Abflug aus Ägypten war ich fast zwei Tagen ununterbrochen auf den Beinen. Kein Wunder also, dass mir trotz der angsteinflößenden Umgebung und des harten Bodens im Sitzen einfach die Augen zufielen. Vielleicht habe ich eine Stunde, vielleicht aber auch nur ein paar Minuten geschlafen. Mitten im Tiefschlaf wurde ich jedenfalls von einem Wachmann geweckt, der vor mir stand und mich rüttelte. »Mitkommen!«, bellte er.

Er führte mich abermals in den Verhörraum, den ich ja nun schon kannte. Allerdings hatten die Befrager gewechselt. Mir gegenüber saß ein neues Team aus chinesischen und uigurischen Beamten: Der Boss war ein Chinese mittleren Alters mit gleichgültigem Blick und kalten Augen. Er hatte einen Stapel Papier vor sich. Ihm zur Seite saß ein uigurischer Polizist mit einer steilen Zornesfalte auf der Stirn.

Während der Chinese mich anfangs gar nicht beachtete und auf seine Papiere starrte, befahl der Uigure dem Wachmann, mich auf dem Stuhl zu fesseln. »Damit du es dir bei uns nicht zu bequem machst«, sagte er.

Ich glaube, er tat das, um mich einzuschüchtern. Aber ich hatte beschlossen, mich nicht provozieren oder gar aus der Fassung bringen zu lassen. Im Gegenteil: Ich würde mich absolut kooperativ verhalten. Wenn die Polizisten merkten, dass ich keine Geheimnisse vor ihnen hatte, würden sie ihren Fehler vielleicht einsehen – und mich entlassen. Es war eine vage Hoffnung, an die ich mich klammerte.

Der Chinese eröffnete das Gespräch, indem er meinen Namen und mein Geburtsdatum vorlas. Dann kontrollierte er, ob der Name meines Heimatortes und die Adresse meines Vaters korrekt waren. Ich bestätigte ihm die Angaben, die ich bereits am Flughafen zu Protokoll gegeben hatte. Ich vermutete, dass er sich überzeugen wollte, ob ich von Anfang an die Wahrheit gesagt hatte.

Der Chinese fragte auch nach den Namen meiner beiden Halbgeschwister. »Wo studiert Ihre Schwester?«, fragte er.

Ich zögerte kurz. Hatte ich das Recht, sie in diese Sache mit reinzuziehen, fragte ich mich und merkte, dass mein Vorsatz, mich kooperativ zu zeigen, kurz ins Wanken geriet. Doch dann sagte ich mir, dass er diese Angaben ohnehin leicht herausfinden konnte und dass er es mir zugutegehalten würde, wenn ich sie freiwillig machte. Also nannte ich ihm den Namen der Uni.

»Und Ihr Bruder wohnt bei den Eltern?«

Es klang so, als wüsste er das bereits. Es lag mir auf der Zunge, ihn zu fragen woher. Aber ich befahl mir, mich zu beherrschen. »Ja, korrekt«, antwortete ich.

Dann ging er mit mir meinen Lebenslauf durch. Ich musste ihm die Schule in Toraklik nennen, sämtliche weitere Schulen und die Hochschule, die ich in Guangzhou besucht hatte. Er fragte nach Namen von Lehrern, von Mitschülern und wollte genaue Auskünfte darüber, welche Nebenjobs ich während meiner Ausbildung ausgeübt hatte.

Schließlich wollte er wissen, warum ich nach Kairo gegangen war. Ich erklärte ihm, dass ich dort studieren wollte. »Aber warum nicht in China?«, hakte er nach. »Wäre das nicht einfacher gewesen? Oder vertrauen Sie etwa dem chinesischen Bildungssystem nicht?«

»Doch, sicher. Aber ein Auslandsstudium hat mich sehr gereizt.«

»Aha. Und warum?«

»Ich interessiere mich für Fremdsprachen. Außerdem dachte ich, die internationale Erfahrung würde meine beruflichen Chancen erhöhen.«

»Okay, aber warum ausgerechnet Ägypten? Warum ein muslimisches Land?«

»Es war das, was ich mir leisten konnte, und …«

»Ja?«

Sollte ich ehrlich sein? Dann hätte ich zugeben müssen, dass auch die Tatsache, dass man in Ägypten Arabisch sprach – und ich bereits über einige Grundkenntnisse in dieser Sprache verfügte, mich dazu bewogen hatte, Ägypten in die engere Auswahl an Studienorten zu nehmen. Aber ich hatte noch meine indonesische Mitgefangene vor Augen, die beim Verhör zugegeben hatte, dass sie das Arabische auf einer Koranschule erlernt hatte.

Etwas Ähnliches traf ja auch für mich zu: Auch ich hatte mich bereits vor meiner Zeit in Ägypten für die arabische Sprache interessiert, weil unser heiliges Buch, der Koran, auf Arabisch geschrieben war. Aber ich wollte nicht denselben Fehler wie die Indonesierin begehen – deshalb schwieg ich.

»Glauben Sie, wir wissen nicht, dass Sie bereits zu Schulzeiten ganz erpicht darauf waren, unter Muslimen zu leben?«, fragte der Chinese.

»Das stimmt nicht.«

»Ach nein? Wieso haben Sie Ihre Schulkameradinnen dann überzeugt, den islamischen Glauben anzunehmen? Und warum haben Sie einen Araber geheiratet?«

Ich war sprachlos, wie viel er über mich wusste – und wie geschickt er mit Unterstellungen arbeitete. »Es war … Liebe«, stammelte ich, »wir haben uns verliebt …«

Er lachte laut auf. »Süß«, sagte er, »wirklich.«

Der Chinese fummelte eine Packung Zigaretten aus der Brusttasche seiner Uniform und zündete sich eine an. Genüsslich blies er den Rauch aus. Er forderte den Uiguren auf, sich ebenfalls eine Zigarette zu nehmen. So saßen sie vor mir und rauchten, während sich der Qualm langsam in dem fensterlosen Raum verteilte. Ich begann zu hüsteln und fragte, ob ich ein Glas Wasser bekommen könnte. Mein Hals war furchtbar ausgetrocknet. »Sonst noch Wünsche? Sind wir hier etwa in einem Luxushotel?«, schnauzte der uigurische Polizist mich an und blies mir den Rauch direkt ins Gesicht.

Das Interview dauerte Stunden. Vor allem kreiste es um meine Zeit in Kairo. Die beiden Beamten ließen sich genau erklären, wie ich dort gelebt hatte, in welchen Cafés ich mich gerne aufhielt, welche Moscheen ich in der Stadt besucht hatte und wer meine Freunde innerhalb und außerhalb der Universität waren. Sämtliche Namen, die ich ihnen nannte, notierten sie fein säuberlich. Außerdem fiel mir auf, dass hinter der dunklen Glasscheibe immer noch eine Person saß, die mithörte. Ich konnte ihr Gesicht nicht sehen, einzig die dunklen Umrisse eines Oberkörpers hinter der Scheibe. Irgendwann erhob sie sich und kam in unseren Raum hinüber: Es war ein anderer chinesischer Polizist, der nun zusammen mit einem anderen Uiguren das Verhör übernahm.

Die Beamten wechselten sich also ab. Die neuen waren stets hellwach und bestens informiert, was wir bereits besprochen hatten. Ich hingegen wurde immer müder.

Ich verlor vollkommen das Gefühl für die Zeit, aber ich hatte den Eindruck, dass sich das Verhör mittlerweile über mehrere Tage erstreckte.

Irgendwann glaubte ich, das grelle Licht nicht mehr ertragen zu können, und mir fielen buchstäblich die Augen zu. Aber wenn das passierte, rüttelten sie mich sofort wieder wach oder verpassten mir einen Schlag auf den Hinterkopf. »Hey, wir sind hier noch nicht fertig!«, ermahnten sie mich. Keine Sekunde lang ließen sie mich in Ruhe.

Wieder und wieder musste ich dieselben Fragen beantworten. »Warum bist du ins Ausland gegangen? Warum hast du einen Araber geheiratet? Warum trägst du ein Kopftuch? Bist du Mitglied in einer Terrororganisation?« Ich konnte es nicht mehr hören.

»Nein. Das habe ich doch bereits gesagt! Ich bin keine Terroristin!«, schrie ich sie an.

»Wie viele Uiguren kennst du in Kairo?«, fragten sie unbeirrt weiter.

»Keine Ahnung! Vielleicht ein Dutzend?« Ich musste aufpassen, merkte ich: Die Müdigkeit ließ mich meine Contenance verlieren. Und das war gefährlich. Aber offenbar bezweckten sie genau das.

Ich versuchte, mich zusammenzureißen und mich weiter zu konzentrieren. Doch langsam verließ mich die Hoffnung, dass dieses Verhör jemals enden würde. Zudem hatte ich starke Kopfschmerzen, weil die Luft im Raum so schlecht war, und verspürte einen geradezu übermenschlichen Durst.

Als ich wirklich nicht mehr konnte, hielten sie mir mehrere Fotos vor die Nase. Darauf waren Uigurinnen und Uiguren zu sehen, die wie ich in Kairo lebten oder gelebt hatten. Der Verhörleiter ging die Bilder der Reihe nach mit mir durch. Bei jedem Foto fragte er, ob ich die Person kannte, und falls ich bejahte, forderte er mich auf, ihren Namen und weitere Details über ihr Leben in Kairo zu nennen. »Was studiert sie?«, wollte er etwa bei einer Kommilitonin von mir wissen. »Ging sie freitags auch immer zur Moschee? Ging sie verschleiert?« Mir wurde ganz flau angesichts dieser Fragen. Ich zwang mich, mich an meinen Vorsatz zu erinnern, kooperativ zu bleiben. Doch hier stieß ich an meine Grenzen: Ich konnte doch nicht meine Freunde und Bekannten anschwärzen!

Also schwieg ich. Die Beamten taten es mir gleich. »Wir haben viel Zeit«, betonte der Chinese und blies Rauch in meine Richtung.

»Deine armen Kinder«, bemerkte der Uigure. »Kannst du sie nebenan schreien hören?«

Ich horchte. Trotz meiner schlechten Verfassung war mir zwar klar, dass er mich vermutlich nur verunsichern wollte. Aber einen Moment lang glaubte ich dennoch, das Weinen meiner Babys im Keller zu hören. Der Polizist hatte die gespannte Aufmerksamkeit in meinem Gesicht beobachtet. »Da, hörst du?«, fragte er.

In diesem Moment rastete ich aus. »Ihr seid Unmenschen!«, brüllte ich. »Gebt mir sofort meine Kinder zurück! Ich muss sie stillen, ansonsten verhungern sie!«

»Na, na«, sagte der Uigure, »wer wird denn so ungeduldig sein?«

»Wir kümmern uns schon um deine Kinder«, bemerkte der Chinese mit einem eiskalten Lächeln.

Da brach auch der letzte Rest an Selbstbeherrschung in mir zusammen. Ich weinte vor Wut und Verzweiflung. Die beiden machten indes unerbittlich weiter. »Also noch mal. Was studiert die Frau?«, wiederholte der Chinese die Frage, die ich ihm zuletzt nicht beantwortet hatte. »Leugne nicht, dass du sie kennst …«

Aber ich war nicht mehr in der Lage zu antworten. Das Einzige, woran ich denken konnte, waren meine Kinder. Schluchzend saß ich vor den beiden Beamten. Der Chinese schlug erbost mit der Faust auf den Tisch.

»Schluss jetzt, das reicht!«, brüllte er. »Du willst uns nicht helfen. Und du weigerst dich auch, deine Verbrechen zu gestehen.«

»Welche Verbrechen?«, schniefte ich. »Was soll ich denn gestehen? Da gibt es nichts …«

»Siehst du, genau das meine ich«, unterbrach er mich unwirsch. »Wir müssen dich härter bestrafen, damit deine Erinnerung wieder funktioniert.«

Zwei uigurische Wachmänner banden mich vom Stuhl. Zuerst war ich erleichtert, dass ich aus der unbequemen Position befreit wurde. Mir schmerzten alle Glieder, denn das Verhör hatte insgesamt drei Tage gedauert. Ich erwartete, dass sie mich zurück in die Zelle mit der Malaysierin und der Indonesierin führen würden. Aber das taten sie nicht. Die Männer nahmen mich in ihre Mitte und lotsten mich einen langen Gang hinunter. An dessen Ende befand sich eine Tür, die in einen dunklen Vorraum führte. Dahinter lag noch eine Tür und hinter ihr meine neue Zelle.

Die Kammer, in die sie mich jetzt sperrten, war sehr eng und stockdunkel. So dunkel, dass man die Hand vor Augen nicht sehen konnte. Der einzige winzige Funken Licht in diesem schwarzen Meer aus Nichts war ein roter Punkt in der Ecke. Vermutlich kam er von einer Kamera, die in der Wand befestigt war. Ansonsten gab es dort – nichts: kein Licht, kein Geräusch, keinerlei Einrichtungsgegenstände und vor allem keine Menschenseele. Völlig allein hockte ich dort auf dem kühlen Steinboden zwischen den bedrückend engen Wänden.

In den ersten Stunden ertrug ich es noch gut. Nach dem Verhör sackte ich erst mal erschöpft zusammen und schlief eine ganze Zeit. Wie lange, weiß ich nicht. Aber als ich erwachte, war es immer noch dunkel. Und es war immer noch kein Mensch da. Ich lauschte der Stille und wartete darauf, dass irgendetwas passieren würde. Aber es passierte nichts. Stundenlang passierte nichts. Und da begann ich langsam zu ahnen, was noch alles auf mich zukommen sollte.

In meinem Kopf spulte ich die Szenen ab, die sich seit meiner Ankunft in China zugetragen hatten. Ich konnte das alles nicht begreifen: Wie war ich nur in diese schreckliche und zugleich absurde Situation geraten? Wie hatte ich es zulassen können, dass die Polizisten mir meine Kinder abgenommen hatten? Was würde Mahmud dazu sagen? Bestimmt war er mittlerweile in Kairo angekommen und wunderte sich, dass er nichts von uns hörte. Und keiner würde ihm berichten, was mit uns geschehen war.

Ich rekapitulierte auch das lange Verhör und fragte mich, ob ich etwas anders hätte machen können. Immer noch verstand ich nicht, was die Polizisten mir eigentlich vorwarfen – und was ich ihrer Meinung nach gestehen sollte. Galt denn allein die Tatsache, dass ich Muslima war, als Verbrechen? Hätte ich das vielleicht abstreiten sollen, um weniger verdächtig zu erscheinen? Andererseits hätten sie mich dann zwangsläufig der Lüge überführt. Denn wir Uiguren waren nun einmal muslimischen Glaubens – und Fotos, auf denen ich Kopftuch trug, gab es ebenfalls. Die hatten sie mir sogar gezeigt.

Mir wurde klar, dass die chinesischen Behörden in Kairo nicht nur mich, sondern alle Uiguren penibel überwachten. Sie mussten uns ausgespäht und uns dabei beobachtet haben, wie wir die Moschee besuchten, hatten uns fotografiert, wenn wir gemeinsam im Café saßen, und sie hatten offenbar unsere Social-Media-Accounts überwacht. Diese Leute hier wussten genau, wer mit wem befreundet war, wer wo arbeitete und was jeder von uns verdiente. Obwohl wir weit weg von Xinjiang und von China lebten, hatten sie unser gesamtes Leben im Blick gehabt.

Das war schon bemerkenswert. Aber wozu das alles? Ich konnte nicht verstehen, warum sie diesen Aufwand betrieben. Glaubten sie wirklich, alle Kopftuchträgerinnen seien Terroristinnen? Dann hatte ich in der Tat ein Problem. »Allah, gib ihnen ein Einsehen!«, flehte ich zu Gott.

Am meisten jedoch quälte mich der Gedanke an meine Kinder. Ich machte mir schreckliche Sorgen um meine drei Babys, die nun vollkommen schutzlos der Willkür der chinesischen Behörden ausgeliefert waren. Wo befanden sich die drei jetzt? Ging es ihnen gut? Bekamen sie Milchersatz? Im Kopf hörte ich sie schreien, weil sie Hunger hatten und nach meiner Brust verlangten. Ach, ich sehnte mich so sehr nach ihren kleinen, gierigen Mündern.

Ich begann, mir schreckliche Vorwürfe zu machen. Warum hatte ich die drei überhaupt mit auf diese Reise genommen? Das wäre doch nicht nötig gewesen! Wir hätten alle fünf in Ägypten bleiben können. Wenn ich nicht auf meinem Willen beharrt hätte, sie meinen Eltern vorzustellen, wäre das alles nicht passiert. Es war also meine Schuld. Einzig und allein meine Schuld.

So zermarterte ich mir das Hirn. Je länger ich meinem Gedanken nachhing, desto quälender wurden sie. In meiner kleinen dunklen Zelle gab es kein Entkommen vor ihnen. Bald kreiste mein ganzer Kopf nur noch um ein einziges Bild: meine Kinder, meine Kinder, meine Kinder. Was für eine Mutter war ich, dass ich sie nicht hatte schützen können. In der Dunkelheit sah ich ihre geliebten, zarten Gesichter vor mir und hörte sie immer lauter und herzzerreißender nach mir schreien.

Das war schlimmer als jede Folter. Fast sehnte ich mich zurück in den Raum, in dem die Polizisten mich verhört hatten. Dort war ich wenigstens abgelenkt gewesen. Jetzt aber hatte mein Gehirn keine andere Beschäftigung mehr, als mir meine eigene gedankliche Hölle zu konstruieren. Eine Hölle, die ich nonstop ertragen musste. Aber vielleicht war das meine gerechte Strafe? Denn wie ich es auch drehte und wendete: Ich war schuld an allem. Ich war schuld. Ich war schuld.

Die einzige Unterbrechung in der schwarzen Monotonie meiner Gedanken war der Moment, in dem durch einen Schlitz in der Tür das Essen in die Zelle geschoben wurde. Doch auch dabei begegnete ich keinem Menschen, keiner sprach mit mir. Ich hörte lediglich das Geräusch, den der Metallteller, in dem etwas Brei oder Suppe war, auf dem Steinboden verursachte. Manchmal löffelte ich ein wenig davon, wenn ich Hunger verspürte. Aber meistens erbrach ich es wieder. In einer der Ecken des Raumes befand sich ein Loch im Boden: Das war die Toilette. Dort hinein schob ich mein Erbrochenes.

In der totalen Isolation wurde ich fast verrückt. Ich fühlte mich wie lebendig begraben. War ich überhaupt noch am Leben? Alles verschwamm in meinem Gehirn.

Ich wusste nicht mehr, wie viel Zeit vergangen war. Harrte ich hier nun einige Tage oder Wochen, gar Jahre aus? Vermisste mich da draußen noch jemand? In meiner Verzweiflung begann ich sogar, mit der Kamera zu sprechen. »Wenn da am anderen Ende ein Mensch sitzt, hab Erbarmen mit mir!«, flehte ich. »Ich habe drei kleine Kinder, die unentwegt nach mir schreien ...« Ein anderes Mal sang ich ein Wiegenlied für meine Babys.

Aber ich bekam nie eine Antwort. Es gab nur Dunkelheit und Stille.

5

Gefangen in der Hölle

»Hey, hol sie jetzt da raus, die Woche ist rum!« Nach langer, langer Zeit in meinem Gefängnis vernahm ich zum ersten Mal eine menschliche Stimme. Und ich staunte: sieben Tage nur? Mir war es so vorgekommen, als hätte ich 700 Jahre in dem dunklen Raum verbracht.

Ein uigurischer Wachmann sprach mit seinem Kollegen. Schlüssel rasselten. Mit klopfenden Herzen beobachtete ich, wie sich die Tür einen Spalt weit öffnete und die beiden eintraten. Das Licht, das aus dem Flur hereindrang, blendete mich. Aber nicht lange. Denn schon trat einer der Männer auf mich zu und zog mir abermals einen dunklen Sack über den Kopf. »Mitkommen«, sagte er.

Etwas tapsig folgte ich ihnen hinaus. Ich konnte es kaum fassen: Sie befreiten mich! Endlich durfte ich die dunkle Hölle dieser vier Wände verlassen!

Müde und unsicher folgte ich den beiden durch den Korridor bis zum Treppenhaus, wo sie mich anwiesen, die Füße zu heben, um die Stufen zu erklimmen. Meine Muskeln wollten mir nach so langer Untätigkeit kaum noch gehorchen. Aber ich befahl mir, sie anzuspannen. Schließlich wünschte ich mir nichts sehnlicher, als diesem fürchterlichen Keller zu entkommen. Ich würde das Tageslicht wiedersehen!

Tatsächlich führten sie mich alle drei Stockwerke nach oben. Im Erdgeschoss angekommen, ging mein Atem schwer. Sie brachten mich in einen Raum, wo eine Wächterin mich meiner Kleidung entledigte. Sie zog mir den Cardigan, die Jeans und das stinkende T-Shirt aus, das ich die ganze Zeit über getragen hatte. Dann zog sie mir eine frische Stoffhose an und befahl mir, die Arme zu heben, damit sie mir auch ein neues Oberteil überziehen konnte.

Als sie damit fertig war, übergab sie mich wieder den beiden Wachmännern. »Jetzt links entlang und jetzt rechts«, befahlen sie mir. Ich hörte, wie eine Tür aufgeschlossen wurde. Würde ich nun entlassen? Sie schoben mich über die Schwelle – in die Freiheit? Ich vernahm flüsternde Stimmen, ein übler Geruch nach Schweiß wehte mir entgegen. »So«, sagte einer der Wachmänner und nahm mir den Sack ab.

Ich blinzelte. Wo war ich? Meine Augen waren dem Licht so sehr entwöhnt, dass ich erst gar nichts zu erkennen vermochte. Die plötzliche Helligkeit tat weh. Doch dann wurde ich der vielen Frauen gewahr, die um mich herumstanden, ungefähr dreißig dicht an dicht gedrängt. Sie beäugten mich neugierig. Es waren Uigurinnen, oder besser gesagt: uigurische Gefangene, was ich daran erkannte, dass sie alle dieselbe blaue Gefangenen-Uniform trugen. Ich sah an mir herunter und erschrak: Auch ich trug diese Kluft. Ich befand mich also in einer Gefängniszelle. Sie hatte ungefähr 40 Quadratmeter und keine Fenster. Aber es gab zwei Lüftungslöcher an den Seiten und eine Luke im Dach, durch die von oben Tageslicht eindrang.

Ich war unglaublich enttäuscht, als ich verstand, dass ich nicht entlassen worden war – und dass es auch kein Anzeichen dafür gab, dass dies in absehbarer Zeit geschehen würde. »Warum lasst ihr mich nicht frei?«, rief ich den Wachmännern hinterher, die bereits dabei waren, die Zelle wieder zu verlassen und die Tür von außen zu verschließen. »Ich habe nichts getan!« Sie antworteten nicht. »Ich bin unschuldig!« Aber schon waren sie fort, und ich blieb mit den Frauen allein zurück.

Ich wollte heulen. Jeder Hoffnung auf ein schnelles oder gar glückliches Ende meiner Odyssee beraubt, ließ ich mich auf den Boden fallen. »Lass es«, flüsterte eine Frau kaum hörbar. »Das gibt nur Ärger!«

Ich wusste nicht, wie sie das meinte. Doch dann folgte ich dem Blick ihrer Augen und entdeckte die Kamera, die in einer Ecke des Raumes hing. Sie nickte unmerklich: Ja, sie beobachten uns. Die Frau wies mit den Augen noch in die anderen drei Ecken, und tatsächlich: Überall im Raum befanden sich Kameras, die uns beschatteten und jede unserer Bewegungen verfolgten.

Die Frau sah sehr schön aus – trotz ihrer blauen Sträflingskluft. Sie hatte etwas Erhabenes an sich. Ihre Haut war hell, und sie hatte bemerkenswert große Augen, mit denen sie mich ansah. Wie geriet so eine elegante Frau hierher, fragte ich mich.

»Wie heißt du?«, flüsterte ich.

»Ilham«, gab sie eher einsilbig zurück.

»Bist du schon lange hier?«

»Zwei Monate.«

Ich erschrak. Zwei Monate! Eine halbe Ewigkeit also. Ich wollte sie noch vieles fragen, aber sie gab mir zu verstehen, dass ich endlich den Mund halten sollte. Kurz darauf verstand ich warum. »Ruhe! Häftling Nummer 24, dies war die erste Verwarnung«, bellte eine Frauenstimme aus einem Lautsprecher. Sie meinte offenkundig mich. Und ich entnahm der Ansage, dass sie mir die Nummer 24 zugewiesen hatten. Ein Blick auf die Plakette auf der linken Brust meiner Sträflingsbluse bestätigte diese Vermutung: Dort standen mein Nachname und die Zahl »24«.

Langsam verstand ich, dass in der Gefängniszelle ein strenges Regiment herrschte: Es war uns nicht erlaubt, miteinander zu sprechen. Und wir durften uns auch nicht nach Belieben im Raum bewegen. Für alles, was wir taten, mussten wir vorher um Erlaubnis bitten. Und zwar über eine Gegensprechanlage: Über sie konnten wir mit den Beamten sprechen, die uns die ganze Zeit über per Kamera überwachten. Dazu mussten wir uns mit Handzeichen melden und warten, bis sie uns das Wort erteilten.

Erlaubnispflichtig waren bereits so profane Dinge wie der Toilettengang. In einer Ecke der Zelle gab es ein Loch im Boden, in das wir vor den Augen aller unsere Notdurft verrichten mussten. Aber erst, wenn man eine Genehmigung erbeten hatte. Und es war bei Weitem nicht so, dass wir so oft gehen konnten, wie wir wollten. Fragte man zu häufig – oder hatten unsere Bewacher auf der anderen Seite gerade einen schlechten Tag –, verweigerten sie ihre Zustimmung. Das war sehr unangenehm, manchmal nässten sich die betroffenen Frauen ein.

Ansonsten dienten die Lautsprecher dazu, uns zu verwarnen und uns Befehle zu erteilen. Das ging frühmorgens um halb fünf Uhr los, wenn sie uns mit einer superlauten Ansage weckten und uns befahlen aufzustehen. Dann hieß es, wir sollten uns wie Soldaten in Reih und Glied aufstellen. Jeder hatte seinen festen Platz, den er einnehmen musste. Und wenn alle ordentlich standen, befahlen sie uns auf der Stelle zu marschieren, ohne uns einen einzigen Schritt vorwärtszubewegen. Dazu mussten wir die Nationalhymne singen, den sogenannten Marsch der Freiwilligen, was nicht einer gewissen Ironie entbehrte. Denn der Text lautet:

»Steht auf! Alle, die keine Sklaven mehr sein wollen!
Lasst uns aus unserem Fleisch und Blut die neue
Mauer bauen.
In größter Bedrängnis ist Chinas Volk.
Der Unterdrückten letzter Schrei ertönt:
Steht auf! Erhebt Euch!
Gemeinsam wider das feindliche Kanonenfeuer, voran!
Gemeinsam wider das feindliche Kanonenfeuer, voran!
Voran! Voran! Vorwärts!«

Wir sangen und marschierten mindestens eine halbe Stunde lang jeden Morgen, manchmal auch länger. Dabei wiederholten wir die Hymne unzählige Male. Irgendwann war der Kopf ganz voll von der Melodie und den Worten. Man hörte nur noch die Hymne und konnte an gar nichts anderes mehr denken. Das war auf eine Weise auch erleichternd. Zumindest mir ging es so.

Nach dem Morgenmarsch folgten die Toilettengänge. Sie nahmen einige Zeit in Anspruch, weil immer nur eine Frau die Latrine benutzen konnte. Danach stank die Zelle barbarisch. In den ersten Tagen schämte ich mich so vor den anderen, dass ich überhaupt nicht aufs Klo gehen konnte. Aber irgendwann bekam ich starke Bauchschmerzen, und es blieb mir nichts anders übrig, als es den anderen gleichzutun.

Zum »Frühstück« bekamen wir lediglich einen Becher Reiswasser. Um an ihn zu kommen, mussten wir eine Schlange vor der Tür bilden. Und dann trat jede Frau einzeln und mit gebeugtem Kopf vor die Wärter. Denn die Wärter behaupteten, nur wenn ein Mensch den Kopf beuge, könnten dort die guten Gedanken hineinfließen. Gemeint war damit das Gedankengut der Kommunistischen Partei Chinas. »Du musst akzeptieren, dass du im Unrecht bist. Dann machen wir es dir nicht schwer«, sagten sie. »Aber wenn du das nicht einsiehst, werden wir es dir sehr schwer machen.«

Auch aktiv mussten wir solche Sätze wiederholen. Die Wärter, meist junge Männer aus fernen Provinzen, sprachen uns die Parolen vor, und wir mussten sie nachsprechen. Allerdings redeten sie oft so schnell, dass die uigurischen Frauen Mühe hatten, sie zu verstehen. Viele Frauen plapperten die chinesischen Worte deshalb nur nach und bemühten sich, keinen Fehler zu machen, weil sie sonst die elektrischen Schlagstöcke der Männer zu spüren bekamen. Auch ich beugte meinen Kopf und sagte: »Ich gebe zu, dass ich im Unrecht bin.« Sonst hätte ich kein Reiswasser bekommen. Im Gegensatz zu vielen andern verstand ich die Bedeutung der Worte jedoch sehr genau, und sie widerten mich an.

Das Reiswasser schmeckte fürchterlich. Etliche Frauen erbrachen sich danach, weil es auf irgendeine Weise den Magen angriff. Trotzdem trank ich es gierig, da ich dringend Flüssigkeit brauchte. Jetzt im Mai wurde es jeden Tag heißer, und ich schwitzte viel, weil auch in unserer Zelle die Temperatur stieg. Außer dem Reiswasser bekamen wir jedoch nur einen einzigen Becher Wasser am Tag zugeteilt.

Nach der Morgenroutine brachten die Wärter uns das »Rote Buch« in unsere Zelle. Wir bekamen zehn Exemplare, die genau abgezählt und durchnummeriert waren, sodass keines von ihnen verschwinden konnte. Denn dieses Buch – nicht zu verwechseln mit dem Roten Buch von Mao Tse-tung – ist eine Art Staatsgeheimnis in China: Es ist nur in Gefängnissen, Lagern und bei der Ausbildung der Polizei zu finden, also überall dort, wo Menschen indoktriniert werden sollen. Darin finden sich die Slogans der Kommunistischen Partei, aber auch Sprüche von Mao und Generalsekretär Xi Jinping sowie patriotische Liedtexte. Diese Texte wurden im Gefängnis unser Lebensinhalt.

Wir mussten das gesamte Buch auswendig lernen, Wort für Wort, jeden Tag eine andere Lektion. Wie wir genau vorzugehen hatten, wurde uns über die Lautsprecher mitgeteilt. An einem Vormittag wiesen sie uns beispielsweise an, in der Hocke auf dem Boden zu sitzen und eine bestimmte Seite zu lesen. Viele Frauen, die nicht wie ich an einer chinesischen Uni studiert hatten, waren damit vollkommen überfordert. Sie konnten noch nicht einmal die Schriftzeichen entziffern. »Ich verstehe kein Wort«, vertraute mir die Frau mit den großen Augen an, die sich bei meiner Ankunft als Ilham vorgestellt hatte.

»Soll ich dir helfen?«

Sie nickte unmerklich, und ich rückte etwas näher. Leise begann ich, ihr die Texte auf der Seite vorzulesen und ihre Bedeutung zu erklären. Auch die anderen Frauen, die in der Nähe saßen, hörten zu. Denn sie standen vor demselben Problem: Sie mussten die Texte später wiedergeben können, sonst riskierten sie Nahrungsentzug oder Schläge. Zuerst war ich etwas nervös. Aber dann entspannte ich mich. Denn die Beamten hinter den Kameras, die unser Tun selbstverständlich beobachteten, schienen meine Hilfslehrertätigkeit stillschweigend zu akzeptieren. Jedenfalls kassierte ich keine weitere Verwarnung über den Lautsprecher. Nach der dritten Mahnung bestraften uns die Wärter normalerweise mit Schlägen, doch das blieb mir glücklicherweise erspart.

»Danke«, murmelte Ilham später.

»Keine Ursache«, flüsterte ich. Und dann mussten wir auch schon wieder aufhören zu sprechen, um keinen Ärger zu riskieren.

Durch den Lautsprecher ertönte der Befehl zur nächsten Aktivität: Wir mussten aufrecht stehen und den Kopf dabei abwechselnd nach rechts und nach links drehen. Dabei sollten wir die zuvor gelesenen Inhalte wiedergeben. »Die Revolution und die Anerkennung von Klassen und Klassenkampf sind notwendig, damit das chinesische Volk interne und externe Feinde besiegen kann«, wiederholten wir im Chor einen Spruch von Mao Tse-tung. Ilham blinzelte mir verschworen zu, da auch sie ihn fehlerfrei aufsagen konnte.

Neben Revolutionsführer Mao gehörte der Generalsekretär Xi Jinping zu den Personen, die in dem Buch häufig zitiert wurden. Letzteren bezeichneten die Autoren stets als unseren »großen Führer«. »Es ist unsere Verantwortung, hart für die große Erneuerung der chinesischen Nation zu arbeiten«, prägten wir uns sein Gedankengut ein.

Nach einer halben Stunde wechselte die Aktivität erneut. Wieder verlangte die Lautsprecher-Stimme von uns, auf der Stelle zu marschieren. Dabei sangen wir kommunistische Lieder, die ebenfalls aus dem Buch stammten. So ging das den ganzen Tag lang. Der Rhythmus unserer Aktivitäten wechselte. Aber es wiederholten sich immer wieder dieselben Tätigkeiten: Wir lasen die Texte im Buch, sangen Propaganda-Lieder oder riefen kommunistische Slogans, die wir zuvor auswendig gelernt hatten. Wir marschierten, exerzierten, saßen still, ganz wie die Stimme im Lautsprecher es anordnete. Vor allem aber waren wir von früh bis spät nicht eine Minute lang uns selbst und unseren eigenen Gedanken überlassen.

Die Fixpunkte, in unserem Tagesablauf waren die Essensausgaben – es waren die positiven und zugleich negativen Höhepunkte. Am Mittag bildeten wir erneut eine Schlange vor der Tür, um ein Stück Dampfbrot zu erhalten. Da wir seit dem frühen Morgen nichts außer Reiswasser zu uns genommen hatten, knurrten uns um diese Zeit die Mägen – und das wussten die Wärter. Aus diesem Grund spielten sie da besonders gerne ihre Spielchen mit uns.

Manchmal beschimpften und erniedrigten sie uns einfach. Wenn wir uns der Tür näherten, sagten sie zum Beispiel: »Ihr seid Verbrecher. Die Kommunistische Partei ist sehr großzügig, euch trotzdem Essen zu geben.« Oder sie knüpften die Ausgabe der Rationen an bestimmte Bedingungen. Von mir verlangten sie meist, dass ich ihnen die Nationalhymne vorsang. Erst dann bekam ich mein Mantou ausgehändigt.

Dieses Weizen-Dampfbrot isst man normalerweise, wenn es frisch aus dem Ofen kommt. Aber das Brot, das sie uns gaben, war bereits einige Tage alt und steinhart. Eigentlich konnte man es nur lutschen, weil man es ansonsten im Mund nicht mehr klein bekam.

Den Nachmittag verbrachten wir wieder mit politischer Indoktrination und militärischen Übungen. Manchmal gab es auch noch Sonderaufgaben wie das Kommando, die Zelle zu reinigen. Dafür erhielten wir ein winziges Handtuch, aber kein Wasser. Trotzdem mussten wir den Raum bis auf den hintersten Winkel putzen. Wir robbten auf den Knien, um dies zu bewerkstelligen.

Am Abend veranstalteten die Wärter das herabwürdigende Prozedere der Essensausgabe ein drittes Mal. Diesmal bekamen wir mit etwas Glück eine Schale gekochten Reis und ein weiteres Dampfbrot ausgehändigt. Erneut kassierten einige von uns dabei Schläge. Und andere, die die geforderten Aufgaben nicht lösen konnten oder zu schlecht Chinesisch sprachen, gingen leer aus und mussten auf den nächsten Morgen hoffen.

Gegen 22 Uhr ließen sie uns endlich in Ruhe. Dann wurde das Deckenlicht gelöscht. Aber wir konnten uns nicht auf dem Boden ausstrecken, um zu schlafen. Weil wir so viele waren, war dazu viel zu wenig Platz. Nur etwa ein Drittel der Frauen genoss daher das Privileg, sich der Länge nach auszustrecken. Alle anderen versuchten, im Sitzen zu schlafen. Rücken an Rücken saßen wir in der heißen Zelle und warteten, bis uns vor Erschöpfung die Augen zufielen. Mitten in der Nacht wechselten wir dann die Positionen, und eine andere Gruppe Frauen legte sich eine Weile hin.

Ich litt in diesen Nächten sehr. Die Hitze und den strengen Geruch der vielen anderen Körper konnte ich kaum ertragen. Warum, fragte ich mich, war ich nur all diesen Fremden ununterbrochen so unnatürlich nah? Vor allem aber quälte mich der Gedanke an meine Kinder. Ständig musste ich an sie denken und fragte mich, wo sie jetzt waren. In einer staatlichen Anstalt? Was hätte ich dafür gegeben, sie auch nur einmal kurz in den Armen zu wiegen oder ihnen über ihre kleinen, zarten Gesichter zu streichen.

Auch physisch litt ich. Mein Kaiserschnitt war kaum zwei Monate her – und mein Körper noch nicht richtig verheilt. Zudem schmerzten meine Brüste, die immer noch Milch produzierten. Da diese Milch niemand trank, füllten sie sich besonders in der Anfangszeit oft so sehr, dass ich glaubte, ich müsste platzen. Manchmal wurde ich nachts wach und musste feststellen, dass meine Kleidung mit Muttermilch durchtränkt war.

Ich hockte eingeklemmt zwischen zwei Frauen – und konnte nichts tun, außer still zu sitzen. Ich wartete, dass meine Kleider trockneten, wartete, dass es morgen würde und ein neuer Tag in der Hölle begann. Leise begann ich zu weinen. Es war völlig sinnlos, auf irgendetwas zu warten oder gar zu hoffen: Ich saß nun, schon eine halbe Ewigkeit von meinen Kindern getrennt, hier ein und verlor jeden Glauben daran, sie je wiederzusehen. Nur mein starrsinniger Körper wollte sich nicht damit abfinden.

»Was ist los?«, vernahm ich eine sehr leise flüsternde Stimme in der Dunkelheit. Sie gehörte Ilham, die mit dem Rücken an meinem lehnte. Auch wenn ich mich mit Rücksicht auf die Kameras bemühte, kein Geräusch zu verursachen, hatte sie wohl das Schütteln meines Körpers bemerkt.

»Nichts«, flüsterte ich ebenso leise zurück.

»Nun sag schon«, insistierte sie, »warum weinst du?«

»Ich … habe Milch verloren.« Erneut durchfuhr mich ein Schütteln, und ich konnte kaum weitersprechen. »Milch für meine Kinder.«

»Welche Kinder?«

Ilham schien mich nicht zu verstehen. »Ich habe drei Neugeborene«, erklärte ich ihr. »Drillinge. Und meine Brust produziert unentwegt Milch für sie … Wenn es zu viel wird, fließt sie einfach raus.«

»Wirklich?!« Sie klang verwundert und schockiert zugleich. »Wie alt sind sie?«

»Zwei Monate.«

»Mein Gott! Du musst sie schrecklich vermissen!«

Ich schniefte leise, aber offenbar doch zu laut. »Ruhe, Nummer vierundzwanzig«, tönte es aus dem Lautsprecher. »Das ist die zweite Verwarnung!«

Wir verstummten sofort. Denn ab der dritten Mahnung gab es Stockschläge, das wussten wir beide. Trotzdem fand ich es tröstend, dass Ilham sich für meine Geschichte interessierte. Und dass sie den Mut hatte, mit mir zu sprechen. Die Geste zählte viel in dieser unmenschlichen Umgebung.

Seit unserer nächtlichen Begegnung nutzten sie und ich jede Gelegenheit, um ein paar Wort zu wechseln. Natürlich nur in aller Heimlichkeit. Wir benahmen uns wie ein verbotenes Liebespaar, das unauffällig die Nähe des anderen suchte, aber penibel darauf bedacht war, dass keiner dies mitbekam.

Ich erfuhr, dass sie selbst noch keine Kinder hatte. »Ich habe erst vor Kurzem geheiratet«, flüsterte sie, als wir uns über das Rote Buch beugten und so taten, als würden wir uns in eine Lektion dort vertiefen.

»Wie lang ist das her?«

»Sechs Monate.«

»Ist er ein guter Mann?«

Sie errötete. »Ja, sehr …«

Ich wollte gerade fragen, wo ihr Mann jetzt war und wie sie die Trennung verkraftete. Aber da knisterte es schon wieder im Lautsprecher. Die Stimme eines Beamten verlangte von uns, dass wir jetzt marschieren sollten.

Danach wurde Ilham plötzlich von den Wachen geholt. Sie riefen ihre Nummer auf und befahlen ihr mitzukommen. Ich erinnere mich noch an den angstvollen Blick, den sie mir zuwarf. Dann sah ich sie erst mal nicht wieder. Am zweiten Tag ihrer Abwesenheit fragte ich mich, ob sie vielleicht entlassen worden war? Vielleicht war sie wieder bei ihrem Mann, den sie liebte? Das wünschte ich mir. Doch am selben Abend, kurz nach der Essensausgabe, wurde sie wieder in unsere Zelle hineingestoßen.

Ilham sah fürchterlich aus. Sie hatte tiefe Ringe unter den Augen und blaue Flecke im Gesicht. Ich wusste, was das bedeutete. »Haben Sie dich verhört?«, raunte ich ihr zu, als wir im toten Winkel zwischen zwei Kameras standen. Sie bestätigte meine Vermutung.

»Es ist wegen meinem Mann«, flüsterte sie. »Er ist Iraner, und wir haben zusammen in Dubai gelebt.« Die Beamten glaubten, dass sie dort Kontakt zu radikalen Muslimen gehabt haben müsse, und forderten von ihr ein Geständnis. Das erinnerte mich stark an meine eigene Geschichte. »Wäre ich nur nicht auf die Idee gekommen, meine Eltern in Urumchi zu besuchen«, sagte Ilham leise. »Dadurch habe ich uns alle in Schwierigkeiten gebracht.«

Ich wusste genau, was Ilham meinte. Auch ich machte mir große Vorwürfe, dass ich nicht in Ägypten geblieben war. Dann wäre uns allen so viel erspart geblieben, vor allem meinen drei Kindern. Aber vielleicht auch meinen Eltern. Denn wenn ich Ilhams Berichten glauben durfte, wurden auch unsere Angehörigen daheim gegängelt. »Jeder, der Verwandte im Gefängnis hat, steht auch selbst unter Verdacht«, erklärte sie mir.

»Unter Verdacht, was genau getan zu haben?«

Sie zuckte mit den Schultern. Unsere »Verbrechen« blieben ein Mysterium für uns.

6

Was habt ihr mit meinem Sohn gemacht?

An einem Morgen im Juli, kurz nachdem wir unser Reiswasser getrunken hatten, erschienen erneut zwei Polizisten in unserer Zelle. Beide trugen die berüchtigten Schlagstöcke am Gürtel. »Nummer 24, antreten!«, brüllten sie. Das war ich. Hatte ich etwas Falsches gemacht? Musste ich eine Strafe befürchten? Vielleicht waren es meine vielen kurzen Gespräche mit Ilham, für die ich jetzt Ärger bekam. Besorgt näherte ich mich der Zellentür. Ohne weitere Erklärungen stülpten sie mir einen dunklen Sack über den Kopf.

Sie schoben mich auf den Gang. Hinter mir fiel die Tür ins Schloss, und dann rasselten die Schlüssel, ein Geräusch, dass ich und meine Mitgefangenen nur zu gut kannten. Aber diesmal stand ich auf der anderen, auf der richtigen Seite der Tür. Sollte ich mir erlauben, neue Hoffnung zu schöpfen? Oder erwarteten mich nur ein weiteres Verhör und neue Strapazen? Oder vielleicht doch die Freiheit? »Mitkommen«, befahlen sie mir.

Sie führten mich in einen Raum, wo eine Polizistin mir den Sack und die Handschellen abnahm und mich meiner stinkenden, blauen Gefängniskluft entledigte. Im Gegenzug überreichte sie mir meine Jeans, das T-Shirt und den Cardigan, den ich am Tag meiner Verhaftung getragen hatte. Ich schnupperte:

Sämtliche Kleidungsstücke waren sauber und rochen nach einem herben Waschmittel.

Dann saß ich in der Wachstube der Polizistin und einem uigurischen Polizisten gegenüber. Sie verkündeten mir, dass ich aus der Haft entlassen würde. Das klang in meinen Ohren so absurd, dass ich es im ersten Augenblick gar nicht verstand. »Das heißt, ich kann gehen?«, fragte ich vorsichtshalber.

»Ja. Du kannst gehen«, sagte der Polizist. »Aber du musst wissen, dass du auf unserer schwarzen Liste stehst. Ein einziges Fehlverhalten deinerseits, und wir nehmen dich wieder fest.«

»Wir werden dich beobachten«, fügte die Polizistin hinzu.

»Und denk daran: Du hast nicht nur eine Verantwortung gegenüber dir selbst, sondern auch gegenüber deinem Vater. Der hat nämlich für dich gebürgt.«

»Was heißt das?«

»Das heißt, dass du bei ihm zu Hause unter Hausarrest stehst. Und wenn du auch nur einen falschen Schritt machst, bekommst nicht nur du Ärger, sondern auch er«, präzisierte der Mann. Er sah mich mit durchdringenden Augen an. »Du willst doch sicher nicht, dass dein Vater wegen dir noch ins Gefängnis kommt, oder?«

Was für eine perfide und gemeine Drohung! Ich sagte dazu gar nichts.

»Gut«, konstatierte er. »Dann bleiben also die Formalien: Unterschreibe hier, dass du alle deine persönlichen Dinge von uns zurückerhalten hast.« Er reichte mir ein Formular, in dem mein Name stand. Und da war Platz für eine Unterschrift. Ich zögerte. Schließlich trug ich nur meine Kleider am Leib. Aber was war mit dem Rest meiner Sachen?

»Und mein Pass?«

»Dein Pass, Personalausweis und die Pässe der Kinder verbleiben in unserer Obhut.«

»Aha«, sagte ich. »Und mein Handy?«

»Das behalten wir ebenfalls. Deine Nummer haben wir gesperrt. Du darfst ab sofort ohnehin kein Handy mehr benutzen. Nun unterschreib schon«, drängelte er. »Oder willst du gar nicht gehen?«

Sollte ich protestieren? »Um Himmels willen, nein!«, schrie eine Stimme in meinem Kopf. Also nahm ich den Kugelschreiber und unterschrieb – was auch immer.

»Gut gemacht«, sagte der Polizist.

»Was ist mit meinen Kindern?«, fragte ich. »Wo sind sie? Kann ich sie sehen?«

»Klar«, antwortete die Polizistin. Mein Herz schlug höher. »Deshalb haben wir dich ja freigelassen. Sie sind im städtischen Krankenhaus.«

Ich sah sie fragend an. Doch sie war nicht gewillt, weitere Erklärungen abzugeben. »Dein Vater weiß Bescheid«, sagte sie lediglich. »Jetzt geh erst mal zu ihm: Er wartet draußen auf dich.«

Die beiden Polizisten öffneten mir die Tür und geleiteten mich hinaus, als ob ich eine Besucherin wäre. Immer noch misstraute ich der unverhofften Wendung, die mein Tag genommen hatte. In den vergangenen zwei Monaten hatte ich in die Abgründe des menschlichen Wesens geschaut. Und ich hatte gelernt, mich auf nichts zu verlassen, allen und jedem zu misstrauen. Deshalb fragte ich mich auch jetzt: Spielten die beiden Polizisten nicht ein perfides psychologisches Spielchen mit mir? Würden sie mich nicht doch in letzter Minute aufhalten und wieder in die Zelle zu den anderen Frauen sperren?

Aber nichts dergleichen geschah. Ich trat vorsichtig durch die Tür und hinein in die warme, trockene Juliluft. Die viel zu grelle Sonne blendete mich. Betont langsam ging ich auf die Schranke zu. Schließlich wollte ich nicht nervös wirken. Aber selbst die Wachleute dort machten keine Anstalten, mich aufzuhalten. Sie ließen mich einfach so passieren. Ich verließ die Polizeiwache, ohne mich noch einmal umzudrehen.

Dann entdeckte ich meinen Vater. Ich erschrak fürchterlich, denn seine Haare waren ganz grau geworden. Als ich ihn zum letzten Mal in Ägypten gesehen hatte, hatte er noch volle dunkle Haare gehabt. Jetzt aber sah er wie ein alter Mann aus, mit unendlich traurigen Augen. »Mihrigul«, sagte er.

Ich tauchte in seine Arme und hörte ihn schluchzen. Er hielt mich ganz fest.

»Entschuldigung, Papa, ich hätte auf dich hören sollen«, brachte ich hervor.

»Psst, psst«, machte er.

»Du hattest recht: Ich hätte nie im Ausland studieren sollen. Dann wäre das alles nicht passiert.«

Er schüttelte den Kopf. »Unsinn.«

»Es tut mir so leid, dass ich dich in solche Schwierigkeiten gebracht habe … Du hättest nicht für mich bürgen sollen!« Ich reihte eine Entschuldigung an die nächste, weil ich mich so unglaublich schuldig fühlte.

»Nun beruhige dich erst mal. Jetzt ist es ja überstanden.«

Doch ich war mir nicht sicher, ob das stimmte. Nach allem, was ich gerade erlebt hatte, rechnete ich jederzeit mit einer neuen Katastrophe, und es fiel mir schwer, optimistisch zu sein.

»Jetzt fahren wir ins Krankenhaus und holen die Kinder. Und dann wird alles wieder gut«, wiederholte mein Vater.

»Oh ja, ich kann es kaum erwarten«, willigte ich ein. Endlich würde ich meine Kinder wiedersehen.

Über sein Mobiltelefon bestellte mein Vater ein Taxi. Während wir im Taxi langsam an den Hochhausfassaden von Urumchi vorbeiglitten, dachte ich unentwegt an die drei Kleinen und rätselte, wie es ihnen in der Zwischenzeit wohl ergangen war. Im Gefängnis hatte ich gehofft, dass man sie vielleicht zu meinen Eltern gebracht hatte, die sich sicher liebevoll um ihre Enkel gekümmert hätten. Doch mein Vater wusste ebenso wenig über ihren Verbleib wie ich. Deshalb mussten wir davon ausgehen, dass sie sich die ganze Zeit über in der Obhut staatlicher Institutionen befunden hatten. Hoffentlich waren die drei gesund geblieben, dachte ich ängstlich. Hoffentlich gab es keinen ernsten Grund, warum wir sie jetzt vom Krankenhaus und nicht von einer staatlichen Krippe abholen mussten. Schließlich hatte ich sie bei unserer Trennung noch gestillt. Deshalb quälte mich die Frage, ob sie in der Zwischenzeit auch genug Milch bekommen hatten.

»Mach dir nicht so viele Gedanken, Mihrigul. Die Gene in unserer Familie sind stark«, versuchte mein Vater mich aufzumuntern. Aber an seiner Stimme hörte ich deutlich, dass auch er nervös war. Wir wussten beide nicht, was uns erwartete. Und je näher wir dem Krankenhaus kamen, desto unerträglicher wurde diese Ungewissheit. Auf der einen Seite klopfte mein Herz voller Vorfreude, das ich Mohammed, Moez und Elena nun endlich wiedersehen sollte. Auf der anderen Seite konnte ich meine Unruhe und meine Sorge um die drei kaum mehr kontrollieren.

An der Pforte nannte ich meinen Namen und zeigte den Schein vor, den sie mir bei der Polizei mitgegeben hatten. Der

Pfleger, der uns in Empfang nahm, wusste bereits Bescheid. »Ah, Frau Tursun, die Mutter der Drillinge«, sagte er.

»Wie geht es den dreien?«

»Bitte folgen Sie mir.«

Er führte uns durch einen langen Korridor in einen Warteraum auf der Kinderstation, in dem noch andere Angehörige auf langen Plastikbänken saßen. Er bedeutete uns, dort Platz zu nehmen. »Bitte gedulden Sie sich einen Augenblick«, sagte er. »Ich werde die Kinder gleich holen.« Mit diesen Worten verschwand er. Am liebsten wäre ich ihm gefolgt.

Die nächsten Minuten kamen mir wie eine Ewigkeit vor. Unruhig wippte ich neben meinem Vater auf der Bank hin und her. »Wo bleibt er denn so lange?«, raunte ich ihm zu, »kann er die Kinder etwa nicht finden?«

»Vielleicht gibt es noch irgendwelche Formalitäten zu klären«, beruhigte mich mein Vater. Ich nickte. Ich musste mich zusammenreißen. Diese kurze Zeit würde ich nach zwei Monaten der Trennung nun auch noch überstehen.

Endlich erschien der Pfleger wieder in der Tür. Er trug ein Baby im Arm. Mein Baby! Mein Herz galoppierte. Ich sprang sofort auf und stolperte auf die beiden zu. »Moez, mein Kleiner«, rief ich, »mein lieber kleiner Junge!«

Der Pfleger übergab mir den in ein weißes Tuch gewickelten Säugling, der – wie ich bereits auf den ersten Blick sah – sehr blass und abgemagert war. Nur sein Kopf war sonderbar groß, er wirkte wie ein aufgeblasener Luftballon. Trotzdem durchströmte mich ein unglaubliches Glücksgefühl, als ich meinen geliebten jüngsten Sohn endlich wieder leibhaftig in den Armen hielt. »Moez! Mein kleiner Moez«, sagte ich immer wieder.

»Wo sind die anderen beiden?«, hörte ich meinen Vater fragen. Doch da erschien bereits eine zweite Pflegerin, die ein weiteres Baby im Arm trug. Es war Elena! Meine geliebte Tochter Elena. Während ich mich rücklings auf die Bank fallen ließ, überließ mir die Pflegerin auch diesen Säugling. Ich konnte mein Glück kaum fassen: Nun hielt ich bereits zwei meiner Kinder im Arm.

Ich überschüttete die beiden mit Küssen. Auch Elena war klein und ausgemergelt, wie ihr Bruder. Ihr Kopf hatte allerdings im Verhältnis zum Rest des Körpers die richtige Größe. Bestimmt hatten die beiden unter der abrupten Umstellung auf Flaschenmilch gelitten und nicht genug Nahrung zu sich genommen, dachte ich. Ihre Augen hatten eine merkwürdige Schrägstellung, die sie zuvor nicht gehabt hatten. Und auch die Gesichtsfarbe der beiden gefiel mir nicht: Sie sahen so aus, als wären sie nie an der frischen Luft gewesen. »Das wird sich alles ändern«, versprach ich meinen Kindern. »Ab heute habt ihr wieder eine Mutter, die für euch sorgt!«

Ich wechselte einen Blick mit meinem Vater, der wohlwollend zu mir und den beiden Babys schaute. Auch er hatte Glückstränen in den Augen. »Und wo ist das dritte Kind?«, fragte er den Pfleger.

Der Mann wich seinem Blick aus. »Den kann ich Ihnen leider nicht bringen«, sagte er.

»Warum nicht?«

»Er befindet sich noch ähm … in Behandlung.«

Ich war mit einem Schlag ernüchtert. Was sollte das heißen? Was war mit meinem Ältesten? »Ist Mohammed krank?«

»Er befindet sich auf der Intensivstation«, stammelte der Mann.

»Ich will ihn trotzdem mitnehmen!« Diese Forderung kam mir mehr oder weniger automatisch über die Lippen. Denn nach allem, was ich erlebt hatte, wollte ich nur eines: Meine drei Kinder einpacken und nie wieder von ihnen getrennt werden.

»Ich bedaure, aber das geht nicht. Sein Zustand ist nicht sehr stabil ...«

»Was hat er?«

»Er leidet unter ... Atemnot.«

Irgendetwas an der Art, wie der Mann sprach, gefiel mir nicht. Ich spürte, wie Panik in mir hochstieg. Was verheimlichte er mir? »Ich muss meinen Jungen sehen!«, bettelte ich, »bitte!«

Ich hatte das Gefühl, der Pfleger hatte die Anweisung, mich auf keinen Fall zu meinem Kind zu lassen. Doch mein Vater und ich redeten ununterbrochen auf ihn ein. Wir betonten, dass wir ein Recht darauf hätten zu erfahren, was mit dem Jungen war. Mein Vater forderte ihn auf, sofort einen Arzt zu holen, der uns sagen konnte, was ihm fehlte und warum wir ihn nicht mitnehmen durften. Aber der Pfleger wand sich. Er erfand alle möglichen Erklärungen, warum das nicht möglich sein sollte. Schließlich erklärte er sich zumindest bereit, uns das Baby von Weitem zu zeigen.

Er führte uns bis zu der Glastür, hinter der sich die Intensivpflegeeinheit befand. Dort wurden ungefähr ein halbes Dutzend Kleinkinder versorgt. Sie lagen in kleinen Betten, die größtenteils mit vielerlei Apparaten und Schläuchen bestückt waren. Das sah regelrecht gruselig aus. Ich fühlte einen Stich im Bauch. Der Mann deutete in den hintersten Winkel des Raumes. »Dort, ganz hinten, das ist Ihr Junge«, behauptete er und zeigte auf ein Baby, das dort künstlich beatmet wurde. Ich drückte mein Gesicht gegen die Scheibe. War das mein Sohn? Ich sah zwar ein Baby, aber ich konnte ihn nicht erkennen.

»Lassen Sie mich zu ihm, nur eine Sekunde«, bettelte ich erneut.

»Nein, das geht wirklich nicht«, beharrte der Pfleger. Angeblich sprachen hygienische Gründe dagegen, uns näher an das Bettchen heranzulassen. »Bitte gehen Sie jetzt nach Hause«, sagte er. »Die Besuchszeit ist um.«

Schweren Herzens verließen wir das Krankenhaus ohne Mohammed. Aber immerhin – und das tröstete mich – hatten wir die beiden anderen Kinder auf dem Arm. Zumindest meine beiden Jüngeren waren jetzt wieder bei mir – und spätestens morgen würde ich in die Klinik zurückkehren und gegenüber den Ärzten darauf bestehen, dass man mir auch meinen Ältesten mitgab.

Wir fuhren direkt in das Hotel, in dem mein Vater ein Zimmer gemietet hatte. Dort wartete bereits meine Tante. Sie schaute fast ein bisschen ungläubig, als sie meinen Vater mit mir und den beiden Kindern in der Tür stehen sah, und umarmte mich stürmisch. »Mein Gott, da bist du ja!«, sagte sie, »und sogar mit den Kleinen! Ich hatte euch schon fast verloren geglaubt.«

Mein Vater ging gleich noch einmal los, um Milchpulver zu besorgen, da meine Brüste mittlerweile nicht mehr genug produzierten. Unterdessen starteten Menzire und ich eine große Reinigungsaktion. Zuerst verbannte meine Tante mich selbst ins Bad. Ich entledigte mich meiner Kleider und stellte mich unter die Dusche. Ich empfand es als großen Luxus, mir einfach so warmes Wasser über den Körper laufen zu lassen. Als ich mich mit Seife schrubbte, sah ich, dass es sich braun färbte. Ich war unglaublich schmutzig.

Dann nahmen wir uns die Babys vor: Elena und Moez badeten wir im Waschbecken. Erneut fiel mir auf, wie dünn die beiden waren. Bei Moez konnte ich jede seiner kleinen Rippen einzeln berühren, und sein Atem ging nur ganz flach. Liebevoll wusch ich seinen kleinen Körper und bemerkte, dass er nicht nur schmutzig, sondern an manchen Stellen auch ganz wund war. Ich vermutete, dass er zu lange in seinem Bett hatte liegen müssen. Sorgfältig untersuchte ich auch den Rest des Körpers. Ich erschrak, als ich eine Schnittwunde an seinem Hals entdeckte.

»Schau mal, was ist das?«, frage ich Menzire, die neben mir stand und mit Elena beschäftigt war. Sie fuhr die Linie auf Moez' Haut vorsichtig mit dem Finger nach, und er fing sofort an zu weinen.

»Das sieht komisch aus«, fand sie. »Was da wohl passiert ist?«

Ich wusste keine Antwort. Aber das fragte ich mich auch. Unterdessen betrachtete ich den Hals von Elena und entdeckte eine ganz ähnliche, länglich gezogene Wunde. Da wurde mir ganz anders. »Da, siehst du?«, sagte ich zu meiner Tante und deutete auf das Mal an Elenas Hals, das genauso wie bei Moez noch nicht vollständig verheilt war. »Sie hat denselben Schnitt wie ihr Bruder!«

»Äußerst merkwürdig.«

»Kannst du dir das erklären?«, fragte ich sie schrill. »Das geht doch nicht mit rechten Dingen zu!«

Sie sah mich ratlos an.

»Menzire, was haben die im Krankenhaus nur mit meinen Kindern gemacht?«

Mein Vater war ebenfalls alarmiert, als wir ihm die Wunden an den Hälsen der Babys zeigten. Er rief sofort auf der Kinderstation an und verlangte, mit einem Arzt dort zu sprechen. »Bedaure, aber unsere Ärzte sind alle beschäftigt«, sagte die diensthabende Pflegerin. »Aber wenn Sie mir sagen, worum es geht, kann ich Ihnen vielleicht weiterhelfen?«

»Es geht um die Drillinge meiner Tochter Mihrigul Tursun.«

»Moment, da muss ich mir die Krankenakte holen ...« Am anderen Ende raschelte es.

»Ah, ich sehe schon: die Kinder der Gefangenen Tursun. Okay ...«

»Ich verlange eine Erklärung für die merkwürdigen Schnitte, die die Kinder am Hals haben.«

Die Frauenstimme schwieg.

»Hören Sie mich?«

»Ja.«

»Es geht um die Schnitte am Hals!«

»Tut mir leid, aber dazu kann ich hier nichts finden ... Hier steht lediglich, dass die Kinder keinen Milchersatz zu sich nehmen wollten und künstlich ernährt werden mussten: Dazu wurde ihnen wohl ein Schlauch in den Magen gelegt.«

»Vom Hals aus?« Mein Vater war außer sich. »Glauben Sie etwa, das nehme ich Ihnen ab?!«

»Bitte mäßigen Sie sich«, rügte ihn die Pflegerin. »Seien Sie froh, dass man die Kinder hier überhaupt versorgt hat. Schließlich sind sie Ausländer, das ist nicht selbstverständlich. Sie sollten dem chinesischen Staat dankbar sein.« Sie feuerte noch eine Salve an patriotischen Sprüchen ab. Aber weitere Informationen über die medizinische Behandlung der Babys ließ sie sich nicht entlocken.

In dieser Nach schliefen wir alle sehr schlecht. Das lag nur zum Teil daran, dass die Babys immer wieder aufwachten und getröstet werden wollten. Auch ich selbst war sehr unruhig. Ängstlich wachte ich über meine beiden Kinder und zermarterte mir den Kopf, was ihnen und vor allem Mohammed, der im Krankenhaus hatte bleiben müssen, während meiner Zeit in der Haft wohl widerfahren war.

Um sechs Uhr früh schrillte das Mobiltelefon meines Vaters. Das Display zeigte, dass der Anruf vom Krankenhaus kam. Er ging sofort ran.

»Ja? Ja«, sagte er, und ich beobachtete, wie ein Schatten sich über sein Gesicht legte. Er schüttelte verstört den Kopf. »Unmöglich«, sagte er. »Sind Sie ganz sicher, dass es sich nicht um eine Verwechslung handelt?«

Die Stimme am anderen Ende sagte irgendetwas. Und dann legte Vater auf. »Was ist los, Papa?«, fragte ich. Ich war auf schlimme Nachrichten gefasst. »Ist etwas mit Mohammed?«

Er schien unfähig sprechen. Mein Vater schaute zu Boden und weigerte sich, den Blick zu heben. Schließlich räusperte er sich. »Sie sagen, dass Mohammed in der Nacht gestorben ist.«

Die Nachricht durchfuhr mich wie ein heißer Blitz. »Nein!«, widersprach ich. Das konnte doch nicht wahr sein. Mein kleiner, geliebter Mohammed tot? Gestern hatten wir ihn doch noch gesehen!

Mein Vater legte mir seine Hand auf die Schulter. »Komm, wir fahren zusammen ins Krankenhaus«, sagte er.

Auf der Kinderstation erwarteten sie uns bereits. Neben dem Pfleger, mit dem wir bereits am Vortag gesprochen hatten, empfingen uns diesmal auch zwei junge Ärzte. Der eine war Chinese, der andere Uigure. Sie sprachen uns ihr Beileid aus. »Wir haben alles für Ihren Sohn getan, Frau Tursun«, sagte der Chinese. »Aber er war einfach nicht stark genug.«

Der Uigure nickte bestätigend. »Es ist nicht einfach mit Drillingen. Und nicht alle Kinder sind gleich robust ...«

Das klang alles ziemlich unglaubwürdig in meinen Ohren. Denn Mohammed war von Anfang an der stärkste und kräftigste der Kinder gewesen. Er hatte meinen Leib als Erster verlassen und war auch der Größte von den dreien. Und ausgerechnet er sollte nicht stark genug zum Leben sein?

»Was hat ihm denn überhaupt gefehlt?«, brachte ich hervor.

»Seine Lunge war zu schwach. Deshalb mussten wir ihn am Ende beatmen.«

»Das haben Sie gestern ja selbst gesehen«, mischte sich der Pfleger ein.

»Wir haben wirklich alles unternommen, um ihr Kind zu retten. Sie sind dem chinesischen Staat zum Dank verpflichtet ...«

Die Worte der Ärzte und des Pflegers drangen wie durch einen Schleier zu mir. Ich empfand sie auf merkwürdige Weise als unwirklich. So als ginge es hier gar nicht um mich und um mein Kind. Denn mein Kind konnte nicht tot sein. Ich weigerte mich, das zu akzeptieren.

»Würden Sie uns bitte seinen Körper übergeben, damit wir meinen Enkel bestatten können?«, hörte ich meinen Vater sagen. Was redete er da?

»Selbstverständlich«, beteuerte der uigurische Arzt. »Wir machen nur noch die Papiere fertig.« Ich konnte es nicht fassen, was sie da miteinander besprachen. Denn ich wusste mit Gewissheit: Mein Sohn war nicht tot.

Wenig später kam eine Frau von der Krankenhausverwaltung und brachte uns einen Stapel von Dokumenten, darunter Mohammeds Todesurkunde und die Krankenhaus-Rechnung für seine Behandlung, die ich signieren sollte. Ich weigerte mich. »Da stehen doch nur Lügen drin«, sagte ich zu meinem Vater und schob trotzig die Papiere auf dem Tisch von mir. Er warf mir einen strengen Blick zu.

»Wenn Sie nicht unterschreiben, kann ich Ihnen Ihren Sohn nicht übergeben«, drohte die Frau.

»Nun mach schon«, drängte mein Vater. Ich glaube, er hatte Angst, dass ich wieder im Gefängnis landen könnte, wenn ich jetzt im Krankenhaus eine Szene machte. Am Ende unterschrieb er für mich.

Die Frau gab sich damit zufrieden. »Gut, dann hole ich ihn«, sagte sie und ging.

Als sie zurückkam, hielt die Frau ein Bündel im Arm. Wie die Kinder, die mir die Krankenhaus-Angestellten am Vortag gebracht hatten, war Mohammed in ein weißes Leintuch gewickelt.

»Da ist ja mein Junge!«, sagte ich und näherte mich ihr.

Die Frau drückte mir das Bündel in den Arm. Es war eiskalt. Nie werde ich das Gefühl dieser Kälte vergessen, das durch meinen Körper drang, als ich meinen Erstgeborenen endlich wieder in den Armen hielt. Ich erkannte ihn sofort: Das Baby mit den dunklen Locken und der Stupsnase war mein ältester Sohn. Er war stocksteif und kalt, und seine Augen waren geschlossen. Aber wie die anderen beiden Kinder hatte er jene merkwürdige Schnittwunde am Hals.

Ich wiegte ihn in den Armen und berührte zärtlich sein kleines Gesicht. Seine Wangen klirrten vor Kälte. Es gab keinen Zweifel: Dieses Baby kam geradewegs aus der Tiefkühltruhe. Und trotzdem wollte ich nicht verstehen, dass es tot war. Ich bat die Krankenhaus-Angestellte, eine weitere Decke zu holen. Ich glaubte wirklich, dass ich Mohammed nur genug wärmen müsste, damit er wieder aufwachte. Wortlos übergab sie mir das geforderte zweite Laken und forderte uns dann freundlich auf, das Krankenhaus zu verlassen.

»Das wird schon wieder, dem Jungen ist nur kalt!«, sagte ich zu meinem Vater, als wir bereits im Taxi zum Friedhof von Urumchi saßen.

Er widersprach nicht. »Ja, Mihrigul. Alles wird wieder gut werden«, wiederholte er.

7

»Dein Gott ist Xi Jinping!«

Zwischen Urumchi und Qarqan liegt die Taklamakan-Wüste, der »Ort ohne Wiederkehr«, wie sie bei uns heißt. Die 1200 Kilometer durch dieses Nichts aus Sanddünen und sengender Sommerhitze bis in unsere Heimatstadt Qarqan legten meine Eltern und ich zusammen mit den beiden Kindern im Bus zurück. Aber ich habe keinerlei Erinnerung mehr an diese Fahrt.

Ich weiß nur, dass ich die ganze Zeit die leere Decke im Arm hielt, in die Mohammed gehüllt war, bis mein Vater ihn mir weggenommen hatte, um meinen toten Sohn noch vor unserer Rückreise nach Qarqan für mich zu begraben. Nach islamischem Ritus hätte die Beerdigung eigentlich noch am Todestag stattfinden müssen. Aber wir vermuteten, dass das Baby schon längere Zeit tot war. Deshalb wollten wir es so schnell wie möglich bestatten.

Als Friedhof kam leider nur der sogenannte Flüchtlingsfriedhof von Urumchi infrage. Dort werden Leute begraben, die entweder nicht in Urumchi wohnen oder aber kein Geld für eine ordentliche Bestattung haben. Nur dort bekamen wir ein Grab zugeteilt. Noch schwieriger war es, einen Imam zu finden, der die Gebete am Grab sprach. Mein Vater klapperte diverse Moscheen ab, aber alle Geistlichen hatten Angst, sich die Finger an dieser Grabrede zu verbrennen, deshalb bekam er nur Absagen. Erst nach langem verzweifeltem Suchen erklärten sich zwei Imame gegen einen »Aufpreis« für umgerechnet 200 Euro dazu bereit.

Meine Tante riet mir, lieber im Auto sitzen zu bleiben, als sie, zusammen mit meinem Vater, das Baby ins Innere des Friedhofs trug. Und das tat ich auch. Als die Leute sahen, dass meine Eltern ein Baby beerdigen wollten, sprachen viele sie an und baten sie, Mohammed im Grab ihrer eigenen Angehörigen zu bestatten. In unserem Glauben heißt es, dass verstorbene Babys zu Engeln werden. Und wenn so ein Engel über einen Verstorbenen wacht, können sich daraus Vorteile ergeben: Die meisten hoffen, dass dies mögliche Höllenqualen lindern würde. Aber mein Vater schlug all diese Angebote aus, denn er kannte die Leute ja nicht. Und er wollte nicht, dass mein Sohn versehentlich mit einem Verbrecher in einem Grab lag.

Er bestattete ihn also auf seiner eigenen kleinen Parzelle. Die beiden Imame verlasen die entsprechenden Koran-Suren; keiner störte die Zeremonie. Dann schlossen sie Mohammeds weiße Augen und streuten Erde und frische Blumen auf meinen kleinen Engel. Ein Stein mit seinem Namen sowie seinem Geburts- und Todestag schmückt heute sein Grab. Außerdem hat mein Vater dort einen Kastanienbaum gepflanzt, der trotz der trockenen, staubigen Erde prächtig gedeiht. Später habe ich Fotos davon gesehen.

Aber an dem Tag selbst, als meine Eltern zurückkehrten, konnte ich überhaupt nicht begreifen, was passiert war. Ich klammerte mich nur verzweifelt an die Decke und tat so, als ob Mohammed immer noch darin läge. Als wir auf den Highway fuhren, schimpfte ich: »Nicht so schnell, das Baby wacht auf!«

Seitdem bin ich nicht mehr derselbe Mensch. Ich habe etwas zu Wertvolles in Urumchi zurückgelassen. Früher war ich ein Mensch, der das Leben liebte; ich hatte Zuversicht und Pläne. Heute bin ich eine Mutter, die ihren Sohn verloren hat.

Lange konnte ich nicht akzeptieren, dass mein Sohn gestorben war. Eigentlich kann ich es bis heute nicht. Wenn ich gefragt werde, wie viele Kinder ich habe, sage ich immer: drei. Und wenn sie Geburtstag haben, kaufe ich immer drei Geschenke. Die Geschenke für meinen Ältesten sammele ich in einem Karton und hebe sie auf. Zu den beiden Jüngeren sage ich: »Die sind für euren Bruder. Die übergeben wir ihm, wenn er zurückkommt.«

Natürlich weiß ich heute, dass Mohammed nicht mehr zurückkommt. Aber in den ersten Wochen nach seinem Tod wusste ich es nicht. Ich hatte vollkommen den Bezug zur Realität verloren. In unserer Wohnung in Qarqan saß ich stundenlang mit meiner Decke im Arm und tat so, als ob mein Baby darin schliefe. Ich sprach mit ihm, fütterte es und schnauzte meine Tante sogar an, wenn sie zu laut war. »Sei leise!«, zischte ich. »Siehst du nicht, dass Mohammed schläft?«

Anfangs warf sie mir nur mitleidige Blicke zu. Sie und mein Vater schienen überzeugt, dass ich durch den Tod des Kleinen den Verstand verloren hatte. Aber irgendwann wurde es meiner Tante zu viel. Da ich nur noch lethargisch herumsaß und Selbstgespräche führte, stemmte sie sich schließlich eines Tages energisch gegen meine trüben Fantasien. Sie nahm mir die Decke weg und beförderte sie demonstrativ in den Mülleimer vor unserem Haus.

Wie von der Tarantel gestochen rannte ich aus der Tür. »Mein Baby!«, schrie ich. »Du hast mein Baby weggeworfen!«

Ich versuchte, meine kostbare Decke aus dem Müll zu ziehen. Aber sie stellte sich mir in den Weg und verpasste mir sogar eine Ohrfeige.

»Wach auf!«, schrie sie mich an. »Das ist kein Kind, das ist nur eine Decke. Akzeptiere endlich, dass dein Sohn Mohammed tot ist.«

»Gib mir die Decke sofort wieder!«

»Nein, die bleibt im Müll«, beharrte sie. »Und du gehst jetzt hinauf und kümmerst dich um deine beiden anderen Kinder. Das kann ich nämlich nicht mehr allein.«

Meine Tante war auch deshalb strenger und ungeduldiger mit mir als mein Vater, weil sie, solange ich ausfiel, die Hauptarbeit mit den Kindern hatte. »Deine Kinder brauchen dich«, redete sie mir ins Gewissen. »Sie brauchen eine Mutter, die für sie sorgt. Keine Irre.«

Nach dieser Episode versuchte ich, mich zusammenzureißen. Denn selbst wenn ich meiner Tante oft widersprach, so war mir tief im Innern klar, dass sie mit ihren Vorwürfen recht hatte. Ich glaube, der Hauptgrund für meine Weigerung, Mohammeds Tod zu akzeptieren, waren meine Schuldgefühle: Ich hatte das Gefühl, als Mutter versagt zu haben. Ich war diejenige, die ihn in Gefahr gebracht hatte, ich war nicht fähig gewesen, ihn zu beschützen. Und um mich diesen qualvollen Gedanken nicht aussetzen zu müssen, flüchtete ich mich in Fantasien.

Natürlich hatte ich auch gegenüber meinen beiden anderen Kindern eine Verpflichtung. Und indem meine Tante mich so nachdrücklich an sie erinnerte, traf sie einen Nerv in mir: Es wäre unverzeihlich, wenn ich Elena und Moez gegenüber auch versagen würde, wenn ich nur aus Schmerz über mein vorheriges Versagen weiterhin in einem Raum jenseits der Realität verharren wollte. Die beiden Kinder brauchten dringend meine Zuwendung und Liebe, und ich durfte sie nicht auch noch im Stich lassen. »Mach es diesmal zumindest besser«, sagte ich mir deshalb. »Versündige dich kein zweites Mal.«

Mit dieser Haltung gelang es mir langsam, mich aus meiner Schockstarre zu lösen und in meiner neuen Wirklichkeit anzukommen, einer skurrilen Wirklichkeit. Ich lebte in der Dreizimmerwohnung, die meine Eltern im Erdgeschoss eines vierstöckigen Gebäudes gemietet hatten. Bis zu meiner Ankunft hatten mein Bruder Ekper und seine Frau dort gelebt, nachdem meine jüngere Schwester Mihriban zum Studium in die weit entfernte Provinz Guangdong gezogen war. Aber als ich mit den Kindern kam, wurde es zu eng für alle. Deshalb zogen mein Bruder und dessen Frau zu deren Eltern, während meine Eltern mir und meinen Kindern das zweite Schlafzimmer überließen.

Bei meiner Ankunft mit den Kindern gab es allerdings kein großes Familientreffen oder dergleichen, wie es bei uns normalerweise üblich ist. Besonders, wenn eine Familie Zuwachs bekam, feierten wir früher ein großes Namensgebungsfest. Im Dorf meiner Großmutter war ich selbst als Kind auf etlichen solchen Festen eingeladen gewesen. Deshalb war ich wie selbstverständlich davon ausgegangen, dass meine Eltern auch die Geburt meiner Kinder auf diese Weise begehen würden. Aber ich musste feststellen, dass sich in den Jahren meiner Abwesenheit fast alles in meiner Heimat verändert hatte: Die Leute vermieden es, sich in größeren Gruppen zu treffen, weil sie befürchteten, dass einer der Anwesenden gerade Probleme mit den Behörden hatte, für die dann auch die anderen zur Verantwortung gezogen würden. In meinem Fall war die Lage besonders prekär: Meine zahlreichen Onkel und Tanten, Cousins und Cousinen, Nichten und Neffen mieden mich. Sie hatten natürlich gehört, dass ich geradewegs aus dem Gefängnis gekommen war und unter polizeilicher Beobachtung stand. Und um solche Leute machte man lieber einen Bogen. Deshalb besuchte uns auch niemand daheim.

Ich lebte also sehr isoliert in Qarqan. Außer mit meinen Eltern sprach ich nur mit den Polizisten, die nach meiner Ankunft meinen »Fall« übernahmen und meinen Hausarrest überwachten. Diese Beamten kamen häufig zu uns nach Hause, um mich zu befragen. Immer wieder wollten sie dieselben Dinge wissen: Warum ich in Urumchi verhaftet worden war und welche Verbrechen mir vorgeworfen wurden. Sie gaben mir auch ein Huawei-Handy, das sich nicht ausschalten ließ. Damit konnten sie mich stets orten und belauschen. Alles, was ich mit oder in Gegenwart dieses Apparates tat, wurde mitgeschnitten – und diente beim nächsten Verhör als Grundlage für weitere Fragen. Telefonieren durfte ich damit nur mit meinen Eltern. Außerdem musste ich mit diesem Handy die ständigen Kontrollanrufe der Polizei beantworten. Und sämtliche Aktivitäten im Internet waren mir streng untersagt.

Obwohl ich aus dem Gefängnis offiziell entlassen worden und formal »frei« war, besaß ich unter diesen Bedingungen keine Möglichkeit, meine Situation der Außenwelt mitzuteilen. Weder mit anderen Menschen in der Stadt noch mit Freunden außerhalb Xinjiangs konnte ich kommunizieren, auch nicht mit meinem ausländischen Ehemann. Selbst wenn ich ignoriert hätte, dass mein neues Handy einzig dem Zweck meiner Überwachung diente, hätte ich nicht gewusst, wie ich Mahmud damit kontaktieren könnte. Denn seine Nummer hatte ich nur in meinem ägyptischen Handy gespeichert. Und da wir bislang ausschließlich über Telefon und Chat miteinander korrespondiert hatten, kannte ich auch keine E-Mail-Adresse von ihm.

Seit unserer Trennung am Flughafen von Peking war es mir nicht gelungen, mit ihm zu sprechen und ihn über meine Lage zu informieren. Er wusste also weder von meiner Verhaftung noch, dass ich zwei Monate lang im Gefängnis gesessen hatte. Vielleicht dachte er, ich sei nach meiner Ankunft in Urumchi wie geplant zu meinen Eltern gefahren – und habe dann nichts mehr von mir hören lassen. Glaubte er vielleicht sogar, ich hätte unter dem Druck meiner Familie meine Meinung geändert und ihn verlassen? Wie viel Male hatte er wohl versucht, auf meinem ägyptischen Handy anzurufen, das die Beamten konfisziert hatten? Und was dachte er von mir? Wenn er glaubte, ich habe mich aus freien Stücken dazu entschlossen, mit den Kindern in China zu bleiben und ihn nicht einmal davon in Kenntnis zu setzen, hielt er mich wohl für eine Verräterin. Das vermutete ich zumindest. Dass er in der chinesischen Botschaft in Kairo gegen Mauern rannte, um endlich ein neues Einreisevisum zu bekommen, wusste ich damals ja nicht.

Ich hatte daher unglaubliche Schuldgefühle gegenüber Mahmud. Er war so ein gutherziger, verantwortungsvoller Mann, der immer zu mir gestanden hatte, wenn es darauf ankam. Und ich? Ich war eine Totalversagerin als Ehefrau. Ich hatte ihm bislang nichts außer Problemen gebracht. Was mich jedoch am allermeisten belastete, war der Gedanke daran, dass ich ihm noch etwas zu beichten hatte, etwas ebenso Unaussprechliches wie Unverzeihliches: Nicht einmal von dem Tod unseres Sohnes hatte ich Mahmud informieren können.

Mit meinen Eltern sprach ich nie über diese Dinge. Da wir ständig belauscht wurden, redeten wir nur über unverfängliche Themen wie das Essen oder das Wetter – oder schwiegen uns nur an. Auch sie hatten Huawei-Handys bekommen, die sie ständig bei sich führen mussten. Und so lebten sie genauso wie ich in ständiger Furcht, bei etwas ertappt zu werden, das der Polizei verdächtig erschien.

Mein Vater, der als Busfahrer arbeitete, wurde ständig gefilmt, wenn er sich auf der Straße bewegte. Denn überall in der Stadt hingen Kameras: an jeder Straßenecke, auf jeder Kreuzung und an jedem öffentlichen Platz. Deshalb verzichtete er jetzt beispielsweise darauf, freitags zur Moschee zu gehen, wie er es sonst immer regelmäßig getan hatte. Als ich ihn darauf ansprach, druckste er herum und deutete auf sein Handy. Da verstand ich: Auch er fürchtete, er würde sich in Schwierigkeiten bringen, wenn die Sicherheitskräfte sein Gebet mithörten – oder die Kameras seinen Besuch in der Moschee aufzeichneten.

Diese Kameras waren mit einer sensiblen Gesichtserkennungssoftware ausgestattet, die auch Emotionen lesen konnte. Sie registrierten nicht nur, wer wohin ging und wer welches Gebäude betrat, sondern auch, ob die Gesichter von Passanten sorgenvoll oder gelöst wirkten. Sorgenvolle Gesichter galten den Behörden als suspekt. Wie ich später erfuhr, funktionierte die Kategorisierung der uigurischen Einwohner von Xinjiang nach einem Punktesystem, in dem nur die volle Punktzahl ein von der Polizei unbehelligtes Dasein garantierte. Punktabzüge gab es für »Delikte« wie Moschee-Besuche, für Gebete, für das Lesen des Korans, für das Tragen traditioneller Kleidung, für Auslandsreisen oder für eine große Anzahl an Kindern. All das galt in den Augen der Behörden als verdächtig und forderte sie zu weiteren Nachforschungen heraus.

Meinem Vater etwa geriet seine Kleidung zum Verhängnis. Da er keine Haare mehr auf dem Kopf hatte, trug er damals gerne uigurische Mützen mit bunten Stickereien. Er hatte eine ganze Batterie von ihnen zu Hause und wechselte sie jeden Tag, sodass sie zu seinem jeweiligen Outfit passten. Doch schon bald, nachdem ich bei meinen Eltern eingezogen war, wurden diese Hüte verboten. Sowohl ihr Besitz als auch das Tragen waren untersagt.

Eines Tages klopfte es bei uns, und ein chinesischer sowie ein uigurischer Polizist standen vor unserer Tür. Zunächst dachte ich, es ginge wie sonst immer um mich. Aber sie verlangten, mit meinem Vater zu sprechen. »Der arbeitet gerade«, sagte ich wahrheitsgemäß.

»Ist das Ihr Vater?«, fragte mich der Uigure und zeigte mir ein Bild von ihm, das ihn hinter einem großen Steuer mit einer bunt bestickten Kopfbedeckung zeigte. Ich glaubte, sie stammte noch aus der Zeit, in der die Mützen nicht verboten gewesen waren und mein Vater sie getragen hatte. Bestimmt hatten ihn dabei viele Kameras registriert. Es war zwecklos, es abzustreiten.

»Ja, das ist er«, antwortete ich.

Die Polizisten nickten sich zu. »Dann müssen wir die Wohnung durchsuchen.«

Mein Herz rutschte mir in die Kniekehlen. Denn ich wusste genau, was sie suchten. Und ich ahnte auch, dass sie fündig werden würden. »Gerne, schauen Sie sich nur um«, hörte ich mich sagen, während ich fieberhaft überlegte, wie ich sie von Vaters Kleiderschrank fernhalten könnte. Aber mir fiel nichts ein.

Wie in Trance sah ich deshalb zu, wie sie sich unsere Wohnung vornahmen. Sie starteten im Flur und gingen systematisch Zimmer für Zimmer durch. Bereits im Wohnzimmer stießen sie auf einige Instrumente, die bei uns auf traditionellen Festen im Dorf gespielt wurden. Mein Vater war selbst kein großer Musiker. Aber er besaß eine Rawap, eine Art Laute, und eine Kushtar, ein geigenähnliches Instrument mit Bogen, die früher mal seinem Großvater gehört hatten. Als alte Familienstücke hatten sie für ihn einen großen, nostalgischen Wert.

Die Beamten rissen sowohl die Rawap als auch die Kushtar von den Haken, mit den sie mein Vater an der Wand befestigt hatte. Sie donnerten die beiden Instrumente auf den Boden. Das Holz splitterte. In diesem Augenblick kam mein Vater nach Hause und stürzte ins Wohnzimmer. »Was ist hier los?«, rief er und starrte erschrocken auf die zerstörten Instrumente.

»Was hier los ist?«, äffte ihn einer der uigurischen Beamten nach. »Das sollten wir wohl lieber Sie fragen!«

Erst jetzt schien mein Vater die Situation zu begreifen. »Das sind Erbstücke ...«, stammelte er.

»Der Besitz solcher Instrumente ist verboten! Sie hätten sich auf der Wache melden und Sie abgeben müssen«, klärte ihn der Beamte auf. »Wir haben schon registriert, dass sich ihr Haushalt an keiner der Sammelaktionen in der Nachbarschaft beteiligt hat.«

Nach dem Gesetz hatte jeder Haushalt die Verpflichtung, traditionelle Instrumente und Kleidungsstücke bei einer zentralen Sammelstelle abzugeben, wo sie vernichtet wurden. Mein Vater hatte das jedoch nicht übers Herz gebracht. Er hatte sich darauf beschränkt, diese Stücke ins Innere unserer Wohnung zu verbannen – und nicht damit gerechnet, dass man uns dort kontrollieren würde. Jetzt schwieg er betroffen.

Unterdessen setzten die beiden Polizisten ihre Durchsuchung mit ungeminderter Energie fort. Sie öffneten sämtliche Schränke, zogen alle Schubladen auf und schauten sogar unter die Betten, ob wir dort etwas versteckt hätten. Und sie wurden fündig! Am Ende ihres Raubzuges türmte sich ein beachtlicher Berg an traditionellen Hemden und Mützen neben den zerstörten Instrumenten auf dem Boden unseres Wohnzimmers. Und sogar einen altertümlichen Koran zogen sie noch aus dem obersten Fach von Vaters Kleiderschrank hervor.

»Da sieh mal einer an«, mokierten sie sich über ihn, »dass es verboten ist, den Koran zu Hause liegen zu haben, hast du wohl ebenfalls nicht gewusst!«

Mein Vater wurde immer kleinlauter. Sie konfiszierten sämtliche Instrumente und Kleidungsstücke, die ihm viel bedeutet hatten. Meinen Vater selbst nahmen sie mit auf die Wache, um ihn zu verhören. Und wir zitterten um ihn. Denn natürlich befürchteten ich und meine Tante, er könne nun ebenfalls im Gefängnis landen. Und dann würden wir rasch in Not geraten, denn er war der Einzige von uns fünf, der momentan Arbeit hatte und Geld verdiente. Mir war es verboten zu arbeiten. Und meine Tante konnte nicht, da sie Probleme mit ihrer Niere hatte, die eine Behandlung an der Dialyse erforderten. Wie sollten wir in Zukunft unsere Rechnungen bezahlen, wenn mein Vater nicht mehr wiederkam?

Doch er kam zum Glück wieder. Am nächsten Morgen kehrte er in Begleitung eines chinesischen Beamten in schwarzer Uniform zurück. Er verlor kein Wort darüber, wie man ihn behandelt hatte. Und wir fragten ihn nicht. Wir wussten ja, dass das nur weiteren Ärger brachte. Deshalb schwiegen wir und taten, als ob nichts geschehen sei.

Der chinesische Beamte jedoch wollte partout nicht mehr gehen. Er installierte sich in unserem Wohnzimmer – und blieb dort. Nun hatten wir zusätzlich zu unseren Handys und den Kameras auf den Straßen noch eine weitere Instanz, die uns Tag und Nacht beobachtete: Hemmungslos filmte dieser fremde Mann unser Familienleben. Egal, ob ich meine Kinder versorgte oder meiner Tante in der Küche half: Ständig platzte er herein und machte Videoaufnahmen von uns.

Auf diese Weise erzeugte er eine Atmosphäre, in der ich mich gläsern fühlte. Fast wie im Gefängnis, in dem auch den ganzen Tag lang Kameras auf mich gerichtet gewesen waren, widerfuhr mir nun dasselbe in den eigenen vier Wänden. Da ich unter Hausarrest stand, durfte ich die Wohnung ja eigentlich nicht verlassen. Allerdings konnte ich um Ausnahmegenehmigungen bitten, etwa, um auf dem Markt einzukaufen oder um mit meinen Kindern ins Krankenhaus zu fahren. Denn sie brauchten nach wie vor medizinische Unterstützung. Gab die Zentrale grünes Licht für den geplanten Ausflug, so begleitete mich dieser Mann.

Er lief stets ein paar Schritte hinter mir und verfolgte mich mit seiner Kamera. Gespräche führten wir beide nicht. Aber über sein Mobiltelefon unterrichtete er die Zentrale stets live darüber, was ich gerade tat oder vorhatte zu tun. Selbst wenn ich eine Unterredung mit den Ärzten hatte, verlangte er, mitzukommen und zuzuhören.

»Selbstverständlich, kommen Sie nur rein!«, beteuerte der Kinderarzt im Krankenhaus von Qarqan, als mein Schatten mit mir ins Behandlungszimmer treten wollte. »Wir haben ja keine Geheimnisse vor Ihnen!« Auch der Arzt kannte die Regeln.

Er untersuchte die Augen meiner Tochter, die stark schielte, und empfahl eine Operation. »Wenn Sie früh genug eingreifen, können Sie diese Fehlstellung korrigieren«, sagte er.

Ich nickte. »Das würde ich gerne versuchen.«

Ich bat ihn um einen Kostenvoranschlag, denn ich hatte große Zweifel, ob ich mir die Behandlung leisten könnte. Meine Kinder besaßen – im Gegensatz zu chinesischen Staatsbürgern – keine Krankenversicherung, die einen Großteil der medizinischen Ausgaben trägt. Wie Ausländer mussten wir als Uiguren alles aus eigener Tasche bezahlen. Deshalb hatte mir bereits die Klinik in Urumchi eine satte Rechnung überreicht: 85.000 Yuan, umgerechnet knapp 10.000 Euro, sollte ich für die »Behandlung« meiner Kinder dort bezahlen. Ich empfand das als unglaublichen Hohn: Nicht nur töteten sie dort meinen Erstgeborenen, nein, sie verlangten auch noch Geld dafür. Nun trug ich einen Schuldschein in der Tasche und hatte keine Ahnung, wie ich ihn je begleichen sollte. Und deshalb war auch jede erneute Behandlung der Kinder finanziell äußerst schwierig.

Schließlich untersuchte der Arzt meinen Sohn, dessen Kopf viel zu groß war. Er konnte mir keine schlüssige Erklärung dafür liefern. Außerdem berichtete ich ihm, dass das Kind kurzatmig war und oft hustete. »Wahrscheinlich sind seine Lungen zu klein geraten und er braucht mehr Sauerstoff«, sagte der Arzt und horchte ihn mit einem Stethoskop ab. Schließlich diagnostizierte er eine bronchopulmonale Dysplasie und empfahl mir, ihn alle vier Tage ins Krankenhaus zu bringen, um ihn mit Sauerstoff behandeln zu lassen. Dies sei insbesondere für die weitere Entwicklung seines Gehirns wichtig.

Ich sah ihn erschrocken an. Wollte er sagen, dass mein Kind debil würde, wenn ich ihm nicht diese Behandlung verschaffte? »Was kostet das?«, fragte ich ihn hektisch.

Er nannte mir den Preis. Ich schluckte. Nun war ich mir sicher, dass wir nicht nur Vaters Auto, sondern auch Menzires Goldschmuck verkaufen mussten, um all unsere medizinischen Ausgaben zu begleichen.

»Und wie bekommt man diese Krankheit, Herr Doktor?«, fragte ich ihn beim Rausgehen.

Er druckste herum. »Bei Frühgeburten ist das nicht unbedingt ungewöhnlich«, sagte er.

»Aber die Kinder waren doch völlig gesund, als sie auf die Welt kamen!«

»Ja, aber offenbar sind sie während ihrer äh … Trennung künstlich ernährt und beatmet worden …« Er warf einen nervösen Blick auf meinen Beschatter, der schon wieder seine Kamera auf uns gerichtet hatte. »Und da kann sich schon mal etwas … entzünden in der Lunge.«

»Durch die Geräte?«

»Das lässt sich jetzt im Nachhinein schwer nachvollziehen«, würgte er mich ab und drehte seinen Kopf aus dem Video, das der Beamte von uns anfertigte. »Jedenfalls würde ich Ihnen die Behandlung sehr ans Herz legen.«

Mit diesen Worten komplimentierte er mich hinaus. Während des Rückwegs, den ich mit den beiden Kindern auf dem Arm zu Fuß zurücklegte, kalkulierte ich ununterbrochen, wie mein Vater und ich die astronomische Summe für die Begleichung meiner Schulden in Urumchi, für die Behandlung meiner Tante, für die empfohlene Augenoperation bei Elena und für die Sauerstoff-Sitzungen meines Sohnes zusammenkratzen könnten. Wahrscheinlich würden wir unsere Verwandten anbetteln und überzeugen müssen, etwas von ihrem Land zu verkaufen, damit sie uns das Geld liehen.

Die finanzielle Situation unserer Familie war schon ohne diese zusätzliche Belastung prekär: Da das Milchpulver für die Kinder so teuer war, kaufte ich oft lieber Mehl und löste es in Wasser auf, um sie auf diese Weise satt zu bekommen. Natürlich wusste ich, dass diese Ernährung nicht sonderlich gesund war. Doch selbst Windeln konnte ich mir angesichts des schmalen Geldbeutels meines Vaters nicht leisten. Ich wickelte die Kinder deshalb in Baumwollstoff, der sich auswaschen ließ. Das war sehr beschwerlich, da ich die Windeln ununterbrochen reinigen musste, aber anders ging es nicht.

Erneut sehnte ich mich danach, Mahmud auf irgendeine Weise zu erreichen, damit er mich unterstützte. Ich glaubte sicher, dass er das für seine Kinder tun würde, egal, was er über mich dachte. Aber es war, als hätte die Polizei einen unsichtbaren Bannkreis um mich gezogen, sie hatte mich erfolgreich vom Rest der Welt abgeschnitten. Im Grunde genommen befand ich mich während der gesamten Zeit, die ich bei meinen Eltern verbrachte, ebenfalls in Gefangenschaft, nur vor einer anderen Kulisse und unter etwas erträglicheren Bedingungen als in meiner Gefängniszelle. Der einzige Trost, den ich in dieser grauen Zeit fand, waren der Anblick und das Lächeln meiner beiden Babys Moez und Elena, die trotz aller Widrigkeiten langsam größer und stärker wurden.

Im April 2017 änderte sich das drastisch. Obwohl ich peinlichst darauf achtete, sämtliche Regeln einzuhalten, und mir nichts zuschulden kommen ließ, stürmten an diesem Tag vier Polizisten mit Hunden in unsere Wohnung. Mit einem lauten Knall traten sie die Tür auf, während wir alle noch in den Betten lagen. Meine beiden Kinder, die mittlerweile knapp zwei Jahre alt waren, lagen neben mir. Sie bekamen große Angst, als die Männer plötzlich um unser Bett standen und ihre Hunde uns anbellten. Erschrocken fingen sie an zu schreien.

Die Polizisten erklärten mir, dass ich festgenommen sei. Unter den furchtvollen Blicken meiner Kinder und meines Vaters, der ebenfalls in meinen Schlafraum gestürzt war, legten sie mir Handschellen an. »Mitkommen«, hieß es.

Ich war völlig perplex. »Aber … warum?«, stotterte ich.

»Keine Fragen«, schnauzte einer der Polizisten. »Das besprechen wir auf der Wache.«

Ich erwartete schon, dass sie mir wieder den Mund zukleben und mir einen Sack über den Kopf stülpen würden. Aber darauf verzichteten sie diesmal. Unsere Nachbarn hatten ohnehin alles mitgehört – und sollten es wohl auch hören. Und jeder wusste auch, wohin es ging.

In einem Transporter brachten sie mich ins Polizeihauptquartier von Qarqan, einem großen grauen Verwaltungsgebäude. Auf dem Hof waren dort bereits viele andere Uiguren in Handschellen eingetroffen, die die Polizisten ins Innere führten. Es handelte sich um eine zweite Säuberungswelle, bei der sämtliche »verdächtige Personen«, die bereits zuvor ins Visier der Behörden geraten waren, abermals festgesetzt wurden. Jeder »Fall«, hieß es, werde neu aufgerollt.

Die Beamten packten mich unsanft bei den Handschellen und schleiften mich in einen unterirdischen Verhörraum, der wie der in Urumchi keine Fenster hatte. In diesem Raum brannte grelles, weißes Licht, und an den Wänden hingen allerlei

Furcht einflößende Instrumente. Es waren Folterinstrumente. Ich wusste sofort, dass sie dazu dienten, mir und anderen Gefangenen Schmerzen zuzufügen. Auch wenn ich nicht genau verstand, wie sie funktionierten, sah ich das sofort – und ich fürchtete mich schrecklich vor dem, was mir bevorstand.

Die Polizisten schnallten mich auf die sogenannte Tigerbank. Das ist eine sehr schmale Bank, auf der man mit gestreckten Beinen sitzen muss. Meine Beine lagen also gerade und parallel zum Boden auf der Bank, während sie meine Hände hinter der Rückenlehne fesselten, sodass auch mein Oberkörper sehr gestreckt wurde. Das ist eine sehr unbequeme, unnatürliche Haltung. Anfangs geht es noch. Aber bereits nach kurzer Zeit verspürt man starke Schmerzen in den Gliedmaßen und überstreckten Gelenken.

In dieser Position begannen die Polizisten, mich zu verhören. Diesmal waren es zwei Uiguren und ein Chinese in grüner Uniform, die im Halbkreis um mich herumstanden. Der Chinese, der das Verhör leitete, hatte einen Stapel mit Unterlagen: sämtliche Aufzeichnungen und Protokolle, die die Polizei in den vergangenen Jahren erstellt hatten, standen ihm zur Verfügung. Er wusste also ohnehin alles über mich. Aber das hielt ihn nicht davon ab, wieder und wieder dieselben Fragen zu stellen, simple Fragen: »Wo bist du geboren? Wie alt bist du? Wo bist du zur Schule gegangen? Bist du Muslima? Warum hast du im Ausland studiert?«

Anfangs konnte ich mich noch halbwegs gut konzentrieren. Aber irgendwann machten mich die ständigen Wiederholungen und die schrecklich unbequeme Haltung mürbe. Erschöpft begann ich, auf dem Stuhl herumzurutschen. Da kassierte ich eine Ohrfeige, und die Beamten zurrten die Gurte noch fester, sodass ich keinerlei Bewegungsspielraum mehr hatte. Außerdem schoben sie mir ein Brett unter die Füße, um die Dehnung zu erhören. Das schmerzte entsetzlich.

Unterdessen fuhren sie permanent mit dem Verhör fort. Die helle Lampe brannte in meinen Augen, und ich antwortete wie ein Roboter auf ihre Fragen. Wieder und wieder gab ich ihnen dieselben Antworten. Aber je länger das Verhör andauerte, desto müder und verwirrter wurde ich. Auch mein Körpergefühl ging mir völlig verloren: Irgendwann konnte ich meine Hände und Füße nicht mehr spüren. Und dann bin ich vor lauter Erschöpfung wohl eingenickt. Jedenfalls erschrak ich fürchterlich, als mir jemand mit voller Wucht mit der Hand auf den Hinterkopf schlug.

»Du darfst nicht schlafen«, brüllten mich die Polizisten an. Aber es waren nicht mehr die, die mich anfangs verhört hatten. Es waren andere, die dieselben Uniformen trugen und dieselben Fragen stellten. Und sie hatten Hunde bei sich, die bedrohlich bellten. Das verwirrte mich schrecklich. Auch meine Antworten wurden immer wirrer, und ich verhaspelte mich, obwohl es lauter Dinge waren, die ich schon tausend Mal erzählt hatte. Wenn das passierte, bespuckten und ohrfeigten sie mich. Mein rechtes Ohr wurde davon taub. »Siehst du, du widersprichst dir, du willst uns hinters Licht führen«, behaupteten sie. »Sag uns gefälligst die Wahrheit!«

Als ich ein zweites Mal einschlief, kippten sie mir einen Eimer Wasser ins Gesicht. Gierig leckte ich mit der Zunge das Wasser, denn ich hatte seit vielen Stunden nichts zu trinken bekommen und war unglaublich durstig. Da schlugen sie mich erneut ins Gesicht, sodass ich ganz benommen wurde und auf dem rechten Ohr nichts mehr hören konnte. Ich registrierte noch, dass jetzt andere Gefangene mit mir in dem Raum waren, die ebenfalls gefoltert wurden. Dann verlor ich erneut das Bewusstsein. Mein Körper verlangte so sehr nach Pause, aber sie ließen mich keine Sekunde lang in Ruhe und schlugen mich immer wieder, wenn mir die Augen zufielen. »Allah, lass mich sterben!«, flehte ich im Geist, sprach es aber nicht aus.

Schließlich befahlen mir die Männer, den Mund zu öffnen, und der Chinese quetschte eine Tablette hinein. Ich bekam Panik. Was war das? Wollte er mich damit etwa umbringen? Verzweifelt versuchte ich, sie wieder auszuspucken. Aber der Chinese zog mit einem geübten Griff mein Kinn nach oben, und ein anderer Polizist kippte ein Glas Wasser in meinen Mund. Das löste einen Schluckreflex aus. Und schon war die Tablette unten.

Ihre Wirkung spürte ich sofort: Es war eine Tablette, die mich innerlich ganz ruhig machte. Plötzlich verspürte ich keine Angst mehr. Dass die Polizisten, die um mich herumstanden, mir die Asche ihrer Zigaretten ins Gesicht schnippten, erschien mir kaum mehr bedrohlich. Ihre Hunde bellten. Na und? Was ging das mich an? Sie beobachten meine Reaktion, leuchteten mit einer Taschenlampe in meine Augen und begannen dann erneut mit ihrem Verhör.

»Hast du Kontakte ins Ausland? Bist du Muslima? Bist du eine Terroristin? Betest du?«, fragten sie. Und dann noch konkreter: »Hast du seit deinem Gefängnisaufenthalt in Urumchi zu Hause bei denen Eltern gebetet? Gib es zu!«

»Ja, ich bin Muslima, und ich bete«, sagte ich, weil ich unter dem Einfluss der Tablette nicht mehr die Notwendigkeit sah, meine Religion vor ihnen zu verbergen. Außerdem wussten sie sowieso alles über mich. Und ja, ich hatte daheim gebetet und Gott um Hilfe für meine gesundheitlich geplagten Kinder angefleht. Es war völlig sinnlos, das abzustreiten. Indem ich es zugab, fühlte ich mich ihnen auf kuriose Weise überlegen. Zumindest, solange die Tablette wirkte. »Mein Gott ist stärker als ihr«, sagte ich unbedacht.

Da wurden sie sehr, sehr wütend. »Ach, ja?«, rief der Chinese erbost. »Das wollen wir doch mal sehen! Dann ruf doch deinen Gott zu Hilfe, wenn er so stark ist …«

Die anderen lachten.

»Allah! Lass mich sterben!«, rief ich jetzt laut, was ich die ganze Zeit über bereits im Stillen gedacht hatte. Ich konnte das Martyrium im Folterkeller, das nun bereits tagelang andauerte, nicht mehr länger ertragen. »Bitte, bitte töte mich!«

Ich erwartete tatsächlich, dass Gott intervenieren und mir vielleicht zumindest das Bewusstsein rauben würde. Aber nichts dergleichen geschah. Nur der Chinese wurde immer wütender. »Deine Religion ist die Kommunistische Partei und dein Gott Xi Jinping«, schrie er mich an. »Hast du das immer noch nicht gelernt? Nach all dem Unterricht, den du bekommen hast?« Damit meinte er vermutlich meinen vorangegangenen Gefängnisaufenthalt. »Wiederhole: Meine Religion ist die Kommunistische Partei und mein Gott Xi Jinping.«

Ich erkannte den Spruch aus dem Gehirnwäsche-Programm im Gefängnis von Urumchi. Und ich hasste ihn. Ich hasste alle Chinesen. Vehement schüttelte ich den Kopf. »Gott soll dich bestrafen! Er soll euch alle bestrafen!«, brüllte ich die Männer an.

Der Chinese verzog erneut wütend sein Gesicht. Er gab seinen uigurischen Kollegen einen Befehl – und sie setzten mir eine Art Helm auf den Kopf, aus dem an der Seite Kabel hingen, über die sie mithilfe einer Fernsteuerung Strom in die Vorrichtung jagen konnten. Auch an den Händen und Füßen befestigen sie mir Elektroden. Ich ahnte, was folgen sollte.

»So, jetzt wollen wir doch mal sehen, wer hier wen bestraft! Jetzt werden wir dich bestrafen, nicht umgekehrt«, kündigte der Chinese grimmig an.

Er hatte nicht zu viel versprochen. Schon durchzuckte meinen Körper vom Kopf her ein Schlag. Durchfuhr mich von oben bis unten mit einem höllischen Schmerz und raubte mir einen Moment lang den Atem. Die Männer sahen zu, wie ich zuckte. Dann verpassten sie mir einen neuen Schlag, der noch etwas stärker als der erste war und mich wie ein Peitschenhieb durchfuhr. Ich winselte vor Schmerzen. »Töte mich! Allah, töte mich!«, weinte ich. Aber dadurch fühlten sie sich nur noch mehr provoziert und verpassten mir immer mehr Schläge.

»Meine Religion ist die Kommunistische Partei und mein Gott Xi Jinping, wiederhole es!«, forderte der Chinese wie besessen.

Aber ich hatte nach alldem kaum die Kraft mehr zu antworten. Mühsam stammelte ich irgendetwas. »Das war noch nicht deutlich genug!«, kritisierte er und verpasste mir einen weiteren Schlag. Nie war es genug. Die drei Polizisten folterten mich mit Stromschlägen, bis ich das Bewusstsein verlor.

Als ich erwachte, kniete ein Mann im Arztkittel neben mir und fühlte meinen Puls. Ich befand mich auf einer hell erleuchteten Krankenstation »Sie ist wach«, sagte er zu dem Polizisten, der neben ihm stand.

Ich lag ausgestreckt, aber mit Fesseln an den Händen auf einer Pritsche. In unmittelbarer Nähe sah ich eine andere Frau mit denselben Striemen wie ich am Körper, sodass ich davon ausging, dass auch sie an den Tigerstuhl gefesselt worden war. Mehrere uniformierte Polizisten und Polizistinnen waren mit uns in dem Raum.

Eine Krankenschwester zog mir meine Kleidung aus, damit der Arzt mich untersuchen konnte. Er betrachtete die Striemen an meinem Körper, klopfte meine Organe ab, entnahm eine Blutprobe, schaute mir in den Hals und forderte mich auf, in ein Stethoskop zu atmen. Ich war völlig ausgepowert und willenlos und ließ alles über mich ergehen.

Doch dann befahl der Arzt mir, die Beine zu spreizen. Ich zögerte. Schon traten zwei Polizisten auf mich zu und zogen mir meine Beine gewaltsam auseinander. Sie fixierten meine Beine an den Beinen der Pritsche, sodass der Arzt sich von unten problemlos meiner Scham nähern konnte. Und das tat er. Er hielt eine Art Zange in der Hand. Jetzt spürte ich plötzlich Panik in mir aufsteigen – und meine Schwäche war wie weggepustet. Ich versuchte, um mich zu schlagen. Aber ich konnte mich nicht bewegen, denn die Polizisten hatten mich sowohl an den Hand- als auch an den Fußgelenken festgeschnallt und hielten jetzt auch noch meinen Unterleib fest.

Der Arzt öffnete meine Scheide mit irgendeinem Metallinstrument und presste unbarmherzig meine Schamlippen auseinander. Ich schrie. Dann durchfuhr mich ein stechender Schmerz. Ich weiß nicht, was der Arzt dort gemacht hat, aber es fühlte sich an, als ob er etwas herausgerissen oder durchtrennt hätte – und das ohne Narkose: Es tat höllisch weh.

Danach lösten die Polizisten meine Fesseln. »Aufstehen«, befahlen sie.

Aber dazu war ich erst mal nicht in der Lage. Die Schmerzen waren zu stark, und die Beine sackten mir sofort weg, sobald ich es versuchte. Ich sah auch, dass ich aus dem Unterleib blutete. Aber das interessierte weder den Arzt noch die Krankenschwester, die mich behandelt hatten.

Die Polizisten stützten mich zu beiden Seiten, weil ich mich allein nicht aufrecht halten konnte. Sie gaben mir auch meine Hose und mein T-Shirt zurück und halfen mir, mich anzuziehen. Kaum war das geschehen, stülpten sie mir erneut einen schwarzen Sack über den Kopf. Dann verfrachteten sie mich zusammen mit drei weiteren Gefangenen in einen Transporter, der auf dem Hof bereitstand.

Wir fuhren nicht weit. Damals konnte ich nicht sehen, wohin sie uns brachten. Aber heute weiß ich, dass das neue Lager nur vier Kilometer von der Wohnung meiner Eltern entfernt lag. Offenbar wussten sie auch, dass ich mich dort aufhielt – oder erfuhren es zumindest später. Denn sie berichteten mir hinterher, sie hätten bisweilen Speisen dorthin gebracht.

Dieses neue Lager war ein gigantischer Komplex, um den die Einwohner Qarqans normalerweise einen Bogen machten, um nicht selbst dort zu landen. Von außen sah man fast nichts davon, da das Gelände von einer hohen Mauer und Stacheldraht abgeschirmt wurde. Dahinter verbarg sich ein riesiges, mehrstöckiges Gebäude mit einer L-Form. Der Haupteingang, die Gefängnisleitung und die zentralisierte Überwachung des Komplexes befanden sich im Knick dieses L, während sich die Zellen für die Gefängnisinsassen in die Längen zu beiden Seiten erstreckten. Einen Hof gab es nicht.

Sie brachten uns, drei Neuzugänge, in einen Raum mit einer großen Spiegelwand, wo bereits weitere Gefangene warteten, die gerade erst angekommen waren. Dort nahmen sie uns die Säcke von den Köpfen ab, und wir sollten erneut unsere Kleider ausziehen, Männer wie Frauen. Als wir alle nackt waren, befahlen sie uns, uns vor dem Spiegel aufzustellen und unsere Beine und Arme durchzustrecken.

Ich betrachtete mich zwischen den anderen geschundenen Gestalten, die wie ich selbst uigurische Gesichtszüge aufwiesen. Doch ich erkannte mich zwischen ihnen nicht wieder. War das wirklich ich? Die Frau mit dem angeschwollenen Gesicht und dem immer noch blutenden Unterleib? War ich noch ein Mensch? Wie war ich in diese Situation geraten? Und was hatte der Arzt gerade mit mir gemacht?

Während ich stur geradeaus sah, nahmen die Polizisten meine Maße: Sie vermaßen die Länge meiner Arme, meiner Beine, meinen Brustumfang und die Gesamtkörpergröße. Dasselbe Prozedere ließen auch alle anderen Gefangenen über sich ergehen. Dann befahlen sie uns, uns nach vorne zu beugen. Ich spürte, wie jemand unsanft meinen Zopf von hinten packte und mit einem lauten Ratsch abschnitt. Er fiel vor mir zu Boden. Dann vernahm ich das Surren eines Rasierapparats, der in meinem Nacken ansetzte. Langsam sah ich den Flaum meines dunklen Haars rings um meinen Kopf auf den Boden segeln.

»Gerade stehen«, bellte die Stimme eines Polizisten.

Also richtete ich mich wieder auf und starrte erneut in den Spiegel: Jetzt blickte mir wirklich eine völlig unbekannte Person entgegen. Das war nicht mehr ich, Mihrigul Tursun, das war irgendein anonymer weiblicher Sträfling mit geschorenem Haar.

Nach dieser Prozedur händigten sie uns unsere Uniformen aus. Sie waren aus demselben blauen Stoff genäht, den ich bereits bei meinem ersten Lageraufenthalt getragen hatte. Das grobe Gewebe roch nach Reinigungschemikalien und scheuerte auf meiner Haut. Ich erinnerte mich noch genau an den Stoff und konnte nicht fassen, dass ich ihn nun zum zweiten Mal anlegte. Auf meiner Uniform war die Nummer 17 vermerkt. Als ich fertig mit dem Einkleiden war, legten sie mir Hand- und Fußfesseln an. Die Handfesseln kannte ich schon; aber die Fußfesseln waren eine neue, sehr unangenehme Erfahrung für mich, da sie die Bewegungsfreiheit enorm einschränkten: Damit konnte ich nur noch Trippelschritte machen. Die Aufseher stülpten mir erneut einen Sack über den Kopf.

Sie geleiteten mich in den Keller. Bei jedem Schritt, den ich machte, schnitten die Fußfesseln in meine Fesseln. Mein Herz sank. Was sollte ich im Keller? Würden sie mich dort erneut in eine Zelle ohne Licht sperren? Bei der Erinnerung an meine Isolationshaft überfiel mich wilde Panik. Ich wusste: Wenn ich das noch mal durchleben musste, würde ich den Verstand verlieren. Deshalb war ich erleichtert, als wir ein Stück weiter einen anderen Treppenaufgang nach oben nahmen.

Die Aufseher führten mich aus dem Zentralbereich hinaus einen langen Korridor entlang, von dem rechts und links Gefängniszellen abgingen. Schließlich hielten sie an und nahmen mir den Sack ab: Wir befanden uns vor der Zelle Nummer 210. Sie schlossen die Tür auf – und schoben mich hinein.

Nie werde ich den unglaublich unangenehmen, fauligen Geruch vergessen, der im Innern der Zelle herrschte: Sie war rappelvoll mit Frauen, die seit Monaten keine Möglichkeit gehabt hatten, sich zu waschen.

»Wie gut du duftest!«, sagte eine Frau mit sehr heller Haut, wilden kurzen Haaren und Sommersprossen. Sie drückte ihre Nase an meinen Arm und schnüffelte wie an einer Blume. Dabei hatte ich gerade drei Tage Verhör und Folter hinter mir. Trotzdem roch ich im Vergleich mit den anderen vermutlich recht gut. »Irgendwann, wenn wir hier draußen sind, werden wir alle wieder so gut riechen«, bemerkte die Frau. »Und das dauert nicht mehr lang!« Ich sah, wie einige der anderen Insassen daraufhin kaum merklich die Augen verdrehten.

»Aygul ist ein bisschen verrückt, aber sie ist eine gute Haut«, flüsterte ein Mädchen mit hohen Wangenknochen, Stupsnase und großen runden Teenager-Augen, die, wie ich später erfuhr, Dilnaz hieß. Wie kam nur ein so junges Mädchen hierher, fragte ich mich.

»Ruhe da drinnen!«, wurden die beiden per Lautsprecher verwarnt – und sämtliche Frauen schwiegen.

Das neue Gefängnis in Qarqan war in vielerlei Hinsicht ähnlich organisiert wie das, in dem ich in Urumchi gesessen hatte. Auch hier wurden wir 24 Stunden am Tag von Kameras und Wächtern beobachtet, die uns Anweisungen gaben, was wir zu tun hatten, die unsere Erfolge beim Lernen des Roten Buches überwachten und uns maßregelten, wenn wir etwas Falsches sagten. Die Kameras waren in allen vier Ecken des Raumes angebracht, sodass man – egal wo man sich gerade aufhielt – immer in ihrem Visier war.

Aber die Haftbedingungen in diesem zweiten Lager waren ungleich härter als im ersten. Das fing damit an, dass in unsere 40 Quadratmeter große Zelle vierzig Frauen zusammengepfercht waren. Wir hatten also unglaublich wenig Platz. Es war unmöglich, auch nur zu stehen, ohne die Frauen um einen herum zu berühren. Als würden wir in einem stinkenden, völlig überfüllten Bus fahren, der nie anhält, sondern im Gegenteil immer neue Passagiere einlädt. Denn bei vierzig Insassen war nicht etwa Schluss: Ständig wurden neue Gefangene gebracht. Am Ende war die Zahl meiner Zellengenossinnen auf 62 angewachsen. Ich weiß, das klingt für Menschen, die es nicht selbst erlebt haben, unvorstellbar. Aber so war es. Und ich wünsche wirklich niemandem, dass er je erfahren muss, wie das ist.

Es gab allerdings auch immer wieder Schwund. Manche Frauen hielten die Strapazen nicht aus. Regelmäßig kippte eine von uns um und wurde von den Polizisten aus der Zelle getragen. Manche von ihnen kamen wieder, andere nicht. Zwölf meiner Zellengenossinnen starben in den zwei Monaten, in denen ich dort war. Kein Wunder, denn wir litten nicht nur unter Mangelernährung, sondern auch unter permanentem Schlafentzug.

Da der Raum so überfüllt war, mussten wir uns mit dem Schlafen abwechseln. Wir schliefen in zwei Schichten: Die erste Schicht durfte sich zwischen 22 und 1:30 Uhr auf den Boden legen und ausruhen. Mitten in der Nacht wechselten dann die Gruppen und die, die zuvor gestanden hatten, bekamen die begehrten Plätze auf dem Boden, um sich etwas auszuruhen.

In Bezug auf unseren Tagesablauf herrschte ein strenges Regiment. Morgens um fünf Uhr wurden wir von den Lautsprechern geweckt und mussten den neuen Tag mit einem Lied begrüßen. »Sozialismus ist gut, Sozialismus ist das Licht, das über unserem Volk scheint. Der Sozialismus hat uns gutes Essen, gute Kleidung und ein gutes Leben beschert«, sangen wir. »Ein großes China ist gut, wir streben das größte China der Welt an.«

Der erste Programmpunkt in unserer täglichen Routine war sodann der Toilettengang, der eineinhalb Stunden in Anspruch nahm, da wir so viele waren. Auch in diesem zweiten Lager mussten wir unsere Notdurft in ein Loch im Boden verrichten. Gleich nach dem Aufstehen bildeten wir eine Schlange davor. Dann benutzten wir es, eine nach der anderen, vor den Augen aller, inklusive der Kameras. Und einige Frauen hatten es nach der Nacht ziemlich eilig. Auch ich musste dringend, weil ich nach der Geburt meiner Kinder den Urin nicht mehr so gut halten konnte, was bereits während meiner ersten Haft belastend gewesen war. Jetzt aber potenzierte sich das Problem, da ich außer den drei vorgesehenen Gängen pro Tag keine gesonderten genehmigt bekam.

»Scheiß dir doch in die Hose!«, hieß es aus dem Lautsprecher, als ich anfangs noch nachts darum bat.

Morgens glaubte ich daher, ich müsse platzen, wenn ich nicht sofort zu dem Loch vorgelassen würde. Eine meiner Mitgefangenen, eine stämmige Frau mit dunkler Haut und dunklem, halblangen Haar, bemerkte meine Not: Sie stand ganz vorne in der Reihe und überließ mir ihren Platz. Die anderen murrten leise und betonten, dass es bei ihnen keine Sonderbehandlung gebe. Die Frau mit der dunklen Haut ignorierte das. Ich warf ihr einen dankbaren Blick zu, und sie lächelte kaum merklich.

Als ich vor dem Loch stand, stellte ich jedoch fest, dass es mit den Handfesseln ziemlich schwierig war, mir die Hose herunterzuziehen. Nur mit mühsamen Verrenkungen brachte ich das zustande. Die anderen Frauen drängelten bereits. Denn nicht alle in unserer Zelle trugen diese Fesseln: Diese zusätzliche Schikane war nur etwa einem Dutzend Frauen vorbehalten. Und die anderen hatten wenig Verständnis für unsere Not.

Ich ging in die Hocke. Allerdings konnte ich meine zusammengebundenen Füße nicht zu beiden Seiten des Lochs platzieren. Mir blieb also nichts anderes übrig, als mich *vor* das Loch zu hocken und mein Hinterteil so weit wie möglich nach hinten zu recken, ohne dabei umzukippen. Knapp traf ich das Loch, ohne mich selbst mit Fäkalien zu beschmutzen. Und dann schubsten mich meine Mitgefangenen auch schon weiter.

»Hey, du kannst hier nicht den ganzen Tag kacken«, zischte die nächste in der Reihe. Ich begriff, dass sie alle nervös waren, weil sie fürchteten, selbst nicht mehr dranzukommen, falls wir zu lange brauchten. Aber ich stand immer noch mit meiner heruntergelassenen Hose da. Mühsam versuchte ich, sie trotz meiner Handfesseln hochzuziehen. Ich schämte mich fürchterlich, als mir das nicht gelingen wollte. Da spürte ich, wie mich von hinten jemand am Bein berührte und die Hose mit einem beherzten Griff hochzog. Es war wieder die Frau mit der dunkeln Haut, die mich vorgelassen hatte.

»Danke«, murmelte ich verlegen. Sie nickte.

»Wie heißt du?«, fragte ich.

»Nur.«

»Ich bin Mihrigul«

»Ruhe, Nummer 17 und 23!«, unterbrach uns die Stimme aus dem Lautsprecher, und wir verstummten sogleich.

Nach dem Toilettengang bekamen wir die Aufforderung: »Betten machen!«. Das war eine Chiffre. Jede Frau griff sich auf der Stelle eines der Laken, die wir nachts zum Schlafen benutzten. Sie mussten auf eine Größe von DIN-A-5 zusammengefaltet werden – und am Ende völlig glatt, faltenlos und rechtwinklig aussehen.

Auch diese Aufgabe war für mich mit meinen gefesselten Händen kaum zu bewältigen: Ich bemühte mich zwar, mein Laken in den Griff zu bekommen. Aber auch wenn ich meine Zähne zu Hilfe nahm, gelang es mir nicht, es in der vorgegebenen perfekten Form abzuliefern: Mein Rechteck war ein wenig schief und hatte zudem eine winzige Falte am Rand. Besser bekam ich es auf die Schnelle nicht hin. Trotzdem lieferte ich es, wie gefordert, am Zelleneingang ab.

Dann kam eine Delegation aus zehn hochrangigen Beamten des Lagers an unsere Zellentür. In militärischer Haltung begrüßten wir die Delegation und gaben ein Lied zum Besten, in dem wir den Kampf der chinesischen Arbeiterklasse und den glorreichen Sieg der Kommunistischen Partei priesen, das ich noch gut von meinem vorherigen Gefängnisaufenthalt kannte. »Ohne die Kommunistische Partei gäbe es kein neues China. Ohne die Kommunistische Partei hätte China diese harte Arbeit nicht geschafft«, sangen wir und ballten zur Untermalung des Inhalts unsere rechte Hand zur Faust, um sie dann kämpferisch in die Höhe zu recken. »Die Nationale Kommunistische Partei hat ein neues China geschaffen, sie hat den Menschen den Weg zur Befreiung geebnet, und sie hat China in eine bessere Zukunft geführt. Das neue China wurde geschaffen, um den Menschen das beste Leben zu ermöglichen.«

Danach begutachtete die Delegation unsere gefalteten Laken, die an der Zellentür auf dem Boden auslagen. Mir wurde unwohl, als ich mitbekam, wie sie genau hinsahen. »Das ist aber schlampig«, hörte ich einen der Beamten sagen. »Wer hat das gemacht?«

Oh nein! Er hatte ausgerechnet mein Laken aufgehoben und rümpfte abfällig die Nase.

»Nummer 17«, schallte es durch den Lautsprecher.

»Nummer 17, vortreten!«, brüllte der Beamte.

Mit schlotternden Knien trat ich vor. Der Uniformierte beäugte abwechselnd mich und mein Laken. Dann holte er damit aus und benutzte es wie eine Peitsche, um mir damit ins Gesicht zu schlagen. Ich stand stoisch da. »Was fällt dir ein, so unordentliche Arbeit abzugeben?«, donnerte er.

Schweigend sah ich zu Boden. »Zur Strafe wirst du dein Laken 100-mal falten«, ordnete der Aufseher an.

Meine Mitgefangenen stellten sich erneut in eine Schlange, weil zwei andere Gefängniswärter in einem Bottich Reiswasser zum Frühstück brachten. Jede Frau musste einen Spruch aufsagen, bevor sie einen Becher davon erhielt: »*Harkuni agtiganda tamakyiyishten burdun damimiz ...*«, rattert die erste Frau los. Das bedeutet: »Mit Großzügigkeit zu geben, gegen den zu Tod sein, Verbrechen zu gestehen und nicht gegen das Gesetz zu verstoßen: Das verhindert den schlimmsten und beschämendsten Tod.«

Bald schon konnte ich den Spruch allein vom Zuhören auswendig. Aber als ich an der Reihe war und die Worte aufsagte, verwehrten mir die Wärter trotzdem meinen Becher. »Du verdienst kein Frühstück! Zuerst musst du lernen, dein Laken zu falten«, stellten sie klar.

Am Mittag wiederholte sich dieses Spiel: Als alle anderen ein kleines Stück Dampfbrot erhielten, versagten mir die Wärter abermals meine Ration, angeblich weil ich während des Vormittags noch nicht genug Fortschritte beim Falten gemacht hatte. Es war reine Schikane. Nur stand erneut hinter mir – und ich spürte ihren mitleidigen Blick in meinem Nacken. »Du wirst es sicher bald gelernt haben«, raunte sie mir zu. Es waren nur wenige, hastig geflüsterte Worte. Aber ich war unendlich froh, dass in dieser Hölle überhaupt jemand mit mir sprach und versuchte, mich zu trösten.

Nur wurde meine Freundin. Wir verständigten uns vor allem mit den Augen, denn dieser Kontakt war der einzige, den unsere Beobachter hinter den Kameras nicht unmittelbar sanktionierten. Über unsere Blicke kommentierten wir still das Geschehen – und knüpften außerdem ein für andere unsichtbares Band zueinander. Es war eine heimliche, komplizenhafte Form von Freundschaft, wie sie wohl nur in dieser ganz speziellen Situation entstehen kann.

Oft suchten wir die Nähe der anderen. Morgens half sie mir mit dem Aus- und Anziehen meiner Hose. Und wenn wir vor der Zellentür anstanden, um von den Wärtern unsere kargen Rationen von Brot oder Reis in Empfang zu nehmen, stand sie meist vor oder hinter mir in der Schlange. Beim Auf-der-Stelle-Marschieren und anderen militärischen Übungen hatten wir angestammte Plätze, die nicht weit voneinander entfernt lagen. Und auch nachts hielt Nur mir immer einen Platz frei, damit ich mit meinem Rücken an ihren Körper gepresst vor oder hinter ihr schlafen konnte. Ich weiß nicht, ob die anderen Frauen und unsere Wächter unsere Komplizenschaft bemerkten. Aber so achteten wir gegenseitig auf uns und bewahrten uns heimlich einen letzten Rest Zwischenmenschlichkeit.

Auch in diesem Lager spielte das Rote Buch eine wichtige Rolle, und die Beschäftigung mit ihm nahm einen Großteil unserer Zeit in Anspruch. Die Bücher lagen fein säuberlich aufeinandergestapelt an der Wand im Innern der Zelle. Wenn es am Nachmittag an der Zeit war, bekamen wir über Lautsprecher den Befehl, erneut eine Schlange zu bilden, um uns zu zweit oder dritt ein Exemplar zu holen. Beim Lesen und Auswendiglernen der Texte benötigte Nur meine Hilfe, da sie als Mädchen vom Land nur wenig Schulbildung genossen hatte. Deshalb vermochte sie kaum eines der chinesischen Schriftzeichen zu entziffern.

»Was ist die Quelle allen Übels?«, las ich ihr halblaut vor: »Separatismus, Terrorismus, Extremismus.«

Leise murmelnd wiederholte sie die Worte. »Separatismus, Terrorismus und äh ...« Sie sah mich fragend an.

»... Extremismus.«

Sie nickte traurig. »Die Polizei glaubt, dass ich eine Extremistin bin«, sagte sie leise.

»Ich weiß«, antwortete ich. »Das glauben sie von uns.«

Wir konnten immer nur wenige Worte miteinander wechseln. Aber Stück für Stück erfuhr ich doch Nurs Geschichte. Sie war eine Frau vom Land, die jung geheiratet hatte und nie in ihrem Leben eine Reise außerhalb unserer Provinz unternommen hatte. Mit Mitte zwanzig hatte sie drei kleine Kinder, die damals zwei, vier und sechs Jahre alt waren. Sie selbst befand sich bereits seit über einem Jahr im Gefängnis, was ihre fast wieder schulterlangen Haare erklärte. Ihr langer Aufenthalt wunderte mich, weil sie doch eigentlich nicht besonders »interessant« für die Behörden sein konnte. Schließlich konnten sie ihr kaum – wie mir – Kontakte zu ausländischen Islamisten unterstellen.

Aber Nur hatte ein anderes Problem: Ihre gesamte Familie saß im Gefängnis. Nachdem ihr Bruder irgendwann beschlossen hatte, seiner Heimat den Rücken zu kehren und nach Afghanistan zu gehen, waren sämtliche Familienmitglieder verhaftet worden. Ihr jüngerer Bruder hatte eine Gefängnisstrafe von zehn Jahren aufgebrummt bekommen, ihr Ehemann war zu 16 Jahren verurteilt, Vater und Mutter saßen ebenfalls hinter Gittern. Trotzdem hatte Nur nicht damit gerechnet, dass die Polizei auch sie selbst verhaften würde. Schließlich führte sie auf ihrem Dorf ein sehr unauffälliges Leben.

Als zwei Polizisten bei ihr auftauchten und sie aufforderten, sie zur Polizeiwache zu begleiten, fütterte sie gerade ihre drei Schafe mit Zuckerrüben. Die Männer beteuerten, dass ihr Verhör nicht lange dauern würde. Also ließ Nur ihre Kinder im Garten zurück und folgte ihnen in Bauersfrau-Kleidung. Sie sah ihre Kinder und den Hof nie wieder. »Ich weiß bis heute nicht, was aus ihnen geworden ist«, gestand sie mir einmal nachts, als wir aneinandergepresst auf dem Boden lagen und ihr Mund ganz nah an meinem Ohr war. Nachts konnten wir uns manchmal besser verständigen. »Kannst du dir vorstellen, wie schlecht ich mich ihnen gegenüber fühle?«

»Du kannst nichts dafür.«

»Ja, aber ich habe die Verantwortung für sie ...« Sie weinte leise – und ich bekam Angst, dass wir beide Ärger bekommen würden. Ich wollte sie unbedingt trösten. Aber was konnte ich ihr sagen?

»Wenn ich hier früher als du rauskomme, suche ich sie.«

»Versprichst du mir das?«

»Bei Allah«, schwor ich ihr – und sie seufzte erleichtert. Aber ich hatte keine Ahnung, wie ich dieses Versprechen je einlösen sollte. Und – so schwer es mir auch fällt, das zu gestehen: Es ist mir auch nicht gelungen, es zu halten. Bis heute trage ich diese Schuld mit mir.

Oft gesellten sich beim Auswendiglernen der Texte aus dem Roten Buch auch noch andere »Schülerinnen« zu Nur und mir: Aygul, die Frau mit den grünen Augen und dem Gesicht voller Sommersprossen, die gleich an meinem ersten Tag meinen Duft kommentiert hatte, und auch Dilnaz, die Teenagerin, die sie wegen ihres losen Mundwerks als »verrückt« bezeichnet hatte. Diese beiden setzten sich regelmäßig zu uns und hörten zu, wenn ich die Texte vorlas und leise ihre Bedeutung erklärte. Daher bildeten wir oft eine Vierer-Lerngruppe, in der ich sowohl die Lehrerin als auch Übersetzerin für alle anderen war.

Manchmal mussten wir auch Texte lernen, die uns ganz persönlich ansprachen. »Wie fühlst du dich im Gefängnis, wo dein Leben schwierig ist?«, erinnere ich mich an einen, der als Gedicht verfasst war: »Zuerst warst du ein braver Junge und ein braves Mädchen, und deine Eltern haben hart für dich gearbeitet. Der Staat hat deine Zukunft finanziert. Meine Eltern dachten, dass du eine starke Person würdest, stark wie ein Pferd. Dein Land wollte, dass du ihm Liebe schenkst, aber hast du jetzt darüber nachgedacht? Denke daran, wie du dem Vaterland geantwortet hast!« Besonders schmerzhaft war der zweite Teil dieses Gedichts, der an unser Gewissen und unsere Verantwortung unseren Familien gegenüber appellierte: »Deine Eltern möchten, dass du nach Hause zurückkehrst und die Tür öffnest«, hieß es da. »Sie möchten, dass du bald zu ihnen zurückkommst und sie umarmst. Ich hoffe, es geht ihnen so gut, wie du denkst! Lieber Freund, was ist aus dir geworden? Verdienen deine Eltern so ein Kind, das Verbrechen begangen hat? Haben sie Kinder, die keine Zunft haben, verdient?«

Wenn ich diese Sätze wiederholte, musste ich tatsächlich oft an meine Eltern denken. Ich konnte mich gar nicht dagegen wehren, dass das geschah und dass ich anfing zu grübeln: Was hatte ich ihnen nur angetan? War es wirklich nötig gewesen, im Ausland zu studieren? Die Kommunistische Partei hatte mir doch eine exzellente Ausbildung in China ermöglicht! Warum hatte ich mich damit nicht zufriedengegeben? In solchen Momenten, während ich auf der Stelle marschierte und dabei zum hundertsten Mal den Text aufsagte, glaubte ich wirklich an den

Inhalt. Ja, die Kommunistische Partei hatte nur das Beste für meine Zukunft gewollt, dachte ich. Aber ich hatte ihr Angebot zurückgewiesen und hatte mich undankbar gezeigt. Deshalb war ich selbst schuld an meinem Schicksal. Damals begann ich so zu fühlen. Die tägliche Gehirnwäsche begann zu wirken.

Aygul tat sich besonders schwer mit der Wiedergabe der Texte, insbesondere wenn sie sie allein vortragen musste. Sie konnte Chinesisch überhaupt nicht aussprechen. Wenn sie es versuchte, zerbrach sie sich regelrecht die Zunge. Und manchmal klangen ihre Sätze so absurd, dass wir alle lachen mussten – trotz unserer furchtbaren Lage. Denn das war Ayguls Besonderheit: Sie brachte gute Stimmung und sogar so etwas wie Zuversicht in unsere Zelle. Im Gegensatz zu vielen anderen Frauen, die an der Situation verzweifelten, ging sie stets erhobenen Hauptes und ließ sich durch nichts einschüchtern, obwohl sie ziemlich oft Ärger bekam.

Aygul war ein Phänomen: Sie war voller Energie, selbst in den schlimmsten Momenten klopfte sie noch coole Sprüche. Unseren Bewachern zeigte sie nie, dass sie Angst hatte oder Schmerzen empfand. Einmal, als sie die Lektion aus dem Roten Buch nicht korrekt wiedergeben konnte, verprügelten sie die Gefängniswärter vor unseren Augen. Aber anstatt sich davon einschüchtern zu lassen, sagte sie danach nur: »Diese Arschlöcher werden schon noch ihre Quittung bekommen. Verlasst euch darauf, Mädels! Bald kommen unsere Männer und holen uns hier raus. Und dann werden sie um Gnade winseln.« Dass unsere Bewacher hinter den Kameras solche Reden mithörten, störte sie nicht. Manche Frauen hielten sie deshalb für durchgeknallt. Aber ich glaube, das war Ayguls persönliche Strategie, um mit der Situation zurechtzukommen. Genauso gut hätte sie sich in eine Ecke setzen und weinen können. Aber sie trug ihre Verzweiflung eben nicht vor sich her. Nicht einmal sich selbst gegenüber gestand sie sich irgendeine Schwäche oder Verletzlichkeit ein.

Aygul war ins Visier der Behörden geraten, weil ihr Vater und ihr Bruder im Ausland lebten. Ich glaube, daraus speiste sich auch ihre Überzeugung, dass von dort irgendwann Hilfe zu erwarten sei. Was mit ihrem Mann geschehen war, weiß ich nicht. Aygul sprach nicht viel über ihn. Auch über ihre beiden Kinder schwieg sie sich aus. Ich vermutete, dass dieser Gedanke selbst für eine Kämpferin wie sie zu schmerzhaft war. Für uns Mütter gab es nichts Quälenderes als die Trennung von unseren Kindern.

Dilnaz war die Einzige in unserem Kreis, die noch nicht verheiratet war und bei ihrer Verhaftung keine Kinder zurückgelassen hatte. Sie war in die zehnte Klasse der Oberschule von Qarqan gegangen, bevor ihr ihre Chat-Kontakte ins Ausland zum Verhängnis wurden. Dilnaz hatte diese Kontakte geknüpft, weil sie vom Reisen träumte: Sie fragte mich ständig, wie es sei, in einem Flugzeug zu fliegen – und konnte sich nicht vorstellen, wie normal große Menschen in so ein kleines Gefährt passen sollten. »So ein Flugzeug ist größer als unsere Zelle«, verriet ich ihr, »warum sollten da nicht ebenso viele Menschen hineinpassen?« Da machte sie große Augen. Mit ihren knapp 17 Jahren war sie noch sehr naiv und sah auch ziemlich jung aus. Leider machte sie das in den Augen unserer Aufseher ganz besonders begehrt.

An einem Abend wurde Dilnaz von den Uniformierten vergewaltigt. Sie weinte schrecklich, als sie sie morgens wieder in die Zelle hineinschubsten. Ihre Scheide blutete. Ich glaube, sie war vor ihrer Verhaftung noch Jungfrau gewesen. Sie verlor kein

Wort darüber, was die Männer mit ihr gemacht hatten. Aber ihre Wunden verrieten es überdeutlich. Und die vielen Kratzer an ihren Armen zeugten davon, dass sie sich nach Kräften gewehrt hatte. Es machte mich unendlich traurig. Ich wollte sie so gerne trösten. Aber mir fiel nichts ein, was ich ihr hätte sagen können. Das alles war so schrecklich, dass ich einfach keine aufrichtenden Worte fand.

Aygul dagegen war wie immer nicht um einen Kommentar verlegen. »Warte es nur ab, diese Arschlöcher werden ihre Strafe schon noch bekommen«, versprach sie Dilnaz. Und die lächelte sogar kurz, bevor sich wieder ein dunkler Schatten über ihr Gesicht legte. Dieser Schatten begleitete sie fortan. Ihre Naivität war wie weggeblasen. Und sie fragte mich auch nie wieder über Reisen mit dem Flugzeug aus.

Es blieb nicht bei dem einen Mal. Bereits eine Woche später holten sie Dilnaz erneut. Wieder kehrte sie am Morgen weinend und schwer zugerichtet zurück. Ihre Verletzungen waren sogar noch etwas schlimmer als beim ersten Mal. »Das sind Schweine, dass sie dich so zugerichtet haben«, kommentierte Aygul ihren Zustand lauthals in die Kamera. Aber schon bald bekam sie die Quittung dafür.

An einem der nächsten Abende holten die Wärter nicht nur Dilnaz, sondern auch Aygul, die mit ihrem hellen Teint ebenfalls über ein attraktives Äußeres verfügte. »Wir werden dir eine Lektion erteilen – und dann wird dir dein loses Mundwerk schon noch vergehen«, sagten sie.

In dieser Nacht machten Nur und ich kein Auge zu. Wir sorgten uns schrecklich um unsere Freundinnen. Atemlos lagen wir mit den Körpern aneinandergepresst und lauschten, ob draußen etwas von ihnen zu vernehmen war. Am meisten sorgte ich mich um Dilnaz, weil sie noch so jung war – und weil sie in den ersten beiden Nächten, in denen sie von den Uniformierten missbraucht wurde, bereits so schlimm misshandelt worden war.

»Hoffentlich haben sie bald genug von ihnen«, flüsterte Nur.

»Hoffentlich«, stimmte ich ihr betrübt zu. Aber ich wusste, dass dies aller Voraussicht nach nicht der Fall war. Vielmehr hatten die Wärter ihre Vorlieben: Sie holten sich immer wieder dieselben Mädchen, um die Nacht mit ihnen zu verbringen. Meist waren es die jüngsten und hübschesten, die sie sich herauspickten. Aber generell war keine Frau im Lager vor sexuellen Übergriffen gefeit.

Nur und ich hatten Glück, dass wir bislang verschont geblieben waren. Wie ich erst später erfuhr, lag das in meinem Fall daran, dass in meiner Gefangenenakte eine Geschlechtskrankheit vermerkt war. Das hatte ich meinem Onkel, der in Qarqan bei der Polizei arbeitete, zu verdanken. Aber damals wusste ich nichts davon und fühlte mich ebenso verletzlich wie alle anderen Frauen.

Nur vermutete, dass die Männer kein Interesse an ihr hatten, da sie seit Monaten unter Dauerblutungen litt. Das wussten unsere Bewacher, denn das Blut drang ja durch ihre Hose, die mittlerweile ganz dunkel und starr von dem getrockneten Blut war. Diesen Umstand fanden die Uniformierten wohl nicht so attraktiv, und daher wurde sie, genauso wie ich, zumindest in sexueller Hinsicht in Ruhe gelassen. Gott sei Dank.

Ich vermute, dass Nurs Blutungen ein Effekt der Medikamente waren, die sie uns gaben. Einmal pro Woche verabreichten uns die Wärter zusammen mit unserer abendlichen Portion

Reis eine weiße Pille. Einer der Männer öffnete uns gewaltsam den Mund und steckte sie hinein. Ein zweiter kippte einen Becher Wasser hinterher. Dann kam wieder der erste und suchte mit seinem Finger in unserem Mund herum, um sicherzustellen, dass wir die Tablette dort nicht irgendwo zwischen den Zähnen oder unter der Zunge versteckt hatten. Das war sehr unangenehm. Aber sie wollten anscheinend wirklich sicher sein, dass wir sie schluckten.

Welchem Zweck diese Pillen dienten und welche Wirkung sie entfalteten, sagte uns niemand. Aber den Gerüchten zufolge sorgten sie dafür, dass wir unfruchtbar wurden. Das erzählten sich die Frauen in der Zelle. Wir alle spürten, dass sie eine Wirkung auf unseren Zyklus hatten. Bei den meisten Frauen – und auch bei mir selbst – bestand die Wirkung allerdings genau im gegenteiligen Effekt wie der, der bei Nur eingetreten war: Unsere Monatsblutungen hörten mit dem Zeitpunkt der ersten Einnahme abrupt auf.

Am nächsten Morgen warteten wir darauf, dass unsere Freundinnen zurückkehrten. Bei den beiden vorangegangenen Vergewaltigungen hatten sie Dilnaz noch während des Toilettengangs wieder zu uns gebracht. Deshalb wurden Nur und ich nervös, als sie nach der morgendlichen Decken-Kontrolle immer noch nicht auftauchten. »Wo bleiben die so lang?«, raunte meine Freundin mir zu.

Ich warf ihr einen ratlosen Blick zu. Und dann mussten wir auch schon weitermachen. Der Befehl lautete, im Kreis durch die Zelle zu laufen. Mir und allen anderen Frauen, die Fußfesseln trugen, tat das höllisch weh, da sich das Metall bei jeder Bewegung in unsere Haut fraß, die ohnehin schon ganz wund war. Ich biss die Zähne zusammen, während ich meine Trippelschritte machte. Doch da alle ohne Fußfesseln schneller liefen – und der Raum viel zu voll war, stolperte man schnell. Auch ich landete oft auf dem Boden und musste mich möglichst schnell aufraffen, um zu verhindern, dass die anderen mich zertrampelten.

Als die Karambolage endlich überstanden war, ging die Zellentür auf, und Aygul wurde zu uns geschubst. Sie landete auf allen vieren und fing sofort an zu schimpfen. »Diese verdammten Dreckskerle ...«, hörte ich sie knurren – und konnte mir kaum ein Lächeln verkneifen: Diese Frau hatte heute Nacht sicherlich Schlimmes erlebt, aber sie hatten sie nicht gebrochen, dachte ich. Aber wo blieb nur unsere andere Freundin? »Was ist mit Dilnaz?«, fragte ich sie leise.

»Dilnaz ist tot. Diese Dreckskerle haben sie getötet«, antwortete Aygul mir furchtbar laut.

Fassungslos sah ich sie an. Ihre grünen Augen waren aufgewühlt wie eine stürmische See. Im selben Moment wusste ich, dass sie die Wahrheit sprach: Unsere Freundin hatte die Nacht nicht überlebt.

»Halt die Schnauze, du Schlampe!«, tönte es aus dem Lautsprecher, »sonst weißt du ja, was dir blüht ...« Es war eine unverhohlene Drohung. Aber Aygul ließ sich davon nicht beeindrucken.

»Diese Arschlöcher haben sie abgemurkst, jawohl«, wiederholte sie. »Dilnaz hat es hinter sich ...«

Die anderen Frauen in der Zelle sagten zu alldem kein Wort. Sie starrten Aygul nur an und bissen sich auf die Hände. Denn das taten wir immer, wenn wir nicht laut schreien oder losheulen wollten: Wir steckten uns unsere Fäuste in den Mund und erstickten so jeden Laut.

Nurs Blutungen wurden immer schlimmer. Ich weiß nicht, was mit ihr los war. Aber am Ende blutete sie so stark, sodass sämtliche Farbe aus ihrem Gesicht wich. Sie sah wie ein Gespenst aus und brauchte dringend medizinische Betreuung. Wenn die Wärter unsere Mahlzeiten brachten, bat sie deshalb mehrere Male darum, einen Arzt zu sehen. Aber keine dieser Bitten fand ihr Gehör. Die Aufseher ignorierten ihren Zustand einfach.

Doch dann, eines Tages, nachdem wir bereits fast zwei Monate zusammen in dieser Hölle verbracht hatten, befahlen sie ihr plötzlich, mit ihnen zu kommen. Sie legten meiner Freundin Handschellen an, stülpten ihr einen Sack über den Kopf und führten sie ab. Für mich war das schrecklich mit anzusehen, denn Nur war wie meine Schwester, und ich hatte keine Ahnung, was sie mit ihr vorhatten: Bekam sie endlich die ersehnte ärztliche Behandlung? Oder wollten sie sie verhören? Was hatten sie mit ihr vor? Nach allem, was ich in meiner Zeit hier erlebt hatte, wusste ich, dass jederzeit alles möglich war: von sexuellen Übergriffen bis zu psychischer und physischer Folter. Sie konnten mit uns machen, was sie wollten. Und das taten sie auch.

Bang wartete ich auf Nurs Rückkehr. Normalerweise blieben die Frauen, die verhört wurden, einen Tag lang weg. Oder eine Nacht, wenn die Uniformierten andere Pläne mit ihnen hatten. Aber Nur kam nicht wieder. Nun war sie bereits den zweiten Tag verschwunden. Hatten sie sie vielleicht entlassen, begann ich zu hoffen, oder in ein anderes Lager gebracht? Möglich wäre das. Schließlich war sie keine gefährliche Person. Vielleicht hatten das auch die Polizisten endlich kapiert, nachdem sie sie über ein Jahr gequält und beobachtet hatten.

Ich wünschte meiner Freundin sehr, dass sie auf ihr Dorf zurück und dort ihre Kinder wiedersehen durfte. Sie hatte sich immer solche Sorgen um die drei gemacht: »Kannst du dir das vorstellen? Ich habe sie einfach im Garten zurückgelassen, wie sie mir sagten, das Verhör würde nicht lange dauern«, hatte sie mir wieder und wieder erzählt.

Ja, dachte ich schließlich, als ich bereits die zweite Nacht ohne Nur in der Zelle verbrachte: Wahrscheinlich war sie jetzt schon bei ihren Kindern, wahrscheinlich hatte sie diese Hölle überstanden. Und ich sollte glücklich und zufrieden sein, meine Freundin nie wiederzusehen.

Als ich gerade begann, meinen Frieden mit dieser Vorstellung zu machen, brachten sie Nur zurück. Zwei Uniformierte öffneten die Zellentür und warfen sie geradewegs auf den Boden. Sie sah schrecklich aus: Ihr gesamtes Gesicht war fleckig und die blaue Gefängniskluft überall teils mit getrockneten, teils mit frischen Blutflecken besudelt. Selbst in ihren Haaren klebte das Blut. Sie war offenbar auf die schlimmste Art gefoltert worden. Bestimmt hatten die Sicherheitsleute geglaubt, sie könnten ihr auf diese Weise Informationen über ihren Bruder in Afghanistan entlocken.

Nur blieb auf dem Zellenboden liegen, weil sie aus eigener Kraft nicht wieder aufstehen konnte. Sie war einfach zu schwach dazu. Und keiner von uns durfte ihr helfen oder auch nur mit ihr sprechen. Nie werde ich ihren Blick vergessen, als sie mich von dort unten aus ansah: Ihre Augen füllten sich mit Tränen. Aber ich konnte nichts für sie tun. Ich schaute sie nur an, und es brach mir das Herz.

Nach einiger Zeit halfen wir Nur dann doch, sich zumindest hinzusetzen. Über Lautsprecher bekamen wir wie immer

Anweisungen, was wir als Nächstes zu tun hatten. Und sie versuchte, sich allmählich wieder an den kollektiven Aktivitäten in der Zelle zu beteiligen. Aber es fiel ihr schwer, weil sie körperlich viel zu geschwächt war.

Als wir um 22 Uhr den Befehl bekamen zu schlafen, einigten wir uns darauf, dass zuerst sie sich auf den Boden legen und ausruhen sollte. Ich stand in ihrer Nähe. Nach einigen Stunden war dann die Zeit zum Wechseln gekommen, doch ich bot ihr an, weiter zu stehen, damit sie liegen bleiben konnte. »Ruh dich besser noch aus«, flüsterte ich.

Aber Nur lehnte ab. »Es geht schon«, behauptete sie. Und so wechselten wir die Positionen: Ich legte mich hin, und Nur stellte sich zwischen die anderen Frauen. Ich wünsche mir bis heute, ich hätte das nicht zugelassen.

Irgendwann, mitten in der Nacht, vernahm ich einen lauten Schlag. Ich wusste sofort, was passiert war: Nur war zu Boden gesackt. Sie war vor lauter Müdigkeit und Schwäche umgekippt und hatte das Bewusstsein verloren. Ich stürzte zu ihr, um ihr zu helfen. Da hörte ich sie zwei Mal hintereinander sehr geräuschvoll ausatmen. Es waren ungeheuer tiefe, unheimlich klingende Atemzüge, die aus dem Innern ihres Körpers zu kommen schienen. Nur atmete ihre verbliebene Lebensenergie aus.

Intuitiv begriff ich, dass sie gestorben war. »Nur ist tot!«, schrie ich.

»Ruhe, Nummer 17!«, kam prompt die Antwort aus dem Lautsprecher.

Zunächst dachte ich, unsere Bewacher würden sie einfach da liegen lassen und mich ignorieren. Doch auch die Kameras hatten die Geschehnisse aufgezeichnet, und die Beobachter auf der anderen Seite verstanden offenbar, was geschehen war. Wenig später kamen daher zwei Uniformierte zu uns in die Zelle und bahnten sich ihren Weg bis zu Nur. Einer von ihnen hob ihren rechten Arm in die Höhe, fühlte ihren Puls und bestätigte meine Vermutung: »Nummer 23 ist tot«, konstatierte er.

Die Frauen, die um uns herumstanden, seufzten hörbar. Einige bissen sich erneut auf die Hände, um nicht laut zu schluchzen. Nur Aygul fand wie immer drastische Worte. »Die Glückliche, sie ist aus dieser Hölle entlassen! Aber wir kommen alle irgendwann hier raus, tot oder lebendig«, tönte sie. »Die Frage ist nur: Wer von uns ist die die Nächste?«

»Halt die Klappe!«, zischten die Wärter.

Aber sie ließ sich davon nicht beeindrucken. »Ihr Arschlöcher werdet eure Strafe bald bekommen«, versprach sie ihnen unbeirrt.

Dann verließen uns die Wärter. Nur hatten sie nicht mitgenommen. Ihre Leiche lag nach wie vor dort, wo sie umgekippt war, mitten unter uns in dem heillos überfüllten Raum. Aus dem Lautsprecher bekamen wir jetzt den Befehl, unsere Arme hinter dem Kopf zu kreuzen und uns in Richtung Wand zu drehen und den Blick zu senken. Trotzdem beobachtete ich aus den Augenwinkeln, was geschah.

Mehrere schwarz uniformierte Gestalten betraten den Raum. Es waren Angehörige der polizeilichen Spezialeinheiten, und sie hatten ihre Gesichter unter dunklen Masken verborgen. Damit unterschieden sie sich von den normalen Wärtern im Lager, die eine kakifarbene Uniform trugen und uns durchaus ihre Gesichter zeigten. Die Spezialeinheiten jedoch waren zuständig für die Entsorgung der Leichen– und offenbar wollte man mit der Maskierung ausschließen, dass wir sie identifizieren konnten. Gerüchteweise habe ich erfahren, dass sie diese Masken permancnt trugen und sich auch gegenseitig ihre Gesichter nicht zeigten. Eine Rest-Nervosität, dass all die Verbrechen, die in den Lagern verübt wurden, eines Tages ans Licht kommen, gab es bei den Behörden also anscheinend doch.

Die Maskierten hatten eine große Zange bei sich, mit der sie Nur am Fuß packten. Auf diese Weise zogen sie sie wie ein totes Stück Fleisch hinter sich her aus der Zelle hinaus.

Ich war nach diesem Erlebnis vollkommen traumatisiert. Insgesamt habe ich während meiner Zeit neun solcher Todesfälle in unserer Zelle miterlebt. Aber nach dem Tod meiner Freundin verließ mich auch mein eigener Lebenswille. Ich sah keinen Sinn mehr, in nichts. Wozu sollte ich mich noch weiter quälen, wenn dies das Ende von allem war?

Aygul hatte recht: Der Tod war eine Erlösung. Er war eine Erlösung für Nur, und er würde auch eine Erlösung für mich selbst sein. Denn lange würde auch ich den Strapazen nicht mehr standhalten. Wie ein Roboter machte ich alles, was man von mir verlangte – und wartete darauf, dass mich irgendwann dasselbe Schicksal wie Nur ereilen würde.

Ich brauchte mich nicht mehr lang zu gedulden. Drei Tage nachdem ich meine Freundin verloren hatte, am 9. Juni 2017, brach auch ich zusammen. Nach weniger als zwei Monaten Lagerhaft trugen sie mich ohnmächtig aus der Zelle hinaus.

8

Auf Schritt und Tritt überwacht

Ich erwachte in einem hellen Raum und lag auf einem Bett, das mit weißen Laken bezogen war. Es roch nach Desinfektionsmittel. Ich blinzelte. Eine Frau im Schwesternkittel ordnete die Medikamente auf meinem Nachtkästchen. Da lagen Unmengen von Pillen. Ich befand mich auf einer Krankenstation. Als ich mich bewegen wollte, stellte ich fest, dass ich mit einer Hand an das Bett gefesselt war.

Ich sah an mir herunter: Ich trug ein weißes Hemd – und an den Füßen ebenfalls Fesseln. »Sie wird jetzt langsam wach«, hörte ich die Schwester sagen. Sie trug keine Uniform, registrierte ich noch. Dann driftete ich wieder ab.

Als ich das nächste Mal erwachte, saß eine Ärztin an meinem Bett. Sie betrachtete mich mit freundlichen, braunen Augen. »Wie fühlen Sie sich?«, fragte sie mich auf Uigurisch.

Das kam mir fast unwirklich vor. Es war lange her, dass sich jemand nach meinem Befinden erkundigt hatte. »Danke, okay«, antwortete ich.

»Haben Sie Schmerzen?«

Ich zögerte, bevor ich antwortete. Wollte sie mir wirklich helfen? Im Lager hatte ich gelernt, dass ich auch Ärzten nicht vertrauen konnte. Doch sie schien mir keine Lager-Ärztin zu sein, ihr aufmunterndes Lächeln ermutigte mich. »Ja«, sagte ich und deutete mit meiner freien Hand auf den Magen. »Dort.«

Sie sah nicht überrascht aus. »Sie haben zu viele Medikamente eingenommen«, vertraute sie mir mit halblauter Stimme an, »versuchen Sie demnächst, nichts mehr zu nehmen.« Ich nickte, obwohl ich nicht recht verstand, was sie mir damit sagen wollte. »Wenn Sie viel Milch trinken, hilft das ebenfalls, den Körper zu reinigen ...«

»Okay«, sagte ich und entspannte mich etwas. Ich spürte, dass die Frau es gut mit mir meinte. »Danke.« Kaum traute ich mich, sie zu fragen, wann ich wieder in meine Zelle zurückmusste.

»Sie brauchen jetzt Erholung. Zumindest bis Sie wieder gesund sind, werden Sie zu Hause bei Ihren Eltern bleiben.«

»Wirklich?!« Ich konnte mein Glück kaum fassen. Selbst ein Tag zu Hause wäre ein freudiges Ereignis für mich gewesen, denn zumindest würde ich dort meine Kinder wiedersehen. Das hatte ich bereits nicht mehr zu hoffen gewagt.

Einen Tag später wurde ich tatsächlich entlassen. Ein Polizeiauto brachte mich vom Krankenhaus zunächst auf die Wache. Ich befürchtete bereits, dass sie mich dort wieder einkerkern würden. Aber nichts dergleichen geschah. Eine Polizistin gab mir lediglich Anweisungen, wie ich mich in »Freiheit« zu verhalten habe. »Sie werden über nichts reden, was Sie während Ihrer Schulung erlebt haben«, betonte sie. »Schulung« war eine Chiffre für Lager, die sich auch in unserem normalen Wortgebrauch langsam durchsetzte. »Haben Sie verstanden?« Ich nickte.

Sie gab mir noch eine Perücke mit halblangem, dunkelbraunem Haar, um meinen immer noch recht kahlen Kopf zu verbergen. »Die tragen Sie ab jetzt«, wies sie mich an. Ich versprach ihr alles, was sie von mir hören wollte. »Was ist aus dir geworden? Verdienen deine Eltern so ein Kind, das Verbrechen begangen hat?«, tönten die Sätze, die ich so oft wiederholt hatte, in meinem Kopf. Und ich war wild entschlossen, meinen Eltern keine Sorgen mehr zu bereiten. Ich würde ab jetzt eine brave Tochter und eine brave Staatsbürgerin sein.

Bevor ich endgültig gehen durfte, wurden noch zwei chinesische Männer bestimmt, die mich nach Hause begleiten sollten. Sie trugen zwar keine Uniform, aber es war offensichtlich, dass sie Beamte in Zivil waren. »Sie sind deine neuen Verwandten, deine geliebten Brüder aus dem chinesischen Mutterland«, erklärte die Polizistin.

Sofort dudelte in meinem Kopf wieder eines der Lieder, die wir in der Zelle gesungen hatten: »Rote Fünf-Sterne-Flaggen flattern im Wind, wie klar und hell klingt das Siegeslied; wir singen für unser liebes Mutterland, von nun an schreiten wir in Richtung Wohlstand und Stärke …« Aber das verwirrte mich nun doch: Meine Verwandten? Was meinte sie damit?

»Sie werden ab sofort bei dir und deiner Familie wohnen«, stellte die Polizistin klar. »Also behandele deine Verwandten gut.«

»Selbstverständlich«, versprach ich.

»Unsere Augen und Ohren sehen alles«, erinnerte sie, obwohl das vollkommen überflüssig war: Keiner wusste es besser als ich.

Dann stand ich mit den beiden vor unserer Wohnungstür. Mein Vater öffnete. Er schien nicht sehr erstaunt. Offenbar hatte er bereits einen Anruf von der Polizei erhalten, bei dem ihm meine Ankunft angekündigt worden war – oder besser gesagt: unsere Ankunft. Jedenfalls leistete er keinen Widerstand, als die beiden Männer hinter mir unsere Wohnung betraten.

Das war eine äußerst merkwürdige Situation. Am liebsten wäre ich meinem Vater nach der langen Trennung um den Hals gefallen. Ich hätte mit ihm geweint und ihm alles erzählt, was mir widerfahren war, seitdem mich die Polizei von zu Hause abgeholt hatte. So aber blieb ich stumm. Und er stellte keine Fragen. Er erkundigte sich nicht einmal, wo ich die ganze Zeit gewesen war. Als sei es das normalste der Welt, zwei Monate lang zu verschwinden.

Auch meine Tante sagte nichts. Sie biss sich nur auf die Finger, als sie mich sah, um ihre Tränen zu unterdrücken. »Mihrigul. Ich hoffe, dir geht es gut«, sagte sie beherrscht.

»Ja, Mutter«, antwortete ich ebenso neutral. »Wo sind die Kinder?«

»Elena! Moez!«, rief sie.

Die Kleinen hatten sich bei unserer Ankunft erst einmal verzogen. Sie waren mittlerweile zwei Jahre alt, aber recht schüchtern, weil sie nur wenig gute Erfahrung mit Fremden gemacht hatten. Jetzt lugten sie vorsichtig aus der Schlafzimmertür. Mein Herz machte einen Freudensprung, als ich meine Tochter mit ihrem wuscheligen, dunklen Lockenkopf und meinen Sohn mit seinem immer noch recht großen Kopf und den dunklen Glutaugen seines Vaters sah.

Ich breitete die Arme aus und erwartete wie selbstverständlich, dass sie zu mir laufen würden. Aber sie blieben verhalten in der Tür stehen und sahen fragend zu meiner Tante. »Na los, ihr beiden!«, ermutigte sie sie. »Kommt her und begrüßt eure Mutter!« Zögerlich kamen sie aus der Deckung.

»Mama?«, fragte Moez, als ich ihn umarmte. Er schien nicht recht zu wissen, was er von alldem halten sollte. Da kamen mir dann doch die Tränen.

»Ja, ich bin deine Mama«, versuchte ich ihn zu vergewissern.

»Mama kommt bald«, behauptete Elena.

»Mama ist jetzt wieder da«, korrigierte ich sie. Sie sah mich schief an. Als ich ihr einen Kuss geben wollte, drehte sie sich weg und begann zu weinen.

»Ich bin eure Mama«, versicherte ich ihr erneut. Aber es half nichts.

»Mama kommt bald«, wiederholte sie trotzig.

Das tat mir sehr weh. Ich versuchte zwar, ihre Ablehnung nicht persönlich zu nehmen. Denn ich wusste natürlich, dass meine Kinder überfordert mit der Situation waren: Sie waren bei meiner Verhaftung noch zu klein gewesen, um mich jetzt auf Anhieb wiederzuerkennen. Trotzdem machte ich mir schreckliche Vorwürfe, dass es so weit gekommen war.

»Mama geht nie wieder fort«, behauptete ich, obwohl ich keine Ahnung hatte, ob ich dieses Versprechen halten könnte. Ich *wollte* es in diesem Augenblick einfach sagen. Denn ich hatte nur diesen einzigen Wunsch: mich nie wieder von meinen Kindern zu trennen, sondern sie in Ruhe und Frieden aufwachsen zu sehen.

Die beiden Chinesen zogen bei uns ein. Sie benahmen sich tatsächlich wie Verwandte, die von mir und meinen Eltern beherbergt werden wollten. Allerdings keine lieben Verwandten, über deren Besuch man sich freuen würde, sondern lästige, die sich aufdrängten. Ungefragt nahmen sie an unserem Alltagsleben teil: Wenn wir unsere Mahlzeiten aßen, setzten sie sich mit an den Tisch und verlangten, ebenfalls bewirtet zu werden, was für uns schwierig war, weil wir ja selbst kaum genug hatten. Und wenn ich mit meinen Kindern spielte, sahen sie mir dabei über die Schulter. Sie waren überall in der Wohnung, selbst in unseren Schlafzimmern. Und sie richteten sich keineswegs vorübergehend, sondern dauerhaft bei uns ein.

Anfangs verstanden wir dieses neue Konzept nicht. Zwar hatten wir nicht zum ersten Mal Sicherheitsleute in unserer Wohnung. Aber die, die vorher gekommen waren, hatten stets eine Uniform getragen und sich auf diese Weise klar als Fremdkörper zu erkennen gegeben. Diese sogenannten »Verwandten« aber verweigerten uns jegliche Form von Distanz.

Am Abend des ersten Tages, als es an der Zeit war, zu Bett zu gehen, wollte mein Vater ihnen ein Lager im Wohnzimmer bereiten – wie er es auch bei Verwandten getan hätte. Aber die Männer protestierten. »Wir schlafen nicht im Wohnzimmer, sondern in eurem Schlafzimmer«, sagten sie. Daraufhin begann mein Vater ihnen eines der beiden Zimmer herzurichten, in denen jeweils ein Bett stand, das bei uns aus einem Holzgestell und einem großen Teppich bestand, der auf dem Gestell liegt. In einem dieser Betten schliefen normalerweise meine Eltern, im dem anderen ich und die Kinder. Doch die Chinesen waren nicht zufrieden mit ihrem Extra-Raum. »Wir sind doch eure lieben Verwandten: Wir werden mit euch zusammen in euren Betten schlafen«, stellten sie klar.

Die Männer beharrten also darauf, sich aufzuteilen, damit jeder von ihnen in einem Bett mit uns schlafen konnte. Mein Vater bekam einen fürchterlich roten Kopf, als er das hörte. Als muslimischer Mann empfand er allein die Vorstellung, dass meine Tante oder ich uns mit fremden Männern das Bett teilen würden, als zutiefst herabwürdigend und beschämend. Unter normalen Umständen hätte er sie für einen derart dreisten Vorschlag vermutlich hinausgeworfen oder gar verprügelt. So aber versuchte er, sich zusammenzunehmen, und suchte nach der Lösung, die uns am wenigsten schaden würde. Es galt zu verhindern, dass eine von uns Frauen sich mit einem Mann allein in einem Bett fand. Und so schliefen wir am Ende alle zusammen: meine Tante, ich, die beiden Kinder und einer der Chinesen. Mein Vater teilte sich mit dem anderen Chinesen das zweite Bett, das im anderen Schlafzimmer stand.

Damit keine persönlichen Beziehungen zwischen den Chinesen und uns entstehen konnten, wurden die Männer alle zwei Wochen ausgewechselt. Aber sämtliche »Besucher«, die zu uns kamen, waren ungehobelte Leute ohne Manieren. Ich vermute, dass es sich um irgendwelche Taugenichtse aus China handelte, die daheim keine Arbeit gehabt hatten. Uns gegenüber fühlten sie sich jedoch wie Herrenmenschen. Ihr Job bestand ganz klar darin, uns zu terrorisieren und sich so schlecht zu benehmen, dass wir uns sogar in unseren eigenen vier Wänden nicht mehr zu Hause fühlten. Meine Familie war nicht die einzige, die das erlebte. Vielmehr handelte es sich um eine breit angelegte Kampagne: In jeden zehnten Uiguren-Haushalt zogen zu dieser Zeit chinesische »Verwandte« ein und besetzten das Privatleben der Familien. Jenseits der Gefängnismauern war dies in den Jahren 2017 und 2018 der ultimative Übergriff auf uns.

Im Prinzip glich ganz Xinjiang zu diesem Zeitpunkt einem Lager. Oder besser gesagt: Mit diesen »Besuchern« machte es kaum einen Unterschied mehr, ob man sich in einem Lager oder außerhalb befand. Ihre Anwesenheit in den Familien machte die Überwachung und die Entmenschlichung auf beiden Seiten des Stacheldrahts allumfassend. Und selbst in unseren privatesten Räumen, in den uigurischen Schlafzimmern, gab es jetzt kein Entkommen mehr vor der chinesischen Staatsgewalt.

In der Nachbarschaft wurden wir wie Aussätzige behandelt. Unsere Nachbarn, aber auch die weiter entfernten Familienmitglieder mieden uns und sprachen freiwillig kein Wort mehr mit uns. Denn allen war klar, dass sie sich selbst schaden konnten, wenn die Behörden einen Kontakt zwischen uns registrierten. Wir sprachen aber auch untereinander nicht mehr. Früher habe ich mit meinen Eltern immer viel diskutiert. Sowohl in der Zeit, in der ich in China studierte, als auch in Ägypten rief ich sie oft an, um ihnen aus meinem Leben zu berichten oder sie nach ihrer Meinung zu irgendetwas zu fragen. Das fand jetzt nicht mehr statt. Nur mit den Kindern wechselten wir noch unbefangene Worte. Wir Erwachsenen beschränkten uns darauf, mit den Augen zu kommunizieren. Doch selbst das wurde von den Männern penibel beobachtet.

Unsere chinesischen »Verwandten« machten sich ständig Notizen. Wenn ich mit meinem Vater beispielsweise einen vielsagenden Blick tauschte, kritzelten sie sofort in ihre Bücher hinein. Einmal am Tag gingen sie mit diesen Büchern zur Wache, um dort Bericht über uns zu erstatten. Vielleicht bekamen sie bei dieser Gelegenheit auch neue Instruktionen. Aber natürlich gingen sie nie zeitgleich, sodass wir nie allein und unbeobachtet zu Hause blieben.

Unser Familienleben litt sehr unter dieser Belastung, auch unsere Beziehung untereinander. Für mich war es schrecklich, insbesondere meinen Vater so fremdbestimmt und machtlos zu sehen. Als Kind, aber auch später hatte ich ihn immer für einen starken Mann gehalten. Selbst im Gefängnis hielt ich diese Vorstellung noch hoch. Ich klammerte mich an die Hoffnung, dass mein Vater mich irgendwann dort rausholen würde. Aber jetzt sah ich, dass er genauso hilflos wie ich selbst war. Und das passte mir nicht: Ich wollte nicht diese Marionette, sondern den starken Vater, den ich so liebte. Deshalb ignorierte ich ihn zusehends. Er war zwar physisch noch anwesend, aber eben nicht als die Person, die ich kannte.

So wuchs meine Einsamkeit, sie wuchs für uns alle. Wir nahmen die jeweils anderen wie Abziehbilder der Personen wahr, die sie früher einmal gewesen waren. Wie Mogelpackungen, die noch genauso aussahen, aber mit anderem Inhalt gefüllt worden waren.

Sich das einzugestehen war sehr schmerzhaft. Obwohl meine Eltern scheinbar bei mir waren, gab es niemanden, dem ich mich anvertrauen konnte. Vielmehr musste ich immer und überall die Contenance bewahren. Selbst vor meinen Kindern spielte ich eine Rolle, um sie nicht noch mehr zu verstören: Ihnen gegenüber tat ich so, als ob die merkwürdigen Umstände, unter denen wir lebten, völlig normal wären. Wenn ich ihnen etwas zum Essen gab oder mit ihnen spielte, versuchte ich sogar, fröhlich für sie zu sein.

Die Toilette war der einzige Ort in der Wohnung, an dem ich loslassen und ich selbst sein konnte. Hierher verfolgte mich niemand, und ich konnte endlich weinen. Oft verzog ich mich, um genau das zu tun. Manchmal spielte ich auch mit dem Gedanken, diese unbeobachteten Momente für ein Gebet zu nutzen. Aber ich war mir nicht ganz sicher, ob nicht vielleicht doch irgendwo auf der Toilette Kameras oder Abhörgeräte installiert worden waren – und ich wollte nichts riskieren.

Außerdem brauchte ich kein formalisiertes Gebetsritual mehr: Während meiner Zeit im Gefängnis hatte ich gelernt, ohne das Murmeln von Suren oder Verneigungen in Richtung

Mekka auszukommen. Ich konnte jetzt immer und überall mit meinem Gott sprechen. Meine Beziehung zu ihm war sogar stärker denn je, denn sie war die einzige, auf die ich mich verlassen konnte. Auch wenn mir alles andere weggenommen wurde und sogar meine liebsten Menschen sich nur noch wie Handpuppen der Chinesen benahmen, war Gott immer für mich erreichbar und immer für mich da.

Die meiste Zeit verbrachte ich jedoch damit, innerhalb unserer Wohnung ein Katz-und-Maus-Spiel mit den Männern zu spielen, die mir überallhin folgten. Klar, sie mussten ja ihre Berichte füllen. Und es gab bei uns nicht viel zu berichten: Ein Leben mit zwei kleinen Kindern ist nicht unbedingt spektakulär. Deshalb langweilten sie sich wohl oft.

Wenn mein Vater nicht da war, wurden die Männer gegenüber mir und meiner Tante zudringlich. Ein Typ, er war ziemlich dick, pirschte sich immer von hinten an mich heran. Wenn ich zum Beispiel in die Küche lief, um den Kindern etwas zum Essen zu machen, folgte er mir. Kaum öffnete ich den Kühlschrank, umarmte er mich mit seinen schwabbeligen, käsigen Armen. Ich fand das extrem ekelhaft und fauchte ihn an, dass er das lassen sollte. »Lass die Hände von mir, sonst sage ich das deinem Chef«, drohte ich.

Aber er schien darüber nur amüsiert. Dabei atmete ich seinen übel riechenden Atem ein, weil er viel zu nah stand. »Versuch das doch mal«, lachte er. »Meinst du wirklich, du kannst mir etwas anhaben? Du überschätzt dich, Mädchen … Mir kann nichts passieren.«

»Das werden wir ja sehen!«

»Lass es nicht darauf ankommen«, warnte er mich. »Oder willst du, dass ich dich wieder ins Gefängnis bringe?«

In diesem Augenblick kamen meine Kinder herein – und ich war sofort eingeschüchtert von seinen unverhohlenen Drohungen. Dieser Mann war mächtiger als ich, und ich durfte ihn nicht provozieren. Aber wie sollte ich mich sonst vor ihm schützen?

»Lass bloß die Finger von mir. Ich habe eine ansteckende Krankheit«, behauptete ich schließlich.

Aber auch das beeindruckte ihn nicht. Er wurde immer zudringlicher. Am nächsten Tag, als ich wieder alleine mit ihm war, schob er seine Hände unter mein Kleid und betatschte meine Brüste.

Am schlimmsten aber waren die Nächte mit ihm. Anfangs hatte der Mann noch bei meinem Vater im Bett geschlafen. Dann aber wechselten die beiden, und er schlief bei mir und meiner Tante. Wir waren schon lange dazu übergegangen, uns in unseren Kleidern hinzulegen, damit wir uns abends nicht vor den Augen unseres Besuchers umziehen mussten. Nur die Kinder machten wir bettfertig. Dann nahmen wir unsere Positionen ein: Meine Tante lag an der Wand, dann kam ich, neben mir lagen die beiden Kinder und dann der fremde Mann. Ich lag die ganze Zeit wach, weil ich bereits schlimme Befürchtungen hatte. Aber als ich doch einmal einnickte, spürte ich plötzlich die Hand des Mannes in meinen Haaren. Ich erschrak fürchterlich. »Hör sofort auf!«, fauchte ich leise, um die Kinder nicht zu wecken.

»Dann komm mit mir raus.«

»Bestimmt nicht. Ich schreie um Hilfe, wenn du mir etwas tust.«

»Und was sollen deine Kinder denken?«

In solchen Situationen wünschte ich mir manchmal, ins Gefängnis zurückzukehren, wo wir Frauen wenigstens nachts unter uns gewesen waren. Ich schäme mich heute noch, diese Dinge überhaupt auszusprechen. Aber sie gehören zur Wahrheit – und deshalb sage ich sie.

Ich hasste diesen Mann mit jeder Pore meines Körpers. Am liebsten hätte ich ihn umgebracht. Sehnsüchtig wartete ich auf seine Ablösung, doch die zog sich hin.

Nach ein paar weiteren schlaflosen Nächten neben ihm wurden meine Mord-Pläne konkreter. Ich überlegte, wo ich ein Messer auftreiben konnte, mit dem ich ihm den Hals aufschlitzen konnte. Wenn er mich das nächste Mal berührte, würde ich ihm die Kehle durchschneiden, egal welche Konsequenzen das hätte. So dachte ich zumindest, wenn ich mutig war und mich stark fühlte. An weniger starken Tagen, wenn mich die Verzweiflung übermannte, wollte ich nicht seines, sondern mein eigenes Leben beenden. So oder so brauchte ich ein Messer dafür.

Also machte ich mich auf die Suche. Aber es gab nirgendwo Messer. Erst vor einigen Monaten waren chinesische Beamte von Haus zu Haus gezogen und hatten sämtliche Messer der uigurischen Bevölkerung konfisziert. Gleichzeitig war ein Gesetz erlassen worden, nach dem jeder Haushalt in Xinjiang nur noch zwei Messer besitzen durfte: eines zum Fleischschneiden und eines zum Gemüseschneiden. Diese Messer gab der Staat aus. Die Behörden wussten also genau, wer welches Messer besaß. Und damit sie nicht verloren gingen, waren sie sowohl mit einer eingestanzten ID-Nummer als auch mit einem Ortungschip versehen. Auch meine Eltern hatten in der Küche zwei Messer dieser Art, die die Beamten an einer Kette befestigt hatten, damit man sie nirgendwo anders benutzen konnte.

Bald sah ich ein, dass ich meine Mordfantasien mit einem Messer kaum realisieren konnte, da sich einfach keines auftreiben ließ. Oder vielleicht war ich auch nur zu feige, den Chinesen in die Küche zu locken. Meine Nachbarin Patime war beherzter als ich, allerdings zahlte sie auch den Preis.

Eines Nachts, als ich wieder nicht schlafen konnte, hörte ich von oben im Haus lautes Poltern und Geschrei. Es klang wie ein Kampf, und irgendjemand schrie laut. Mit Entsetzen erkannte ich die Stimme des achtjährigen Mädchens, das über uns wohnte: die Tochter meiner Nachbarin Patime.

Zu der Familie der Nachbarn hatten wir kaum Kontakt. Als ich aus dem Lager wiederkam, informierte mich meine Tante, dass der Mann der Nachbarin im Gefängnis saß. Deshalb sprach niemand im Haus mit ihr – und auch ich sollte nicht mit ihr sprechen, wenn ich sie zufällig im Treppenhaus traf. »Es ist besser für uns«, meinte meine Tante, »wir haben ja schon genug Ärger.« Das sah ich ein. Und als wenig später bei Patime und ihrer Tochter ein Chinese einzog, registrierten meine Eltern und ich das schulterzuckend. Patime tat uns zwar leid, dass sie und ihre Kinder ganz alleine mit einem Chinesen zusammenleben mussten. Aber wenn die Behörden einen »Verwandtenbesuch« anordneten, hatte es ohnehin keinen Sinn, sich dagegen zu wehren.

Seit einigen Monaten hatte Patime also, genauso wie wir, einen permanenten Gast bei sich in der Wohnung, der alle zwei Wochen sein Gesicht wechselte. Der jeweilige »Verwandte« teilte auch das Bett mit ihr. Und natürlich war uns klar, dass die Chinesen die Tatsache, dass Patimes Mann nicht anwesend war, ausnutzen würden. Ich wollte mir gar nicht vorstellen, was sie nachts erdulden musste. Bestimmt war es noch viel schlimmer als das, was ich selbst erlebte. Aber in dieser Nacht klangen die Geräusche, die zu uns nach unten drangen, anders als sonst.

»Lass die Finger von ihr!«, hörte ich die Stimme meiner Nachbarin. Und dann wieder das Schreien ihrer Tochter. Es fiel mir nicht schwer zu erraten, was oben vor sich ging: Der Mann vergewaltigte das achtjährige Mädchen vor den Augen seiner Mutter. Ich schauderte. Auch meine Tante lag stocksteif im Bett und lauschte dem schrecklichen Treiben.

Eine Weile war es danach ruhig. Aber dann ertönte erneut Gepolter, und wir hörten Patime schreien. Ich wollte mir die Ohren zuhalten. Wahrscheinlich verging er sich jetzt an der Mutter des Kindes. Es war unerträglich, das alles mit anzuhören. Patime tat mir unendlich leid. Sie hatte ungefähr dasselbe Alter wie ich. Ich überlegte, wie ich selbst reagieren würde, wenn ich mit ansehen müsste, wie jemand meinem Sohn oder meiner Tochter etwas zuleide täte. Aber ich konnte es mir nicht vorstellen. Wahrscheinlich würde ich den Täter mit bloßen Händen erwürgen, auch wenn ich selbst dabei draufging.

Plötzlich hörte ich einen weiteren Schrei und ein Stöhnen. Diesmal war es die Stimme des Mannes. Es folgte ein Röcheln. Dann hörte ich nichts mehr. Das kam mir alles sehr seltsam vor. Was war in der Wohnung über uns gerade passiert?

Den Rest der Nacht herrschte Totenstille. Aus der Wohnung drang kein Geräusch mehr zu uns. Im Morgengrauen kamen die Polizeiautos mit Sirenen. Ein halbes Dutzend Polizisten stürmten die Wohnung von Patime. Sie führten unsere Nachbarin in Handschellen über die Treppe ab und schubsten sie in ein Polizeiauto, das vor unserem Haus parkte. Ihren chinesischen »Verwandten« trugen sie auf einer Bahre die Treppe hinunter: Er war tot. Patime hatte ihn noch in der Nacht in ihre Küche gelockt und ihm dort ihr angekettetes Fleischmesser ins Herz gerammt.

Wir sahen unsere Nachbarin nie wieder. Im Haus erzählte man sich, dass sie bereits zuvor versucht habe, ihren chinesischen Mitbewohner oder dessen Vorgänger zu vergiften. Aber das hatte nicht geklappt. Bald wussten die Leute auch, dass man Patime aufgrund des Mordes zum Tode verurteilt hatte. Das erstaunte mich nicht. Was aus ihrer Tochter geworden ist, weiß ich nicht. Auch sie wurde damals abgeführt, und wahrscheinlich hat man sie in ein staatliches Erziehungslager gebracht.

Solche Geschichten hörte man damals oft. Viele uigurische Männer stürzten sich aus den höheren Stockwerken von Wohnblocks, weil sie mit ansehen mussten, wie die Chinesen ihre Frauen oder Töchter vergewaltigten. Die Verzweiflung in der Bevölkerung war riesig.

Dieser chinesische »Besuch« war wirklich das schrecklichste, was man einer uigurischen Familie antun konnte. Denn ein Mann benahm sich schlimmer als der andere. Ich weiß nicht, was sich die Regierung dabei gedacht hat, als sie diese Männer zu uns schickte. Was war der Plan dahinter? Ich vermute, dass sie uns mit dieser Methode aus unseren Wohnungen und Häusern herausekeln wollten. Oft habe ich auch gehört, dass die »Besucher« dortblieben, wenn eine Familie ins Lager kam: Dann übernahmen die Chinesen die Bleibe der Uiguren dauerhaft und ersetzten sie gewissermaßen. Ich vermute, diese sogenannten »Verwandtenbesuche« waren Teil eines großen Umsiedelungsprogramms aus dem chinesischen Kernland nach Xinjiang.

Auch in der Wohnung meiner Eltern lebten die chinesischen Besucher weiter ohne uns, als wir alle längst interniert worden waren.

9
Dem Tode geweiht

Im November 2017 wurde ich mitten in der Nacht durch lautes Hundegebell geweckt. Grelles Licht blendete mich in den Augen, meine Kinder schrien. Plötzlich standen vier Polizisten um unser Bett. Ich erschrak fürchterlich. Aber unerwartet kam dieser Überfall dennoch nicht. Früher oder später hatte ich damit gerechnet. Schließlich war ich vor einigen Monaten nur vorübergehend entlassen worden, weil meine Gesundheit so schlecht war. Jetzt kamen sie also, um mich erneut zu holen.

Und ich war nicht die einzige. In diesen Tagen gab es wieder massenweise Verhaftungen. Viele Uiguren gingen dazu über, in ihren Kleidern zu schlafen, weil sie in der Erwartung lebten, nachts abgeholt zu werden. Von einem bekannten uigurischen Sänger wusste man, dass er in einem Post an seine Fans etwas verklausuliert mitgeteilt hatte, er lebe in ständiger Angst vor einer Verhaftung. Seit 2018 ist dieser Sänger spurlos verschwunden. Man vermutet, dass er mittlerweile von den chinesischen Behörden festgenommen wurde.

Wie jede uigurische Familie durften auch wir unsere Wohnungstür nicht verschließen, sodass sie jederzeit Zutritt zu unserer Wohnung hatten. Und auch wir hatten unsere Schuhe griffbereit neben dem Bett deponiert. Trotzdem war es ein Schock, als unser Albtraum plötzlich Wirklichkeit wurde.

Unter den entsetzen Blicken meiner Tante legten die Polizisten mir Handschellen an. »Aufstehen, los!«, brüllten sie gegen das Kläffen ihrer Hunde. Nur das hysterische Weinen meiner Kinder vermochten sie kaum zu übertönen. Und auch meine Tante hatte sich nicht mehr unter Kontrolle. »Warum wollt ihr sie mitnehmen?«, rief sie mit schriller Stimme, »was hat sie denn getan?«

»Halt gefälligst die Klappe, sonst nehmen wir dich ebenfalls mit«, drohten die Männer.

An den Handschellen zogen sie mich aus dem Bett. Ich fiel längs auf mein Gesicht. »Steh sofort auf!«, riefen sie, und ich rappelte mich auf. Auch ich wollte die Situation so schnell wie möglich hinter mich bringen, denn das Heulen meiner Kinder war für mich unerträglich. Widerstandslos ließ ich mich von ihnen zur Tür ziehen.

»Halt!«, rief meine Tante und rannte hinter mir her. Sie hielt meine Stiefel in der Hand. »Lasst sie wenigstens ihre Schuhe anziehen! Sie kann doch nicht ohne Schuhe gehen!«

Die Männer beachteten sie nicht. Sie schubsten mich in Richtung Tür und stülpten mir einen Sack über den Kopf. »Los jetzt! Wir haben schließlich nicht die ganze Nacht Zeit!«, drängelten sie unbarmherzig.

»Nein, die Schuhe!«, vernahm ich hinter mir meine Tante. Und während sie mich bereits aus der Wohnung hinausführten, hörte ich sie noch laut mit den Männern diskutieren. Offenbar schaffte sie es sogar, einen von ihnen zu überzeugen. Jedenfalls überreichte er mir meine Schuhe, als ich bereits auf der Ladefläche des Polizeitransporters stand.

»Na komm, zieh sie an. Damit du dich nicht erkältest«, sagte er mit einer Mischung aus Sarkasmus und Mitleid zu mir.

Die Beamten fuhren mich zur Wache und stießen mich dort unsanft aus dem Fahrzeug. Ich war heilfroh, etwas an den Füßen zu haben, denn es war bitterkalt im November. Wir hatten Minustemperaturen. Aber trotzdem wurde die Polizeistation, in die sie mich führten, in weiten Teilen nicht beheizt.

Sie sperrten mich in eine Zelle im Erdgeschoss, die so klein war, dass ich darin nicht einmal die Arme ausstrecken und mich kaum bewegen konnte. Vorne, zum Flur hin, befanden sich die Gitterstäbe. Der Boden war aus kaltem Kunststoff und sämtliche Wände mit grauem Schaumstoff verkleidet. Der Grund dafür lag auf der Hand: Viele Inhaftierte versuchten sich zu töten, indem sie ihre Köpfe gegen die Wände schlugen. Der Schaumstoff hinderte sie daran.

Ich kann nicht sagen, dass ich selbst lebensmüde war. Freiwillig hätte ich meinem Leben sicher kein Ende gesetzt. Ich glaube, keine Mutter von Dreijährigen würde das übers Herz bringen, auch wenn die Situation noch so schlimm ist. Allein für die Kinder hat man den Willen zu leben, ich empfand es sogar als Verpflichtung. Allerdings hatte ich meinen Lebensmut verloren: Nachdem ich nun bereits zum dritten Mal verhaftet worden war, fühlte ich mich auf merkwürdige Weise taub. Mir war klar: Was immer sie hier mit mir vorhatten, ich würde es nicht ändern können. Ich konnte nur erdulden, was das Schicksal für mich bereithielt.

Mit dieser Grundhaltung wartete ich darauf, dass sie kommen würden, um mich zu verhören. Ich dachte an meine zurückliegenden Verhöre und an die Schmerzen, die sie mir zugefügt hatten. Würden sie es abermals tun? Würden sie mich erneut foltern? Was um Himmels willen glaubten diese Menschen, aus mir herausquetschen zu können? Was hatte ich verbrochen? Weder in Ägypten hatten sie mir irgendetwas Konkretes vorwerfen können, obwohl sie jede Sekunde meines Aufenthalts protokolliert hatten. Noch in Xinjiang, wo sie mein Leben ebenfalls vollkommen kontrollierten.

Je länger ich darüber nachdachte, desto mehr glaubte ich, dass ich diesmal nichts zu befürchten hatte. Was sollte eine Frau, die mit zwei kleinen Kindern daheim eingesperrt war, denn schon Verbotenes getan haben? Bestimmt wollten sie mich nur einschüchtern. Wahrscheinlich würden sie mich verhören – und dann wieder nach Hause schicken. Mit zwei Chinesen als Mitbewohnern machte es ohnehin kaum einen Unterschied, ob man innerhalb oder außerhalb einer Haftanstalt war.

Ich wartete und wartete. Doch niemand kam, um mich zu verhören oder auch nur mit mir zu sprechen. Da durch die Gitterstäbe natürliches Licht fiel, wusste ich genau, dass mittlerweile zwei Tage vergangen waren. Zwei lange Tage hatte ich – beobachtet von zwei Kameras – in dieser grauen Schaumstoff-Box verbracht. Ich begann zu rätseln, was die Beamten wohl damit bezweckten. War dies vielleicht eine neue Art von Folter, die sie sich für mich ausgedacht hatten? Und was kam danach? Ein Verhör? Die Freiheit? Eine neue Zelle? Wie lange würde ich hier noch ausharren müssen?

Nach drei Tagen schlossen die Wärter endlich die Tür auf. Jetzt war es also so weit, dachte ich, als sie mir einen Sack über den Kopf stülpten und mich an den Handschellen hinauszerrten. Jetzt würden sie mich verhören.

Sie führten mich in einen Raum. Als sie mir den Sack wieder abnahmen, wurden meine Augen von grellem, künstlichem Licht geblendet. Aber ich erkannte sofort, dass mir mehrere Polizisten gegenübersaßen. Die Anordnung wirkte wie ein Tribunal – nur dass anstelle eines Richters oder Geschworenen einzig und allein Menschen mit Uniformen dort saßen.

»Alle Uiguren, die im Ausland gelebt haben, wurden inzwischen von der chinesischen Regierung zurückgeholt«, eröffnete mir der Verhörleiter, der natürlich Chinese war. Ich glaube, von den Beamten im Raum war nur ein einziger Uigure, alle anderen kamen von außerhalb unserer Provinz.

»Alle diese Menschen haben wir verhört, insbesondere auch diejenigen, die wie du in Kairo gelebt haben. Sie haben dein Tun dort genau beobachtet, und deshalb haben wir nun viele Beweise für deine Verbrechen. Es nutzt nichts mehr, irgendetwas abzustreiten. Wir können alles, was du getan hast, nachweisen …«

Ich wusste wirklich nicht, was der Mann damit meinte. Von welchen Verbrechen redete er? Ich hatte keine begangen!

»Also sei nicht dumm: Jetzt ist die Zeit, ein Geständnis abzulegen«, sagte er und sah mich auffordernd an. Aber ich konnte nichts sagen. Denn es gab kein einziges Verbrechen, das ich hätte gestehen können.

»Auch wenn du glaubst, nichts Falsches getan zu haben: Sag es uns einfach«, insistierte er.

»Aber ich habe nichts getan«, beteuerte ich, »wirklich!«

Mir war klar, dass er sich damit nicht zufriedengeben würde. Mittlerweile hatte ich genug Erfahrung mit Verhören, um das zu wissen: Die chinesischen Beamten gaben sich nie mit den Antworten zufrieden, die ich ihnen gab. Sie witterten immer noch irgendwo irgendein verborgenes Delikt. Trotzdem konnte ich nichts anderes sagen. Denn ich konnte mir ja schlecht irgendetwas ausdenken, nur um sie zufriedenzustellen. Also schwieg ich.

Da begann er, mich zu beschimpfen. »Du weißt genau, was du verbrochen hast. Aber du willst es nicht sagen«, behauptete der Verhörleiter. Und dann wurde er wütend. »All die Schulungen, die wir dir haben zukommen lassen: Sie haben nichts genutzt. Du bist uneinsichtig«, warf er mir vor, »du willst deine Verbrechen nicht zugeben, obwohl sie mehr als offenkundig sind!«

Auch die anderen Männer hetzten gegen mich. »Du bist undankbar«, warfen sie mir vor, »du bist der Liebe, die dir unser Staat entgegenbringt, nicht würdig.«

Sie redeten sich immer mehr in Rage. Und ich wartete nur darauf, dass sie mir auch physische Schmerzen zufügen würden. Aufgrund meiner Erfahrung in anderen Verhören war ich gewissermaßen darauf vorbereitet. Aber sie fassten mich nicht an. Das war schon sehr ungewöhnlich, weil sie alle ihre Polizeiknüppel griffbereit hatten.

Erst langsam verstand ich, dass sie diesmal ein anderes Spiel mit mir spielten. Dieses Spiel war fast schlimmer als körperliche Gewalt: Sie wollten mich psychisch fertigmachen.

»Ach, warum sollten wir dich schlagen?«, sagte einer zu mir. »Das wäre viel zu viel Aufwand. Wir sind durch mit dir. Du bist bereits in der zweitschwersten Verbrecher-Kategorie eingestuft. Entweder du gestehst jetzt, oder dich erwartet die Todesstrafe.«

Er machte eine Pause und ließ seine Drohung im Raum nachhallen, während die anderen genau meine Reaktion darauf beobachteten. Aber ich reagierte überhaupt nicht. Obwohl ich doch eigentlich um mein Leben fürchten musste, blieb ich merkwürdig teilnahmslos.

Ich glaube, das passiert, wenn man innerlich abgestumpft ist. In den vergangenen Jahren hatten die Polizisten und Gefängniswärter mir so viel angetan, dass selbst die schlimmsten Drohungen für mich ihren Schrecken verloren hatten. Sie wollten mich umbringen? Das erschien mir fast wie die logische Konsequenz aus allem anderen. Sollte ich nun in Tränen ausbrechen und sie um Gnade anflehen? Nein. Es war, als hätte ich eine gläserne Schutzwand um mich herum. Eine Schutzwand, die keinerlei Gefühle in mir zuließ.

Meine Peiniger provozierte diese scheinbare Gleichgültigkeit noch mehr. »Wahrscheinlich wirst du erschossen«, begannen sie, mir meinen bevorstehenden Tod auszumalen. »Deshalb quälen wir dich nicht länger. Das bringt ja doch nichts. Jemanden, der ohnehin sterben wird, quält man doch nicht …«

»Schade, schade um eine Frau wie dich«, kommentierte ein anderer. »Wir haben uns wirklich große Mühe mit dir gegeben. Aber irgendwann ist auch unsere Geduld am Ende.«

Sie vermittelten mir das Gefühl, dass das Urteil über mich bereits so gut wie feststehe. »Du könnest es nur noch verhindern, indem du ein umfassendes Geständnis ablegst«, betonte der Verhörleiter. »Also überleg es dir. Wir geben dir etwas Zeit, darüber nachzudenken.« Er sah scheinbar bedauernd an mir herunter. »Wäre doch schade um dich.«

Mit diesen Worten beendete er das Verhör und ließ mich erneut einsperren. Zwei Sicherheitsleute stülpten mir den Sack über den Kopf und geleiteten mich zu einem Transportfahrzeug im Hof. »Los, hoch mit dir!«, sagten sie.

»Wo bringt ihr mich hin?«

Anstelle einer Antwort schubsten sie mich unsanft ins Innere. »Das wirst du noch früh genug erfahren.« Dann ließen sie auch schon den Motor an. Nach zwanzigminütiger Fahrt passierten wir eine Sicherheitsschranke und fuhren auf ein abgeriegeltes Areal. Ein Lager? Ein Gefängnis? Für mich war das sowieso alles eins.

Bei der Aufnahme musste ich erneut meine Kleider ablegen. Ein Arzt in Uniform untersuchte mich und befand mich für ausreichend gesund für die Haft. Dann wurden mir die Haare geschoren, frische Hand- und Fußfesseln angelegt, und ich bekam meine Sträflingskleidung, diesmal allerdings keine blaue, sondern eine orangefarbene Kluft. »Weißt du, was das bedeutet?«, fragte die Frau, die mir die Kleider überreichte. Ihr Gesicht signalisierte Verachtung. »Das bedeutet, dass du eine Schwerverbrecherin bist!«

Diese orangefarbenen Kleider waren wie ein Fluch. Jeder, der mich mit ihnen sah, wusste sofort, was mit mir los war und zu welcher Kategorie von Insassen ich zählte. Vor allem die Wärter ließen keine Gelegenheit aus, mich daran zu erinnern. »Du hast nicht mehr lange«, bemerkten sie regelmäßig. »Wir warten nur noch das finale Urteil über dich ab. Danach wirst du sterben.« Aber auch sämtliche Mithäftlinge wussten dank meiner Kleidung über mich Bescheid.

Zuerst blieben mir die anderen Gefangenen erspart, da ich abermals dazu verdonnert worden war, allein in einer Zelle auszuharren. Sie war ganz ähnlich wie die vorherige: furchtbar eng, kalt und mit Schaumstoff-Wänden, die jedes Geräusch verschluckten. Ich fühlte mich dort wie in einem Watte-Karton. Angeblich wollte man mir hier noch einmal eine Chance geben, meine Meinung zu ändern und das Geständnis abzulegen, das der Verhörleiter von mir gefordert hatte. Doch damit konnte ich trotz Einzelhaft nicht dienen. Das erkannten irgendwann auch die Sicherheitskräfte. Und so verlegten sie mich nach zehn Tagen in eine Zelle mit zwanzig anderen Frauen.

Sämtliche Frauen in dieser neuen Zelle trugen blaue Häftlingskluft. Als sie mich in meinen orangefarbenen Kleidern kommen sahen, wandten sie sich pikiert von mir ab. Keine von ihnen sprach mit mir, nicht einmal ein paar geflüsterte Worte zur Begrüßung. Sie behandelten mich wie eine Person, die man auf keinen Fall berühren sollte, weil sie eine schlimme Krankheit hat. Sogar den Blickkontakt mieden sie. Es fehlte nur noch, dass sie die Nase rümpften, wenn sie mich sahen.

Bis auf eine einzige Ausnahme. In der hintersten Ecke entdeckte ich noch eine weitere Frau, die wie ich die orangefarbene Kleidung und ebenfalls Fußfesseln trug: Sie war von großer Statur, aber unendlich dünn und ausgemergelt. Mit ihrer fast transparenten Haut und den tiefen schattigen Augen sah sie aus wie eine wandelnde Leiche. Aber sie war die Einzige, die mich kurz anlächelte. Später erfuhr ich, dass Gulbahar bereits 19 Monate lang darauf wartete, hingerichtet zu werden.

Sie war eine Aussätzige, genauso wie ich. Der Rest der Frauen hielt uns für gefährlich, oder zumindest den Umgang mit uns. Denn wie üblich hingen überall in der Zelle Kameras, die uns auf Schritt und Tritt verfolgten. Und wir beiden »Schwerverbrecherinnen« standen natürlich unter ganz besonderer Beobachtung. Deshalb wollte keine Frau die Nähe zu uns riskieren.

Diese demonstrative Missachtung durch den Rest der Gruppe war eine neue Erfahrung für mich. Meine vorherigen Internierungen hatte ich zwar als qualvoll empfunden – aber auf andere Weise. Dort waren es die äußeren Umstände gewesen, die uns zusetzten. Unsere Peiniger befanden sich jenseits der Gitterstäbe, während wir im Inneren solidarisch miteinander waren. In dieser Zelle aber gab es keine Solidarität, zumindest nicht für

Gulbahar und mich. Wir mussten uns vor den anderen Frauen in Acht nehmen, denn manche von ihnen arbeiteten mit den Gefängniswärtern zusammen: Um bessere Nahrung oder andere Vorteile zu erhalten, spionierten sie uns aus. Ich weiß nicht, ob sie das auch bei anderen taten. Jedenfalls entstand so ein Klima der Unsicherheit, und ich hatte das Gefühl, ich konnte niemandem vertrauen.

Um so mehr staunte ich über Gulbahar, die trotz ihrer bedauernswerten körperlichen Verfassung stets den Kopf hochtrug. Fast wirkte es so, als ob sie stolz auf ihren Zustand war. Sie hatte vortreffliche Manieren und blieb immer freundlich, auch wenn ihre Mitgefangenen sie oft schlecht behandelten. Einmal, als eine Frau ihr mittags ihr Dampfbrot wegschnappte und es vor ihren Augen selbst vertilgte, schenkte sie ihr nur ein gütiges Lächeln.

Ebenso gelassen nahm sie die Schikanen der Wärter hin, die sie ebenfalls auf dem Kieker hatten: Während sie alle anderen mit ihrer Nummer ansprachen, nannten sie Gulbahar nur »Terroristin«. »Hey, Terroristin, gerade stehen!«, befahlen sie ihr etwa. Dann wussten alle, wer gemeint war. Mir tat das sehr weh. Aber Gulbahar lächelte nur und tat, was man von ihr verlangte.

Zuerst hielt ich sie deswegen für ein bisschen verrückt. Aber dann verstand ich, dass diese Freundlichkeit zu ihrem Charakter gehörte. Und irgendwann hatte sie sich wohl entschieden, dass sie diesen nicht ändern würde, egal wie abscheulich sich ihre Umgebung ihr gegenüber benahm. »Sie sind keine bösen Menschen, sie haben nur Angst«, sagte sie einmal flüsternd zu mir – und nahm ihre Peiniger so auch noch in Schutz. Für diese Haltung bewunderte ich sie sehr. Denn dadurch erhob sie sich über diejenigen, die ihr Schaden zufügen wollten. Sie begab sich nicht auf deren, sondern auf ein moralisch höheres Niveau. Das fand ich erstaunlich.

Ich selbst hatte leider nicht diese Größe. Mich machte es wütend, wenn die Wärter ihre Macht gegen uns ausspielten oder die anderen Frauen uns spüren ließen, dass wir Gefangene der untersten Kategorie waren. Oft verzweifelte ich auch daran. Einmal, als ich auf dem Boden saß und mich unbeobachtet wähnte, kamen mir die Tränen. Ich versuchte, meinen Kopf so zu drehen, dass die Kamera mich nicht sah, um hämische Kommentare per Lautsprecher zu vermeiden. Allerdings hatte ich nicht bemerkt, dass Gulbahar neben mir saß.

»Hey, du sollst nicht weinen«, raunte sie mir zu. »Du sollst deinen Kopf hochhalten. Wir überleben das!« Ihre Stimme klang süß in meinem Ohr. »Die Uiguren im Ausland kämpfen dafür, dass der Wahnsinn hier ein Ende hat, und zwar bald. Du wirst sehen: In Kürze kommen unsere Leute, um uns zu befreien. Halte durch! Bewahre deine Würde, denn sie werden bald hier sein …«

Auch wenn ich nicht recht glauben konnte, was sie da sagte, trösteten mich ihre Worte. Denn zumindest in einem Punkt hatte Gulbahar recht: Wir durften unsere Würde nicht preisgeben, auch wenn wir ihnen hilflos ausgeliefert waren. Unsere Würde konnten wir uns nur selbst nehmen – und das durften wir nicht zulassen. Ja, vielleicht würde ich hier sterben, blitzte es in diesem Moment durch meinen Kopf, aber ich wollte es erhobenen Hauptes tun. Ich sah zu Gulbahar – und sie lächelte mich ermutigend an.

Heute muss ich weinen, wenn ich an sie denke. Was ist aus der stolzen Gulbahar geworden? Wahrscheinlich wurde sie zum

Tode verurteilt und erschossen. Ich kann mir nicht vorstellen, dass sie noch am Leben ist.

Der Tagesablauf in diesem dritten Gefängnis unterschied sich erheblich von dem im ersten und zweiten Lager, in dem die Gehirnwäsche der Gefangenen im Vordergrund gestanden hatte. Die fand hier nicht statt. Wir mussten uns weder mit dem Roten Buch beschäftigen noch Slogans auswendig lernen oder Lieder singen. Auch Marschbefehle gab es nicht. Dieser Ort glich mehr einer Verwahrungsstelle für Menschen, die als Delinquenten identifiziert worden waren. Aber die Autoritäten gaben sich keine Mühe mehr, uns umzudrehen.

Im tagtäglichen Leben bedeutete das vor allem Langeweile. Ohne die Lektüre und die Lieder hatte ich den ganzen Tag lang nichts zu tun, außer herumzusitzen und auf die Mahlzeiten zu warten. Morgens gab es Reiswasser, mittags steinhartes Dampfbrot und abends gekochten Reis in Portionen, die mich gerade so am Leben hielten. Ich fühlte mich immer ausgehungert und schwach. Die Wärter sagten mir klar: »Du bist sowieso schon tot. Warum sollen wir uns noch irgendwelche Mühe mit dir machen? Du bleibst nur noch so lange hier, bis das Urteil gesprochen ist.«

Doch dieser finale Spruch ließ auf sich warten. Morgen für Morgen erwachte ich mit der Erwartung, dass dies vielleicht der Tag sein würde, an dem die Würfel über mein Schicksal fallen würden. Aber ich irrte mich regelmäßig. Irgendwann wurde ich so mürbe von der Warterei, dass ich mir fast wünschte, die Richter – oder wer auch immer das entschied – würden nun endlich ein Urteil fällen, damit die Warterei ein Ende hätte. Diese Ungewissheit, die Angst, dass schon bald alles vorbei wäre, aber auch die Hoffnung, die immer wieder in mir aufkeimte, strengten mich sehr an. Ich wollte endlich Klarheit haben, ob ich leben oder sterben würde.

Während des Wartens wechselte ich mehrmals die Zelle. Zur Begründung hieß es immer, ich müsse für neue Insassen Platz machen, da das Lager überfüllt sei. Ich glaube, in Wirklichkeit wollten sie einfach sichergehen, dass ich keine Freundschaften zu anderen Frauen knüpfte, die mich psychisch stabiler gemacht hätten. Denn Solidarität ist ein starkes Band, das einen selbst die schlimmsten Situationen leichter ertragen lässt.

Aber in jeder Zelle, in die sie mich brachten, waren die Frauen vorher eingeschüchtert worden. Die Wärter hatten sie explizit gewarnt, sich bloß nicht mit der orange gekleideten Schwerverbrecherin abzugeben oder gar mit ihr zu sprechen. Deshalb floss mir, egal wohin ich kam, eine Welle der Unsicherheit und Missgunst entgegen. Irgendwann fügte ich mich in die Rolle der Aussätzigen und sprach von mir aus niemanden mehr an.

Aber ich war natürlich neugierig auf die anderen Frauen, insbesondere die neuen, die regelmäßig dazukamen. Sie kamen nicht unbedingt direkt von daheim, sondern oft aus anderen Lagern in der Gegend. Und wenn sie erzählten, was sie dort erlebt hatten, spitzte ich die Ohren. Denn auf diese Weise erfuhr ich viel über die generelle Situation in Qarqan.

Die war im Frühjahr 2018 verheerend. Ausnahmslos jede uigurische Familie hatte zu diesem Zeitpunkt einen oder mehrere Angehörige in den Lagern; oft wurden auch ganze Großfamilien auf Verdacht interniert.

Grob gesagt funktionierte das System so: Die Behörden ließen Menschen verhaften, wenn es genug Verdachtsmomente gegen sie gab, wie etwa in meinem Fall das Auslandsstudium und meine Ehe mit einem Ägypter. Zuerst verhörten sie die Leute über mehrere Tage, dann steckten sie sie ins Gefängnis und stuften sie dort auf der Grundlage der gesammelten Informationen als schwere oder weniger schwere Delinquenten ein. Die Menschen, die in den Augen der Behörden keine oder weniger gravierende Delikte begangen hatten, mussten während ihrer Haft arbeiten. Sie brachte man nur zum Schlafen in eine Zelle. Tagsüber schufteten sie in irgendwelchen Fabriken, oft in der Bekleidungsindustrie. Nur diejenigen, die wie ich als Schwerstverbrecher galten, wurden nicht zur Zwangsarbeit herangezogen. Der Grund dafür lag auf der Hand: Man befürchtete, dass wir die Arbeit auf irgendeine Weise nutzen würden, um unserem Leben ein Ende zu setzen. Denn viele träumten von nichts anderem als von einer Erlösung durch Suizid.

Einmal kam eine Frau zu uns, die furchtbar raue, aufgeriebene Hände hatte. »Ich glaube, das kommt von den Chemikalien, die in der Fabrik verwendet werden«, sagte sie zu den anderen.

»Wo war das? Und was habt ihr da hergestellt«, traute ich mich, sie zu fragen. Und da sie noch neu war und die Wärter sie noch nicht gegen mich aufgehetzt hatten, antwortete sie mir ausnahmsweise sogar.

Sie erzählte, sie habe in einer Gebäck-Fabrik gearbeitet, in der Kuchen hergestellt wurde. Jeden Morgen um vier Uhr fuhren chinesische Sicherheitsleute sie und andere Häftlinge mit verbundenen Augen in die Produktionshallen. Und abends, nach einer fünfzehnstündigen Schicht am Fließband, brachten sie sie zurück ins Lager. »Dort gab es auch Creme. Aber die war nur für die Aufseher. Wir durften uns nichts davon nehmen«, erzählte die Frau.

Eine andere, die zu uns stieß, kannte ich von früher. Meryem kannte ich von früher aus unserem Dorf. Da sie gut betucht war, hatte sie damals oft ein paar Kleider an Kinder aus den ärmeren Familien verschenkt, zu denen meine Großmutter und ich zählten. Von ihr hatte ich mal einen hellblauen Wollpullover bekommen, den ich mehrere Winter lang trug.

Meryem war mit einem 15 Jahre älteren Mann verheiratet. Der war wohlhabend und spendierte ihr damals ein Auto. Alle Kinder bewunderten sie, wenn sie damit durch unser Dorf brauste. Aber dieser Mann, ihr Ehemann, war auch sehr fromm – und deshalb wurde er früh abgeholt und in ein Lager gesteckt. Nachdem er dort vor ungefähr einem Jahr verstorben war, kamen die Polizisten, um auch sie zu verhaften.

Meryem weinte, als sie das alles erzählte. Und ich hätte sie gerne getröstet. Es lag mir auf der Zunge, ihr zu sagen, wie sehr ich ihren warmen, weichen Pulli geliebt hatte. Aber ich riss mich zusammen, weil ich merkte, dass sie selbst sich nicht an mich erinnerte oder zumindest so tat, als ob sie mich nicht kannte. Und ich wollte sie nicht in Verlegenheit bringen, in dem ich vor den Kameras ihre Bekanntschaft mit einer Schwerverbrecherin offenbarte. Dies sollte mein oder vielleicht unser Geheimnis bleiben – und es war zugleich meine Liebeserklärung an sie.

»Nummer 54, vortreten!«, bellten die Wärter eines Morgens in die Zelle. Mit den kleinen Schrittchen, die mir meine Fußfesseln erlaubten, näherte ich mich den Uniformierten. Würden sie mich erneut in eine andere Zelle verlegen? Ich hatte mittlerweile schon so oft gewechselt, dass ich damit rechnete. Seit Monaten schoben sie mich jetzt in diesem Lager hin und her.

»Das Urteil über dich wurde gesprochen«, eröffneten sie mir. »Du erhältst die Todesstrafe.«

Obwohl ich mir diesen Moment während meiner Gefangenschaft oft vorgestellt hatte, traf mich die Nachricht nun doch wie ein harter, unvermittelter Schlag. Die Finalität dieser Aussage ließ keinen Raum mehr für Träumereien, dass sich alles auf wundersame Weise zum Guten wenden würde. Mein Schicksal war besiegelt. Ich konnte aufhören zu hoffen.

Sie führten mich aus der Zelle und brachten mich in eine andere, die ich ganz allein für mich hatte. Der Raum war vergleichsweise angenehm, jedenfalls im Vergleich zu allen früheren Zellen. Er besaß sogar eine schmale Pritsche sowie einen Stuhl und einen kleinen Tisch. Das war in meinen Augen der reinste Luxus: Mir kam es vor, als hätte man mich unverhofft in einem Hotelzimmer untergebracht. Zu allem Überfluss entfernten die Wärter auch noch die Fesseln von meinen Füßen. Nur die Handschellen musste ich behalten. »Damit du deine letzten Tage genießen kannst«, sagten sie großzügig.

»Danke«, sagte ich mit belegter Stimme. Das alles verwirrte mich schrecklich. Ich konnte mich nicht über die Erleichterungen freuen, denn sie machten mein bevorstehendes Ende noch fassbarer und konkreter. Und was mir die Beamten mit dieser Sonderbehandlung sagen wollten, konnte ich leicht deuten: »Wir meinen es ernst, wir werden dich töten«.

Damit keine Zweifel daran aufkamen, was sie mit mir vorhatten, fingen sie auch gleich an, die Details meiner Hinrichtung mit mir durchzugehen. »Es gibt zwei Optionen, sich töten zu lassen«, sagte einer der Männer. Er war Chinese und der ranghöhere von beiden: »Entweder du wählst eine Erschießung oder die Todesspritze.« Ich sah ihn an und versuchte, mir meine Fassungslosigkeit nicht anmerken zu lassen. Er behandelte das Thema, als ginge es um die Auswahl des Abendessens. Ich schwieg.

»Vermutlich fragst du dich, was der Unterschied ist«, fuhr er fort. »Nun, das kann ich dir erklären: Die Spritze dauert ein bisschen länger als das Erschießen. Man muss warten, bis das Gift seine Wirkung im Körper entfaltet. Und das ist bei jedem Menschen anders. Bei manchen reicht schon eine geringe Dosis, bei anderen muss nach zwanzig Minuten nachgespritzt werden, weil sie keinen Abgang machen wollen … Sie krümmen sich zwar vor Schmerzen, aber ihr Herz will nicht aufhören zu schlagen …«

Ich nickte. Aber ich fand seine Rede unerträglich. Denn seine Worte zwangen mich unentwegt, mir meinen eigenen Tod vorzustellen. Aber genau das bezweckte er vermutlich mit seinen ausführlichen Erklärungen.

»Das Erschießen geht schneller«, fuhr der Mann fort. »Wir haben sehr gute Schützen. Drei Schuss und du bist tot. Also ich an deiner Stelle würde das Erschießen bevorzugen.«

»Okay.«

»Allerdings ist es nicht gratis … Hast du Geld?«

»Geld?« Ich glaubte zuerst, mich verhört zu haben. »Für die Hinrichtung?«

»Ja. Ein Schuss kostet 600 Yuan. Die musst du natürlich im Vorfeld bezahlen …«

»Ich verstehe«, sagte ich und schüttelte den Kopf. Mir war total schlecht. Schlug er etwa vor, dass ich meine Familie darum bat, für meine Hinrichtung zu bezahlen? So weit kam es noch. »Nein, ich habe kein Geld.«

»Dann bleibt dir nur die Spritze. Du musst vorher unterschreiben, dass du damit einverstanden bist. Und auch, dass dein Körper nach deinem Ableben dem Krankenhaus gehört und für medizinische Experimente freigegeben ist.«

213

Der Mann versprach mir, demnächst die entsprechenden Formulare zu bringen. Dann ließ er mich allein. Frustriert streckte ich mich auf meiner Pritsche aus. War das alles gewesen, fragte ich mich, sollte mein Leben jetzt mit einer Todesspritze enden? Ich war doch erst 27 Jahre alt. Ich hatte noch gar nicht richtig begonnen zu leben. Nach meiner Schule hatte ich so viele Pläne gehabt, ich war so ambitioniert gewesen, war ins Ausland gegangen. Und nun lag ich hier und wartete auf meinen Henker. Ich konnte nicht begreifen, wie es dazu hatte kommen können. Was hatte ich nur falsch gemacht?

Am Abend brachten mir ein Chinese und eine uigurische Gefängniswärterin das Essen auf die Zelle. Ich stellte sofort fest, dass sie mich nun viel freundlicher behandelten als sonst – als ob sie Mitleid mit mir hätten. Und auch das Essen war besser. Anstelle von trockenem Reis gab es nun Reis, der mit ein wenig Paprika angebraten war und entsprechend duftete. Mein Magen knurrte, als ich den Teller in Empfang nahm.

Die Uigurin, die das wohl hörte, wünschte mir guten Appetit. Sie ermutigte mich, auch Wünsche zu äußern: Wenn ich ein spezielles Gericht vor meinem Tod noch einmal essen wollte, würde sie versuchen, dies möglich zu machen. »Vielleicht Lagman mit ein wenig Lammfleisch?«, schlug sie vor.

Mir kamen die Tränen, als sie das sagte. Sofort hatte ich die leckere, fette Nudelsuppe vor Augen, die meine Großmutter für mich gekocht hatte. Ich hatte diese Suppe geliebt. Aber die Vorstellung, sie zum allerletzten Mal zu kosten, war unbegreiflich für mich.

»Na, überleg es dir«, sagte die Frau. »Wir wollen doch, dass es dir in deinen letzten Tagen gut geht.«

»Wie viele Tage habe ich noch?«, brachte ich hervor.

»Das kann ich dir nicht sagen. Aber nicht mehr sehr vie-le«, antwortet sie vage. »Also – wenn du noch etwas loswerden möchtest, um dein Herz zu erleichtern, solltest du es jetzt an-gehen.«

Am nächsten Tag kam dieselbe Wärterin wieder und brachte mir ein paar Blätter Papier und einen Bleistift. Sie lächelte mich an. »Ich weiß, dass du noch Gedanken im Kopf hast«, sagte sie. »Hier kannst du alles aufschreiben, was du noch sagen willst. Vielleicht verfasst du einen Brief an deine Eltern oder an dei-ne Kinder? Mit deinen Gedanken für die Nachwelt, deine letz-ten Worte an sie.«

Werden sie diesen Brief denn je erhalten, schoss es mir durch den Kopf. Aber ich traute mich nicht, die Frage laut zu stellen. »Danke«, murmelte ich lediglich. »Das ist sehr freundlich.« Aber ich weiß nicht, ob es tatsächlich freundlich war – oder ein wei-terer perfider Versuch, mich mittels geschickter psychologischer Manipulation aufs Glatteis zu führen, um mir irgendwelche In-formationen zu entlocken.

Ich starrte das Papier an – und konnte erst mal überhaupt nichts schreiben. Mein Gehirn war komplett leer, wie eine hole Box. Ich glaube, ich konnte den Gedanken, dass mein Leben jetzt vorbei sein sollte, einfach nicht zulassen. Ich war nicht be-reit zum Sterben. Und deshalb stand ich unter Schock.

Aber nach einiger Zeit veränderte sich mein mentaler Zu-stand. Je mehr Zeit ich allein in der Todeszelle verbrachte, des-to mehr Fragen spukten durch meinen Kopf. Was würde mit meinen Kindern geschehen, wenn ich starb? Was mit meinen Eltern? Würden sie auf meine Kinder aufpassen können? Oder waren sie vielleicht mittlerweile selbst im Lager? Immer wieder tauchte auch die Frage nach der Gerechtigkeit auf: Warum geschah das alles? Warum mussten meine Angehörigen und ich so leiden? Wie konnte Gott nur zulassen, dass so etwas passierte? Welchen Sinn hatte das?

Und dann weinte ich. Die ganze Zeit über hatte ich nicht weinen können. Ich hatte mich zusammengerissen und innerlich verhärtet, um all das zu überstehen. Aber dazu gab es nun keinen Anlass mehr: Ich durfte aufgeben, auch meine Selbstbeherrschung. Und die Tränen quollen nur so aus mir heraus. Ich weinte über all die Ungerechtigkeit, die mir widerfahren war. Vor allem aber bedauerte ich das Leid, dass ich über meine Familie gebracht hatte. Meine Eltern hatten es nicht verdient, dass ich ihnen so viele Sorgen bereitete. Und meine Kinder erst recht nicht: Sie hätten eine starke, schützende Mutter gebraucht. Wie gerne wäre ich die für sie gewesen, insbesondere für meinen Ältesten. Bange fragte ich mich: Würden sie mir jemals verzeihen?

Ich kniete mich auf den Boden und senkte die Stirn – obwohl ich mir sicher war, dass die Kameras mich dabei beobachteten. Doch das war mir mittlerweile egal. »Allah, ich verstehe deinen Plan nicht. Aber ich nehme mein Schicksal an«, betete ich zu meinem Gott. »Ich akzeptiere meinen Tod, auch wenn ich seinen Sinn nicht begreifen kann. Aber wir Menschen müssen alle sterben – und du allein bestimmst, wann. Deshalb vertraue ich auf deine Weisheit.«

Nachdem ich diese Worte gesprochen hatte, wurde ich langsam ruhiger. Aber ein letztes Anliegen hatte ich noch: »Bitte lass es damit genug sein, lass zumindest meine beiden jüngeren Kinder leben«, bat ich Gott. »Habe Erbarmen mit ihnen! Sie sind nur unschuldige Kinder. Bitte beschütze sie, wenn du es mir schon nicht erlaubst.« Ich überlegte, ob ich wohl ins Paradies kommen würde? Ich hatte mir Mühe gegeben, ein gottesfürchtiges Leben zu führen. Aber egal, wie Allah in dieser Frage entschied: Der Tod und das Jenseits konnten kaum schlimmer sein als mein irdisches Dasein.

In den kommenden Nächten schlief ich sehr gut. Ich hatte faszinierende Träume, in denen ich ins Dorf meiner Kindheit zurückkehrte. Ich sah dort herrliche Wiesen voller bunter Blumen und Blüten. Nachts konnte ich sogar fliegen. Ich erinnere mich noch genau an einen Traum, in dem plötzlich der Himmel über mir aufriss. Ein Lichtstrahl trat durch die Wolkendecke, und eine Stimme sagte: »Flieg!« Da breitete ich meine Arme aus und flog über saftige, grüne Landschaften. Es war wunderschön.

Diese Träume zeigten mir, dass ich meinen Frieden mit dem Unausweichlichen gemacht hatte. Trotz aller Ungerechtigkeit war es mir gelungen, innere Ruhe zu finden. Durch das viele Schlafen und das bessere Essen, das ich nun bekam, erholte ich mich auch körperlich. Und langsam wich die Verzweiflung, die ich verspürt hatte, und meine Lebensgeister kehrten zurück.

Sie kamen sogar mit aller Macht zurück. In den letzten drei Tagen wollte ich wieder leben. Daher begann ich erneut, mit Gott zu diskutieren. »Allah, ich hatte dich gebeten, meine Kinder zu beschützen. Aber jetzt bitte ich dich: Lass es mich selbst tun«, betete ich – und reflektierte, noch während ich meinen Wunsch äußerte, wie unverschämt er war: Ich glaubte an einen Gott, der das Schicksal lenkt – und forderte von ihm nichts Geringeres, als seine Pläne für mich zu revidieren. Trotzdem blieb ich dabei. »Allah, bitte lass mich für meine Kinder sorgen«, verlangte ich verzweifelt, »bitte gib mir mein Leben zurück!«

Ich hatte nicht die Hoffnung, dass sich dadurch irgendetwas ändern würde. Und als die Wärter am Morgen kamen, war ich für das Schlimmste bereit.

10
Erlösung

Die Wärter hatten schlechte Laune. Bereits vor zwei Tagen hatten sie begonnen, mich wieder ohne Respekt zu behandeln. Sie beschimpften mich und brachten mir auch kein besseres Essen mehr. Ich wusste nicht, was das zu bedeuten hatte. Aber ich ahnte nichts Gutes, als sie mir wieder den schrecklichen schwarzen Sack über den Kopf stülpten, den ich nun schon so oft getragen hatte. Wohin würden sie mich diesmal in der Dunkelheit dieses Stoffes bringen? War es nun vorbei mit mir? Trat ich nun endgültig meine letzte Reise an?

Die Wärter nahmen mich in ihre Mitte und führten mich durch die langen Gänge des Lagers. Ich kannte die beiden: Es war der Mann, der mir täglich das Essen brachte, und die Frau, die ihn manchmal begleitete und die mich aufgefordert hatte, meine letzten Gedanken zu notieren. Aber die Zettel und der Bleistift lagen immer noch unberührt auf dem Tisch. Würden sie mich nun foltern, um mir die letzten Informationen zu entlocken? Oder würden sie jetzt einfach kurzen Prozess mit mir machen? Das wünschte ich mir: dass es schnell ginge. Alles, nur nicht wieder eine dieser Inquisitionen. Sie sollten mir nur rasch die Spritze geben, damit ich endlich Ruhe vor ihnen hatte.

Die Uniformierten führten mich auf den Hof und verfrachteten mich in einen Transporter. Wahrscheinlich fuhren sie mich in das Krankenhaus, wo sie mir die Todesspritze geben und meine Organe ausschlachten würden. Nach allem, was schon passiert war, nach allem, was ich erlitten hatte, spürte ich plötzlich keine Angst mehr. In mir tat sich eine bleierne, unendliche Müdigkeit auf, ich wollte nur noch, dass es rasch vorbeigehen würde.

Nach etwa einer Viertelstunde Fahrt hielten wir an. Ich musste aussteigen und an der Seite der Uniformierten ein Gebäude betreten, das nicht nach Krankenhaus roch. Als sie mir den Sack vom Kopf nahmen, befand ich mich in einem Raum, der wie ein Büro aussah. Auf dem Tisch lagen meine Jeans, meine Lederjacke und die warmen Stiefel, in denen ich verhaftet worden war, sowie ein T-Shirt, das meiner Tante gehörte. Fragend sah ich die uigurische Wärterin an.

»Na, los, zieh dich an«, sagte sie und löste mir meine Handschellen, damit ich mich ankleiden konnte. Ich verstand den Sinn dieser Aktion nicht: Warum sollte ich meine persönlichen Sachen tragen, wenn ich die Todesspritze bekam?

Mit unbeteiligter Miene sah sie mir zu, bis ich mich fertig umgezogen hatte. Dann befahl sie mir, mich auf einen Stuhl zu setzen. »Dreh den Kopf zu mir«, sagte sie, und ich sah, dass sie mit einer Dose Hautcreme und ein paar Schminksachen hantierte. Was hatte sie vor? »Ich werde dich ein bisschen schön machen«, verkündete sie.

Ich hatte mit allem gerechnet, nur nicht mit einer kosmetischen Behandlung durch eine Polizistin. Zuerst glaubte ich, sie amüsierte sich auf meine Kosten oder spielte vielleicht ein weiteres Psycho-Spielchen. Doch da langte sie bereits mit ihrer Hand in den Tiegel. Ich konnte nicht anders als lachen. »Was soll das?«, fragte ich, »warum wollt ihr mich hübsch machen?«

»Halt gefälligst still!«, fauchte sie und schmierte mir die Creme ins Gesicht.

»Soll ich etwa hübsch sterben?«

»Nein, du wirst nicht sterben«, sagte sie und befahl mir den Mund zu schließen, damit sie den Lippenstift unfallfrei auftragen konnte. »Dein Mann ist gekommen.«

Nun glaubte ich ihr endgültig kein Wort mehr. »Willst du mich veralbern?«

»Du kommst frei«, beharrte sie. »Er ist hier, um dich abzuholen.«

Ich fühlte sofort, wie mein Herz zu rasen begann, als sie diese Worte aussprach. Okay, Mihrigul, bleib ganz ruhig, sagte ich mir. Wahrscheinlich amüsieren sie sich wieder auf deine Kosten. Wahrscheinlich spielen sie wieder eines ihrer Spielchen mit dir. Das kennst du doch bereits. Denn was sie da sagte, *konnte* nicht wahr sein.

Die Uigurin schminkte mich ordentlich zu Ende und kämmte auch noch meine Haare, die seit meiner Verhaftung vor vier Monaten bereits wieder nachgewachsen waren. Dann packte sie die Utensilien wieder in eine Box und reichte mir einen Spiegel. Die Frau, die mich daraus ansah, hatte zwar viel Farbe im Gesicht, aber eingefallene Wangen und stumpfe Augen. Sie trug zwar meine Kleider, aber ich erkannte sie nicht.

Noch immer war ich überzeugt, dass sie mich zum Narren hielten. Trotzdem konnte ich mich nicht gegen die Hoffnung wehren, die plötzlich in mir aufkeimte. Die Vorstellung, dass Mahmud mich aus dieser Hölle holen würde, war einfach zu schön. Gegen meinen Willen sah ich in Richtung Tür. »Einen Moment noch, er kommt gleich«, behauptete die Wärterin. Und dann ging tatsächlich die Tür auf. Mahmud betrat den

Raum; er wurde von zwei Uniformierten begleitet. Ich glaubte zu träumen.

Mein Mann sah unheimlich gut aus: Er trug einen feinen dunkelblauen Anzug und eine Krawatte. Obwohl er sonst einen Bart trug, war er rasiert, und er duftete nach Aftershave. Ich erkannte ihn kaum wieder. Vor allem aber schämte ich mich zutiefst, ihm in meinem Zustand gegenüberzutreten. Am liebsten wäre ich unsichtbar geworden. Dass ich wie ein schlecht geschminkter Zombie aussah, wusste ich ja. Aber nach mehreren Monaten Haft musste ich zudem stinken wie ein Puma. Schüchtern senkte ich den Blick.

»Mihrigul!«, sagte Mahmud – und machte einen Schritt auf mich zu.

Aber ich blieb wie angewurzelt stehen. Ich war nicht einmal in der Lage, seine Begrüßung zu erwidern.

»Kennst du mich nicht mehr?«, fragte er. »Ich bin es doch, dein Ehemann.« Sanft legte er mir seine Hände auf die Schulter. Da wusste ich, dass ein Wunder geschehen war: Allah hatte meine Gebete erhört. Leise fing ich an zu weinen.

Mahmud umarmte mich. »Habe keine Angst«, sagte er. »Jetzt bin ich wieder bei dir, alles wird wieder gut.« Auch er weinte. »Ich habe mir solche Sorgen um dich und die Kinder gemacht.«

Einer der Uniform-Träger unterbrach uns. »Ich werde jetzt die Kinder holen«, kündigte er an und verschwand in ein anderes Zimmer. Abermals überfiel mich der Verdacht, dass alles, was ich gerade erlebte, nur eine Ausgeburt meiner Fantasie war. Vielleicht würde sich Mahmud gleich in Luft auflösen. Dass ich jetzt zu allem Überfluss auch noch meine Kinder sehen sollte, konnte ich mir beim besten Willen nicht vorstellen. Doch schon brachte der Polizist die beiden Dreijährigen.

Ich erschrak bei ihrem Anblick: Die Kinder waren genauso kahl geschoren wie ich selbst vor ein paar Monaten. Moez hatte eine Verletzung am Kinn und einen blauen Fleck an der Stirn. Zudem strotzten die beiden vor Dreck. Unter ihren viel zu langen Fuß- und Fingernägeln sammelte sich Schmutz. Auch ihre Kleider waren abgerissen und schmutzig. Sie wirkten so abgenutzt, als hätten sie in den vergangenen Wochen nur diese eine Garnitur getragen – und dementsprechend rochen die Kinder auch.

»Moez, Elena!«, rief ich. Ich breitete meine Arme aus und erwartete, dass sie mir entgegenlaufen würden. Aber der Junge mit dem viel zu großen Kopf und das kleine Mädchen mit den Schielaugen sahen mich nur an. Sie schienen unentschlossen, ob sie zu mir kommen sollten. Das schmerzte mich. Aber ich verstand, dass sie geradewegs aus einem Internierungslager kamen. Es war nicht ihre Schuld, dass sie ihre Mutter nicht erkannten.

Mahmud starrte die beiden an, ihm stand ebenfalls das Entsetzen ins Gesicht geschrieben. »Sind das wirklich unsere Kinder?«, fragte er mich. Da er sie nur als Babys gesehen hatte, konnte er sich nicht erinnern, dass Moez einen so großen Kopf hatte und Elena so stark schielte.

»Ja, das sind sie.«

»Aber wir haben doch drei Kinder!«

»Das sind Moez und Elena«, versicherte ich ihm und verstummte. Oft hatte ich mir den Moment ausgemalt, in dem ich Mahmud gestehen musste, was mit unserem Erstgeborenen geschehen war. Aber jetzt wusste ich doch nicht, was ich ihm sagen sollte.

»Und Mohammed?«

»Er ... lebt nicht mehr.«

Mahmud war völlig überfordert. Auf der einen Seite freute er sich über das Wiedersehen mit mir und den beiden Jüngeren. Andererseits erfuhr er gerade ohne jede Vorbereitung, dass sein ältester Sohn nicht mehr lebte. Eine Weile starrte er nur vor sich hin und versuchte, die Information zu verdauen und seiner widerstreitenden Gefühle Herr zu werden. Dann entfuhr ihm ein Schluchzen. »Wie ist Mohammed gestorben?«, fragte er mich.

»Ich weiß es nicht. Im Krankenhaus, sagen sie.«

»Bitte auf Englisch!«, bellte einer der Polizisten. »Wir verstehen hier kein Arabisch!«

Mahmud ignorierte ihn. »Warst du nicht dabei?«, fragte er mich.

»Nein«, gestand ich ihm. »Ich war doch in Gefangenschaft. Sie haben mir nur seine Leiche übergeben …«

Mir quollen die Tränen aus den Augen, und ich konnte nicht weiterreden. Er nickte. Er machte mir keine Vorwürfe. Aber ich fühlte mich so elend und so schuldig, dass ich es kaum beschreiben kann.

Die beiden Kleinen hatten uns unterdessen neugierig, aber sehr zurückhaltend beobachtet. »Kommt, begrüßt euren Vater!«, forderte ich sie auf. Das tat ich auf Chinesisch, vor allem um die Beamten zu besänftigen, die mittlerweile sehr missmutig schauten, da wir ihre Anweisungen ignoriert hatten.

Die Kinder reagierten nicht. Ich hatte zwar das Gefühl, dass sie meine Worte verstanden, aber ihr Sinn schien sich ihnen nicht zu erschließen. Klar, sie kannten ja bislang keinen »Vater«. Der einzige Mann in unserer Familie war mein eigener Vater, den sie auf Uigurisch »Opa« nannten.

Mahmud beugte sich zu den Kindern herunter und öffnete einen Beutel, den er mitgebracht hatte. »Schaut mal, was ich hier habe«, sagte er und zog für Elena eine Puppe und zwei Spielzeugautos für den Jungen hervor. »Das ist für euch!«

Vorsichtig näherten sich die Geschwister und beäugten zuerst das Spielzeug, dann den Mann, der es brachte. »Wisst ihr denn überhaupt, wer ich bin?«, fragte sie Mahmud. »Ich bin euer Vater, eurer *Baba*.« Mahmud verwendete das arabische Kosewort für Vater, das er ihnen bereits als Babys ins Ohr geflüstert hatte. Die Kinder legten den Kopf schief.

»Wir sprechen hier kein Arabisch!«, unterbrach ihn erneut der Polizist, der ihn schon einmal zurechtgewiesen hatte. »Du hast hier gefälligst Englisch zu sprechen. Wie oft muss ich dir das noch sagen?«

»Ich spreche mit meinen Kindern, wie ich will!«, fauchte Mahmud zurück.

Er war kurz davor zu explodieren. Und das machte mir Sorge: In den vergangenen drei Jahren hatte ich zu viele schlechte Erfahrungen mit den Uniformierten gemacht. Sie herauszufordern oder ihre Autorität zu hinterfragen wäre mir daher nie in den Sinn gekommen. Doch Mahmud tickte anders: Er sah keinen Grund, sich gängeln zu lassen.

»Schluss jetzt mit dem Zirkus!«, fuhr er den Polizisten an. »Du hast mir überhaupt nichts zu sagen.« Dem fiel förmlich die Kinnlade herunter. Einen solchen Tonfall war er nicht gewohnt. Sogar ich war drauf und dran, Mahmud um Mäßigung zu bitten, aber ich wollte ihm nicht in den Rücken fallen.

»Wir werden jetzt gehen«, verkündete er und sah den Polizisten herausfordernd an.

»Bitte schön! Hau ab!«, sagte der Polizist und wies mit der Hand in Richtung Tür.

»Mit meiner Frau und meinen Kindern.«

»Deine Kinder kannst du mitnehmen. Aber deine Frau wird bei uns bleiben.«

Mein Herz sank. Mit einem Mal begriff ich, worauf die Sache hinauslief: Sie wollten mich Mahmud nur vorführen – und danach wieder wegsperren. Wahrscheinlich sollte er nur überzeugt werden, dass seine Frau noch lebte, damit er bei seiner Rückkehr nach Ägypten nichts anderes behauptete. Das war von Anfang an ihr gemeiner, hinterhältiger Plan für mich gewesen. Meine Freilassung hatten sie nie ernsthaft in Erwägung gezogen. Ich fühlte mich fürchterlich getäuscht, als ich diese Scharade erkannte: Es war, als hätte man mitten in einer Theatervorführung das Bühnenbild weggeräumt.

»Deine Frau ist chinesische Staatsbürgerin«, hörte ich den Polizisten dozieren, »deshalb wird sie nirgendwohin gehen. Sie ist verurteilt und gehört hinter Gitter. Aber deine Kinder kannst du haben, die sind Ägypter. Du solltest uns dankbar sein, dass wir sie so lange durchgefüttert haben. Und nun verschwindet! Los!«

Mahmuds Miene war wie versteinert, als auch er das schmutzige Spiel erkannte, das die Beamten mit uns spielten. Er rührte sich nicht vom Fleck und sah mich mitleidig an. So als wollte er mich fragen, wie um Himmels willen ich diese Bösartigkeit so lange Zeit überlebt hatte.

Ich hingegen war bereits einen Schritt weiter. »Mach dir keine Sorgen um mich«, flüsterte ich, »ich werde hierbleiben.« Ich hatte ohnehin bereits mit meinem Leben abgeschlossen. Dass ich Mahmud noch einmal sehen konnte und meine Kinder bei ihm in Sicherheit wusste, war ein großer Trost für mich – und viel mehr, als ich zu hoffen gewagt hatte, als ich Allah immer wieder um Hilfe anflehte. Nun konnte ich beruhigt sterben.

»Nimm die beiden Kinder und geh!«, drängte ich Mahmud deshalb. »Rette sie! Denk nicht weiter an mich.«

Aber Mahmud wollte nichts davon wissen. »Wir gehen nur alle zusammen!«, brüllte er den Polizisten an. »Ich denke überhaupt nicht daran, meine Frau hierzulassen!«

»Dir wird gar nichts anderes übrig bleiben. Denn zufällig sind wir hier nicht in Ägypten, sondern in China«, erinnerte der grimmig. »Hier gelten unsere Gesetze!«

Das brachte Mahmud endgültig aus der Fassung. Er packte den Mann am Kragen und würgte ihn mit bloßen Händen. »Ihr lasst jetzt sofort meine Kinder und meine Frau gehen«, schrie er. Noch in derselben Sekunde zeigten die Pistolenläufe der beiden anderen Polizisten auf ihn.

Ich bekam riesige Angst. »Bitte lass ihn los!«, bettelte ich meinen Mann an, »sonst erschießen sie dich noch«. Da ließ er seine Arme sinken. Ich rechnete damit, dass sie ihn nun sofort verhaften und abführen würden. Doch in diesem Moment ging die Tür auf, und ein fein gekleideter Mann mit arabischen Gesichtszügen trat ein. Es war ein Mitarbeiter der ägyptischen Botschaft, der vom Chef der Polizeiwache begleitet wurde.

»Was ist hier los?«, erkundigte sich der Ägypter, »gibt es Probleme? Ach, da sind ja schon die Kinder ...«

Er sprach englisch, richtete seine Worte aber ziemlich eindeutig an Mahmud. Trotzdem fühlten sich die beiden Uniformierten angesprochen. Zu meiner Überraschung benahmen sie sich plötzlich zahm wie Lämmer. »Alles in Ordnung«, beteuerten sie. »Hier sind die Kinder. Er kann sie sofort mitnehmen.«

Der Botschaftsangehörige nickte, schien aber nur halbwegs beruhigt. Fragend sah er Mahmud an.

»Wir haben hier eine Auseinandersetzung gehabt«, sagte der: »Sie wollen meine Frau nicht mitlassen. Aber ich gehe nicht ohne Mihrigul!« Seine Miene signalisierte Kompromisslosigkeit.

»Darüber müssen wir reden«, wandte sich der Ägypter an den Polizeichef. »Unsere Vereinbarung lautet, dass Frau Tursun ebenfalls freigelassen wird.«

»Aber natürlich«, bestätigte der Chinese und strafte seine Untergebenen mit vernichtenden Blicken. »Sie bekommt gleich ihren Entlassungsschein. Mihrigul Tursun ist ab sofort keine chinesische Staatsbürgerin mehr.«

Mit diesen Worten war ich frei. Ich konnte es kaum glauben. Noch am Morgen hatte ich mit dem Leben abgeschlossen, und jetzt sollte ich sogar gehen dürfen? Mit meinem Mann und den beiden Kindern? Es war unglaublich, ich spürte eine Erleichterung, fast sackten mir die Beine weg. Es war, als wäre ein Fluch von mir genommen: Die Polizisten sagten tatsächlich, ich könne gehen, wohin ich wolle. Und der Mitarbeiter der Botschaft, Herr at-Taberi, buchte sogleich Flüge für uns: zuerst nach Urumchi und von dort aus nach Peking.

Obwohl ich es kaum erwarten konnte, wollte ich vorher unbedingt meine Eltern noch einmal sehen. Ich bat die Polizisten, zu unserer Wohnung fahren zu dürfen. Sie waren von dieser Idee nicht begeistert. Deshalb behauptete ich, dass ich dort noch ein paar persönliche Sachen holen wolle: einige Kleidungsstücke, Spielzeug für die Kinder, Pampers und dergleichen. Ich bin mir sicher, dass sie mir das normalerweise verwehrt hätten. Aber vor Herrn at-Taberi, der ja ganz offiziell die Botschaft vertrat, wollten sie sich offenbar keine Blöße geben. Also bekam ich die Erlaubnis, allerdings nur mit polizeilicher Begleitung.

Als wir zusammen im Auto saßen und vor dem Haus meiner Eltern hielten, fragte ich mich, wie ich sie wohl vorfinden würde. Seit meiner Verhaftung hatte ich keine Nachricht mehr von ihnen erhalten. Ich hoffte sehr, dass seitdem zumindest die chinesischen »Verwandten« bei uns ausgezogen waren. Ich betrat das Haus im Gefolge eines Polizisten und einer Polizistin, während Mahmud und Herr at-Taberi im Wagen blieben. Die Tür zu unserer Wohnung war nicht abgeschlossen, was mich nicht erstaunte, denn das hatte die Polizei allen uigurischen Haushalten verboten. Ich drückte also die Klinke. Doch als ich eintrat, merkte ich gleich, dass irgendetwas faul war.

Zuerst fiel mir der viele Schmutz auf, der überall haftete. Das war sehr ungewöhnlich, da meine Tante und ich immer sehr auf Sauberkeit geachtet hatten. Aber in der Wohnung war offenbar seit Längerem nicht geputzt worden. Außerdem hing der Geruch von kaltem Zigarettenrauch in der Luft.

Ich lief durch die Zimmer: Im Wohnzimmer stolperte ich über mehrere Aschenbecher mit abgebrannten Zigarettenstummeln. Da meine Eltern nicht rauchten, vermutete ich, dass sie von Chinesen stammten. Ich fand auch eine Art Bettenlager dort. Die beiden Schlafzimmer hingegen lagen verweist. Von meinen Eltern fehlte jede Spur.

Auf dem Herd in der Küche stand noch der Topf, in dem meine Tante zuletzt Suppe gekocht hatte. Im Inneren wucherte der Schimmel. Daneben, auf dem Schneidebrett, fand ich verfaulten Chinakohl, Tomaten und Zwiebeln, die sie zerkleinert hatte, wahrscheinlich um sie ebenfalls in die Suppe zu geben. Doch dazu war sie nicht mehr gekommen. Was war passiert?

Ich wusste nur eine Erklärung: Meine Eltern waren ebenfalls interniert worden. Ich vermutete, dass die Polizei sie völlig überraschend abgeholt hatte, sodass sie alles stehen und liegen gelassen hatten. Und wahrscheinlich hatten die Chinesen danach noch eine Weile in unserem Wohnzimmer gehaust. So jedenfalls deutete ich die Spuren, die ich fand.

Ich war erschüttert: Meine armen Eltern, dachte ich. Wie lang war ihre Verhaftung nun her? Wo sie wohl waren, wie es ihnen nur erging? Die dünne Staubschicht, die sämtliche Möbel und auch die Küche bedeckte, sprach dafür, dass seit ihrer Verhaftung bereits einige Wochen vergangen waren. Vielleicht aber auch mehr Zeit. Mein Herz zog sich zusammen. Meine Eltern hatten es nicht verdient, so etwas erleiden zu müssen. Reichte es nicht, dass die Behörden mich und meine Kinder ins Lager steckten? Was hatten sie verbrochen – außer ihrer Tochter und ihren Enkelkindern zur Seite zu stehen? Was bezweckte die Regierung nur mit diesen massenhaften Deportationen?

»Jetzt leg mal einen Gang zu«, riss mich die Polizistin aus meinen Gedanken. »Du wolltest doch irgendwelche Sachen holen …«

»Ja, richtig.«

Obwohl es nur ein Vorwand gewesen war, angelte ich mir in der Schublade unseres Küchenschranks eine Plastiktüte, um darin ein paar Dinge zu verstauen. Dabei fiel mein Blick erneut auf das Schneidebrett mit den verfaulten Gemüseresten und auf die Teedose, die dahinterstand. Ich kniff die Augen zusammen, neben dieser Dose blinkte etwas.

Oh mein Gott! Ich brauchte einen Moment, um zu begreifen, was ich da sah: Es war der goldene Ehering meiner Tante. Entweder sie hatte ihn ausgezogen, um das Gemüse zu schneiden. Oder sie hatte den Ring dort deponiert, weil die Polizei bereits in der Wohnung war – und sie ihn in Sicherheit bringen wollte.

Letzteres hielt ich für wahrscheinlicher, denn jeder wusste, dass Schmuckstücke in Polizeigewahrsam verschwanden.

Ich musste diesen Ring unbedingt an mich nehmen. Doch die Polizistin stand genau hinter mir. Deshalb wandte ich meinen Bick schnell ab, um meine Entdeckung nicht zu verraten. Stattdessen ging ich in mein ehemaliges Schlafzimmer – und sie folgte mir. Unter ihrer Aufsicht holte ich eine Hose, ein paar T-Shirts, einige Kinderklamotten, Puder und Pampers aus dem Schrank. All das stopfte ich in die Tüte. Dann behauptete ich, dass ich noch einmal in die Küche müsse, um Milchpulver zu holen. »Aber beeil dich!«, drängelte sie.

Zufrieden stellte ich fest, dass sie mir nicht folgte, sondern lieber noch mit ihrem Kollegen schwatze, während ich zurück in die Küche ging. Mit einem beherzten Griff nahm ich den Ring an mich und steckte ihn blitzschnell in meine Hosentasche. Dann riss ich sämtliche Küchenschränke auf und tat so, als ob ich dort das Milchpulver suche.

»Wie lange dauert das denn noch?«, fragten die Polizisten, die nun doch hinter mir hergekommen waren.

»Ich finde das Pulver nicht …«

»Dann hast du eben Pech gehabt!«, sagten sie »jedenfalls gehen wir jetzt.«

Ich zog eine enttäusche Miene. Aber innerlich war ich heilfroh, dass sie meine Trickserei nicht bemerkt hatten. So hatte ich wenigstens ein Andenken an meine Eltern, sollte ich sie nicht wiedersehen.

Wir harrten noch fast zwei Tage in Qarqan aus und warteten auf unseren Flug. Während dieser Zeit blieben wir in der Polizeiwache. Es gab keine andere Möglichkeit, da ich ja keinen

Pass mehr besaß. Und ohne gültige Papiere akzeptierte mich kein Hotel in der Stadt als Gast.

Es dauerte eine Weile, bis ich diese Dimension meines neuen Status als Staatenlose begriff: Ich war zwar frei, aber sozusagen auch vogelfrei. Die Behörden behandelten mich jetzt wie eine Ausländerin – und zwar eine, die keine gültigen Papiere besaß. Ich bin überzeugt, sie hätten mich sofort wieder eingebuchtet, wären Mahmud und Herr at-Taberi nicht ständig bei mir gewesen und hätten auf mich aufgepasst.

Als wir zum Flughafen fuhren, begleiteten uns insgesamt acht Polizisten. Ein Polizeiauto fuhr vor uns, ein anderes hinter uns. Ich war sehr angespannt und knetete unentwegt Mahmuds Hand, weil ich befürchtete, sie würden uns zwingen, wieder umzukehren. Ich merkte, wie ängstlich und misstrauisch ich durch die drei Lageraufenthalte geworden war: Ich traute nichts und niemandem mehr.

Kaum hatten wir das Flughafengebäude betreten, fing uns das Sicherheitspersonal sofort ab und lotste uns in einen separaten Raum. Ich bekam Schweißausbrüche. »Lass uns lieber nicht gehen«, beschwor ich Mahmud.

»Hab keine Angst. Sie wollen nur Fotos machen.«

»Und wenn es eine Falle ist?«

»Alles wird gut gehen«, beruhigte er mich.

Mahmud nahm mich an der Hand und zwang mich mit sanftem Druck, mit ihm zu kommen. Auch Herr at-Taberi redete mir gut zu. Und tatsächlich fertigten die Beamten Fotos von uns an: erst von Mahmud und von mir und von jedem Kind einzeln, dann mehrere Gruppenfotos. Dann entließen sie uns zum Gateway. Wenig später bestiegen wir die Maschine nach Urumchi und hoben endlich ab.

Wir erreichten Peking nach einem langen, anstrengenden Reisetag. Auch dort standen wir vor dem Problem, dass wir kein Hotel buchen konnten. Deshalb drückte der Botschafter ein Auge zu und ließ uns in seinem Gästehaus übernachten. Ein Wagen der Botschaft holte uns vom Flughafen ab und brachte uns direkt zu dem Anwesen, das, hinter einer hohen Mauer versteckt, mitten in der Metropole lag. Ich war erleichtert, als wir das vergitterte Tor passiert hatten: Nun befanden wir uns auf ägyptischem Hoheitsgebiet.

Als ich neben Mahmud in die duftenden, weißen Kissen sank und wir den erschöpften Atemzügen der Zwillinge im Kinderbett neben uns lauschten, konnte ich mein Glück kaum fassen: Alles, was gewöhnlichen Menschen »normal« erscheint, fühlte sich für mich wie unwirklicher Luxus an. Wie ein Geschenk, mit dem ich nicht gerechnet hatte.

»Du hast mich gerettet«, flüsterte ich Mahmud ins Ohr. »Ich hätte nie geglaubt, dass du kommen würdest.«

»Aber natürlich! Ich habe die ganze Zeit versucht, zu dir zu kommen!«

Mein Mann erzählte mir, dass er unmittelbar nach seiner Rückkehr nach Ägypten mit der Suche nach uns begonnen hatte. »Als ich dich nicht mehr erreichen konnte, habe ich mir schreckliche Sorgen gemacht«, berichtete er. »Ich wusste, dass das nicht mit rechten Dingen zuging, deshalb habe ich mich sofort wieder um ein Visum beworben.« Ein Gespräch mit internationalen Menschenrechtlern über die Lage in Xinjiang bestätigte ihn in seinem unguten Gefühl.

Seitdem sprach Mahmud immer wieder bei der chinesischen Botschaft vor, um nach China reisen zu dürfen. Sein Plan war es, zunächst nach Peking zu fliegen – und sich von dort auf dem

Landweg nach Xinjiang durchzuschlagen, sollte man ihm den Weiterflug verwehren. Doch die chinesische Botschaft in Kairo wies ihn immer wieder ab. Auch der Hinweis, dass seine Kinder sich in China befänden, konnte die Diplomaten nicht erweichen.

Schließlich beschwerte er sich beim ägyptischen Außenministerium: Er zeigte den Beamten dort unsere Heiratsurkunde sowie die Geburtsurkunden der drei Kinder, die wir glücklicherweise in Kairo gelassen hatten. »Meine Kinder sind ägyptische Staatsbürger«, argumentierte er: »Das kann Ägypten doch nicht einfach so hinnehmen, dass sie im Ausland verschwinden. Ich habe ein Recht darauf zu erfahren, wo meine Kinder sind.«

Er hatte die Hoffnung bereits aufgegeben und war zurück nach Dubai zu seiner Arbeitsstelle gefahren. Eines Tages erhielt er dann einen Anruf aus dem Außenministerium in Kairo. Der Beamte forderte ihn auf, unverzüglich nach Peking aufzubrechen. »Nach langen Verhandlungen mit Peking haben wir die Zusage erhalten, dass Ihre Kinder ausreisen dürfen«, hieß es. »Bitte kümmern Sie sich um einen Flug und holen sie die Kinder sofort ab.«

Natürlich hatte Mahmud nicht gezögert. »Ich habe bei meinem neuen Job in Dubai alles stehen und liegen lassen und bin sofort zu euch geflogen«, sagte er

Ich küsste ihn. »Ich dachte, du hättest mich längst vergessen.«

»Du bist die Mutter meiner Kinder. Wie könnte ich dich je vergessen?«

»Jedenfalls danke ich dir sehr.«

»Ich bin dein Mann. Was ich getan habe, war nur meine Pflicht«, entgegnete er.

Doch auch, wenn wir in dieser Nacht im Gästehaus der ägyptischen Botschaft gut schliefen: In Sicherheit befanden wir uns noch längst nicht. Das Problem war, dass ich keinen Pass besaß – und deshalb auch nicht ausreisen konnte. Ich brauchte unbedingt ein gültiges Reisedokument.

Konkret bedeutete das, dass ich mich in Peking erneut mit den chinesischen Behörden auseinandersetzen musste. Die Polizei in Qarqan hatte mir ja immerhin einen Entlassungsschein ausgestellt, mit dem ich mich bei der nationalen staatlichen Polizei zu melden hatte. Herr at-Taberi begleitete mich, denn der Botschafter hielt es für zu gefährlich, mich allein losziehen zu lassen.

Wie nicht anders erwartet, taten die Beamten ihr Bestes, um mir Steine in den Weg zu legen. »Tut uns leid. Wir können nichts für dich tun«, bekam ich mehr als einmal zu hören.

»Aber ich brauche ein Dokument, um meine Identität nachweisen zu können.«

»Das hättest du dir früher überlegen müssen. Einen Pass können wir dir jedenfalls nicht ausstellen.«

Sie jagten mich von Behörde zu Behörde, insgesamt sprach ich bei fünf Ämtern vor. Aber sie saßen am längeren Hebel: Solange ich kein Dokument über meine Identität besaß, konnte mir der Botschafter kein Visum ausstellen und wir konnten nicht nach Ägypten ausreisen. Andererseits konnten wir auch nicht ewig in der Botschaft ausharren. Sie *mussten* mir einen Ausweis geben. Daran führte kein Weg vorbei.

Nach langem Hin und Her und erheblichem Druck seitens des Botschafters erklärten sie sich schließlich bereit, mir zumindest ein Übergangsdokument auszustellen. Laut Auskunft der Beamten handelte es sich dabei um einen Ersatz für den regulären Ausweis, in dem mein Name, mein Geburtsdatum, der Geburtsort und meine Zugehörigkeit zur Provinz Xinjiang vermerkt war. Allerdings war er nur zwei Monate gültig. Wir hatten also keine Zeit zu verlieren.

Am Abend kontaktierte Mahmud seinen Freund in Dubai und bat ihn, Tickets für uns zu kaufen. Wir hatten nämlich keinen Computer dabei. Und auch Mahmuds Smartphone, in das wir eine lokale SIM-Karte gesteckt hatten, funktionierte in China nur begrenzt: Eine globale Internet-Nutzung war damit nicht möglich. Auch Mahmud hatte es eilig zurückzukehren, weil sein Urlaub längst abgelaufen war. Deshalb buchte uns der Freund gleich für den nächsten Tag auf eine Egypt-Air-Maschine.

Am Morgen packten wir in aller Frühe unsere wenigen Habseligkeiten zusammen und nahmen ein Taxi zum Flughafen. Nervös schaute ich in den Rückspiegel, während wir uns durch den Verkehr quälten. Folgte uns jemand? Auf den überfüllten Straßen konnte ich das kaum erkennen. Nach fast einstündiger Fahrt erreichten wir den Flughafen. Ein Blick auf die Uhr verriet mir, dass wir trotzdem gut in der Zeit lagen, denn wir hatten genug Reserve einkalkuliert.

Wir stellten uns in die Schlange vor der Sicherheitskontrolle. Nach zwanzig Minuten kamen wir an die Reihe. Der Grenzbeamte, der sich von allen Passagieren die Reisedokumente zeigen ließ, beäugte mein temporäres Ausweisdokument. »Was soll denn das sein? Willst du damit etwa verreisen?«, fragte er mich. »So etwas habe ich ja noch nie gesehen!«

»Ja, natürlich! Mir wurde versichert, dass es sich dabei um einen vollwertigen Passersatz handelt.« Wie zum Beweis deutete ich auf das Visum, das mir der ägyptische Botschafter in ebendiesem Dokument ausgestellt hatte.

Doch das überzeugte ihn nicht. »Wenn die Ägypter dieses Dokument anerkennen, ist das Ihre Sache. Das hat nichts mit uns zu tun …«

»Aber es ist ein offizielles Dokument, ausgestellt von offizieller Stelle!«

»Dass du damit reisen darfst, heißt das noch lange nicht«, konterte er.

Der Grenzer hatte natürlich inzwischen gelesen, dass auf dem Ausweis Xinjiang als meine Heimatprovinz vermerkt war. Das verkomplizierte das Prozedere. Er forderte mich auf, aus der Reihe zu treten, damit die anderen Wartenden nicht durch mich und meine Familie aufgehalten würden. Dann winkte er zur Unterstützung einen Kollegen heran. Der scannte meinen temporären Ausweis ein und schickte ihn irgendwohin.

»Ich darf ganz sicher mit dem Dokument reisen«, wiederholte ich. »Das wurde mir zugesichert. Sie können die Behörde anrufen und sich vergewissern.« Im Kopf fügte ich hinzu: Und bitte beeilen Sie sich, sonst fliegt unser Flugzeug nämlich ohne uns.

Aber die beiden beachteten meinen Hinweis gar nicht. Einer von ihnen telefonierte jetzt. Er sagte mehrmals »Ja«, »Ja«, »Ich verstehe« und warf mir dabei immer herablassendere Blicke zu. Dann lotste er mich in einen separaten Raum. Dort traf ich auf weitere Beamte, die einer Spezialeinheit angehörten. Sie befragten mich ausgiebig. Sie sagten, dass mein »Vorgang« noch nicht hinreichend geklärt sei. Ich bekam Panik. Das alles kam mir auf sehr unheimliche Weise bekannt vor.

Mahmud wich mir nicht von der Seite. Auch er erkannte schnell, dass die Sicherheitsleute erneut ein Spiel mit mir spielten. »Sie sehen doch, dass meine Frau ein Visum hat«, diskutierte er mit ihnen, »warum lassen Sie uns nicht ausreisen?«

»Weil wir zuerst ihren Fall überprüfen müssen«, beteuerten sie in einem Tonfall, der wohl suggerieren sollte, dass sie vollkommen rechtschaffen handelten.

»Und wie lange wird das dauern? Wir müssen spätestens in einer halben Stunde am Gate sein.«

Sie zuckten mit den Schultern, um zu signalisieren, dass sie das nicht wirklich interessierte. »Sie können jederzeit gehen«, sagten sie zu Mahmud, »Ihre Papiere sind ja in Ordnung. Auch die Kinder dürfen ausreisen. Noch haben Sie genug Zeit …«

»Wir reisen aber nicht ohne meine Frau«, entgegnete er verärgert.

»Das ist Ihre Entscheidung.«

Ich wechselte einen kurzen, bedeutungsvollen Blick mit meinem Mann. Er verstand genauso wie ich, worauf die Sache hinauslief: Die Beamten hatten die Anweisung, mich in China zu behalten. Das war der einzige Sinn ihrer sogenannten »Prüfung«. Sie würden damit so viel Zeit schinden, bis das Flugzeug ohne mich abhob. Mahmud hingegen wollten sie loswerden. Schließlich boten sie ihm sogar Geld dafür an.

»Mihrigul ist doch ohnehin verloren«, sagte einer der Beamten ziemlich deutlich zu ihm. »Was willst du für sie haben? Du könnest eine hübsche Stange Geld verdienen und dir ein angenehmes Leben machen, wenn du jetzt deine Kinder nimmst und gehst. Mit dem Geld kannst du dir auch jederzeit eine andere Frau nehmen. Also überleg es dir.«

Mahmud sah ihn entgeistert an. Dann schüttelte er langsam den Kopf.

»Du bist wirklich nicht besonders helle«, sagte der Beamte, »warum verkämpfst du dich hier?«

Am Ende des Tages kehrten Mahmud und ich zur ägyptischen Botschaft zurück. Wir waren total erledigt von unserem Streit mit den Sicherheitsleuten; die Kinder konnten ebenfalls nicht mehr und weinten nur noch. Das war ein echter Tiefpunkt. Vor allem wussten wir nicht, was wir jetzt noch unternehmen konnten.

Selbst der Botschafter zeigte sich ratlos. »Ihr habt gültige Papiere und Flugtickets«, sagte er. »Damit *müssen* sie euch gehen lassen.«

»Ja, theoretisch schon«, erwiderte Mahmud. »Aber wenn sie uns jedes Mal so gründlich kontrollieren, dass wir unseren Flug verpassen, bin ich bald bankrott.«

»Trotzdem müsst ihr es noch einmal versuchen.«

Es kostete uns insgesamt vier Anläufe. Vier Mal buchte uns Mahmuds Freund auf Maschinen von Peking nach Kairo. Vier Mal fuhren wir hinaus zum Flughafen. Drei Mal hoben die Flugzeuge ohne uns ab. Selbst beim vierten Mal sah es anfangs so aus, als würde es nicht klappen. Denn ich war gefährlich für sie: Keine, die ein Martyrium wie ich durchgemacht hatte, sollte ins Ausland reisen und darüber berichten können. Deshalb boten sie Mahmud immer höhere Summen an. Aber er dachte nicht eine Sekunde daran, sie anzunehmen. Mit seiner Unbestechlichkeit hat er mein Leben gerettet. Denn wenn er mich zurückgelassen hätte, hätten sie ohne Zweifel kurzen Prozess mit mir gemacht.

Selbst als wir zusammen am Check-in-Schalter standen, rechnete ich noch damit, dass sie mich wieder herausfischen und zurückschicken würden. Bei jeder Lautsprecher-Ansage zuckte ich zusammen. Doch Mahmud nahm nur meine Hand und redete beruhigend auf mich ein. »Mach dir keine Sorgen, Mihrigul«, sagte er: »Gott beschützt uns. Siehst du nicht, welch ein Wunder es war, dass du aus dem Gefängnis entlassen wurdest? Uns kann gar nichts passieren, weil er seine Hand über uns hält.«

Und er behielt recht: Mit je einem Kind auf dem Arm betraten wir die Gangway und stiegen ins Flugzeug. Nur zehn Stunden später befanden wir uns in einer anderen Welt. Wir waren entkommen.

11

Heimatlos in Ägypten

Wir erreichten Kairo im Morgengrauen. Die Aprilsonne schien bereits angenehm warm und tauchte die Metropole in ein rosafarbenes Licht, als wir mit einem Taxi in die Innenstadt fuhren. Mahmud hatte seine Eltern nicht über unsere Ankunft informiert. Nach den vielen vergeblichen Versuchen, China zu verlassen, wollte er erst ganz sicher sein, dass wir es auch wirklich schafften.

Aber nun waren wir endlich da und klingelten an der Tür des kleinen Apartments, das meine Schwiegereltern in der Nähe des Nil-Hafens bewohnten. Meine ägyptische Schwiegermutter freute sich unbändig, als sie die Tür öffnete und sie ihren Sohn, mich und die zwei Enkel auf der Schwelle stehen sah. Zuerst fiel sie ihrem Sohn und mir um den Hals, dann schnappte sie sich die Kinder und bedeckte sie mit Küssen. Die beiden wirkten völlig verängstigt und versuchten, sich hinter meinen Beinen zu verstecken. Aber sie kannte keine Gnade. Vor lauter Freude trällerte sie auch furchtbar laut.

»Mutter, beruhige dich wieder«, versuchte Mahmud sie zu bremsen. Doch sie konnte sich nicht halten.

»Allah sei Dank! Ich bin so froh und glücklich, dass ihr hier seid«, sagte sie immer wieder, während sie vor Rührung lachte und weinte und trällerte und dann wieder weinte.

»Meine armen, armen Kinder, was habt ihr nur durchgemacht?«

»Nun lass sie erst einmal reinkommen, Mutter!«

»Ich warte schon so lange auf euch! Jeden Tag habe ich für euch gebetet!«

Jetzt weinten auch die beiden Kinder, die nicht nur völlig erschöpft von der Reise waren, sondern sich auch keinen Reim auf das merkwürdige Benehmen der fremden Frau machen konnten.

»Siehst du nun, was du angestellt hast?«, rügte sie ihr Sohn. Doch seine Kritik wurde nur in weiteren Küssen erstickt.

Nachdem sie ihren ersten Gefühlsausbruch überwunden hatte, schob meine Schwiegermutter uns ins Wohnzimmer. Dort saßen wir zusammen mit Mahmuds Vater auf dem Bodenkissen, während sie in die Küche lief, Tee aufsetzte und dann sämtliche Süßigkeiten und Leckereien brachte, die sie auf die Schnelle in ihrem Haushalt finden konnte. Sie türmte verschiedene Gebäckstücke, Datteln, Pistazien sowie Orangen und kleine grüne Gurken vor uns auf. »Esst! Ihr müsst furchtbar hungrig sein. So esst doch!«, forderte sie uns unentwegt auf.

In diesem Moment war ich sehr froh darüber, dass Mahmud seinen Eltern nie erzählt hatte, dass mein Vater ihn abgelehnt hatte, weil er sich einen uigurischen Schwiegersohn wünschte. Nach unserem katastrophalen Familientreffen vor einigen Jahren – der einzigen Gelegenheit, bei der ich seinen Eltern bislang begegnet war – hatte er sie in dem Glauben gelassen, dass wir weiterhin verlobt seien und nach der Geburt unserer Kinder sowie unserer Reise in meine Heimat ein großes Hochzeitsfest feiern wollten. Deshalb war ich für sie immer Mahmuds Braut gewesen, und selbst während meiner Abwesenheit hatten sie Geld für meinen Hochzeitsschmuck beiseitegelegt.

Mahmuds Eltern sind beide sehr warmherzige Menschen. Insbesondere seine Mutter behandelte mich so liebevoll, als wäre ich ihre eigene Tochter. Da sie merkte, wie erschöpft ich war, strich sie mir über den Kopf. »Es tut mir so leid, was du alles durchmachen musstest, liebes Kind«, sagte sie, »aber jetzt ist es vorbei. Jetzt ruhst du dich aus – und kommst wieder zu Kräften.« Sie bereitete uns allen ein Lager in Mahmuds Jugendzimmer und forderte mich auf, mich dort einfach hinzulegen und zu schlafen, solange ich wollte. »Du musst nichts machen, Liebes. Ich kümmere mich um alles«, versprach sie. Eine solche mütterliche Liebe hatte ich seit meiner Kindheit nicht mehr erfahren – und sie beruhigte mich unglaublich. In meinen ersten Tagen in Ägypten verbrachte ich daher viel Zeit mit Ausruhen, Schlafen und Schlummern.

Der Lageraufenthalt hatte mich körperlich und seelisch ausgelaugt. Aber ich war nicht die Einzige: Auch meine Kinder befanden sich in keinem guten Zustand und hatten mit den Folgen der Internierung schwer zu kämpfen. Moez ging es besonders schlecht: Aufgrund seiner Lungenprobleme muss er ja eigentlich unter einer Atemmaske schlafen. Aber das war im Lager nicht geschehen, weshalb er jetzt ständig hustete und kurzatmig war. Nachts wachte er oft auf, weil er nicht genug Luft bekam.

Beide Kinder konnten anfangs auch kaum Nahrung bei sich behalten. Sobald sie etwas aßen, insbesondere gekochte Speisen, mussten sie sich erbrechen. Das brachte mich fast zur Verzweiflung, weil sie so abgemagert waren. Wie sollten sie zulegen, wenn alles wieder herauskam? Meine Schwiegermutter, die das Problem erkannte, begann bereits am zweiten Tag, ihnen Schonkost zuzubereiten: Ein paar Löffel Reis oder ein kleines Stück Brot konnten sie leichter verdauen als komplizierte Gerichte.

»Sie haben gehungert. Wir müssen sie erst wieder an Nahrung gewöhnen«, sagte Mahmuds Mutter zu mir.

Appetit hatten die Kinder aber durchaus. Immer, wenn sie sich unbeobachtet fühlten, schlichen sie in die Küche, um dort Brot oder andere Nahrungsmittel zu stehlen. Die aßen sie jedoch nicht sofort, sondern versteckten sie in ihren Betten. Erst wenn sie sich unbeobachtet fühlten, verspeisten sie ihre Beute. Kam ich dazu, so sprangen sie auf und liefen damit weg. Sie fürchteten, dass ich ihnen das Stück Brot – oder was immer sie gerade aßen – wieder wegnehmen würde. Und sooft ich ihnen auch sagte, dass sie so viel essen durften, wie sie wollten: Moez und Elena behielten diese Vorsichtsmaßnahme hartnäckig bei.

Selbst mir gegenüber benahmen sich die beiden sehr ängstlich. Sie mussten in der Gefangenschaft schlimme Erfahrungen gemacht haben. Wenn ich frontal auf sie zukam, duckten sie sich weg, so als erwarteten sie Schläge. Es schmerzte mich, dass sie selbst ihrer Mutter nicht vertrauten. Sie glaubten, ich wollte sie verletzen. »Wovor habt ihr Angst?«, fragte ich sie. »Wer hat euch etwas zuleide getan? Ich tu euch doch nichts!«

Allerdings war es schwer, sich mit ihnen zu verständigen. Denn sowohl Moez als auch Elena hatten im Lager einen Großteil ihrer Sprache verloren. Vorher plapperten sie bereits auf Uigurisch. Aber jetzt war ihr Vokabular wie weggeblasen. Meistens sahen sie mich nur an und schwiegen. Und manchmal purzelten ein paar Brocken Chinesisch aus ihnen heraus. So fragte Moez mich etwa unvermittelt: »ni how ma« - »wie geht es dir« auf Chinesisch. Später erzählte er mir auch, »lalala« habe ihn geschlagen. »Lalala« ist ein Kinderwort für Han-Chinesen.

Es stimmte mich sehr traurig zu realisieren, wie sehr meine Kinder gelitten hatten. Deshalb war auch ich in dieser Zeit sehr dünnhäutig. Das bekam vor allem meine arme Schwiegermutter zu spüren, obwohl sie alles tat, um mir das Leben so angenehm wie möglich zu machen. Sie fühlte meine Traurigkeit – und machte mir oft Komplimente, um ich zu trösten. »Du bist so klein und süß, nicht so grob und ungehobelt wie ägyptische Frauen«, sagte sie etwa. »Du bist die Tochter, die ich nie hatte.«

Manchmal wurde mir das zu viel. Dann zischte ich Mahmud zu, sie solle mich endlich in Ruhe lassen. »Was hat sie gesagt?«, fragte seine Mutter.

»Nichts. Sie sagte nur, dass sie dein Kopftuch mit den silbernen Stickereien sehr schön findet.«

»Ach, wirklich?« Und um mir eine weitere Freude zu machen, band sie mir das Tuch sogleich um den Kopf. »Es gehört dir!«, verkündete sie. »Ich schenke es dir!«

»Nein, das kann ich nicht annehmen«, wehrte ich mich. Aber als sie insistierte, lächelte ich beschämt und bedankte mich bei ihr.

»Sie will nur, dass es dir gut geht. Nimm ihre Liebe einfach an«, sagte Mahmud später zu mir. Das nahm ich mir zu Herzen. Ohne ihn und seine Eltern hätte ich diese dunkle Zeit nicht überstanden. Die Depression hätte mich übermannt.

Leider konnte Mahmud nicht lange bei uns bleiben. Er arbeitete ja für diese Firma in Dubai, die ihm nur eine Woche Urlaub gewährt hatte. Nun waren bereits vier Wochen vergangen, und sein Boss schrieb ihm böse Briefe, weil er nicht zurückkehrte. Es eilte also.

»Du erholst dich jetzt erst mal eine Weile bei meinen Eltern, während ich dort meine Angelegenheiten regele«, sagte Mahmud zu mir. Wir hatten nicht viele andere Optionen, denn das

Einkommen, das der Job uns bescherte, war für unsere Familie angesichts der hohen Unkosten, die wir gehabt hatten, ziemlich wichtig. Deshalb ermutigte ich ihn, bereits wenige Tage nach unserer Ankunft zurück nach Dubai zu gehen. »Sobald es geht, hole ich euch nach – oder eröffne wieder einen Laden in Kairo, damit wir als Familie zusammenleben können«, versprach er mir.

Mahmuds Eltern bestürmten uns, dann auch endlich unsere seit Jahren geplante Hochzeitsfeier nachzuholen. Am liebsten hätten sie das noch vor seiner Abreise erledigt, doch dafür reichte die Zeit nicht. Auf ihren Wunsch gingen wir aber immerhin zu einem Fotografen und ließen uns dort in festlichen Kleidern als Hochzeitspaar ablichten. Normalerweise wird dieses Foto in dem Raum aufgestellt, in dem die Hochzeitsgäste begrüßt werden. Meine Schwiegereltern platzierten es gut sichtbar auf einer Kommode in ihrem Wohnzimmer. Ich freute mich über diesen Ehrenplatz und betrachtete es gerne. Und für Besucher diente es als Nachweis, dass wir ein legitimes Paar waren, auch wenn das große Fest noch ausstand.

Nachdem Mahmud abgereist war, gingen wir weiter unserem Alltag nach, der vor allem um die Kinder und ihre gesundheitlichen Probleme kreiste. Wir hörten erst mal ein paar Tage lang nichts von ihm. Ich fand das nicht erstaunlich: Sicherlich hatte Mahmud nach seiner Rückkehr in der Firma viel zu tun und kam gar nicht dazu, sich bei uns zu melden, dachte ich.

Erst nachdem fast eine Woche vergangen war, wurde ich unruhig. Besonders merkwürdig fand ich, dass er meine Whatsapp-Nachrichten nicht beantwortete. Dabei hatte mir Mahmud vor seiner Abreise eigens eine ägyptische SIM-Karte für mein Handy besorgt, damit wir in Kontakt blieben. Und jetzt reagierte er nicht! Ihm war doch nichts passiert?

Schließlich tippte ich die Nummer seines Freundes ein, der ebenfalls aus Ägypten kam und in Dubai arbeitete. Seine Nummer hatte er mir für den Notfall hinterlassen. Mahmuds Freund wusste gleich, wer ich bin. »Mihrigul«, sagte er »Ich habe schon so viel von dir gehört!«

»Ich erreiche Mahmud nicht mehr. Ich mache mir Sorgen«, berichtete ich ihm.

»Ja, äh … Mach dir keine Sorgen.« Seine Stimme gefiel mir nicht. »Mahmud kann derzeit nicht antworten, weil er äh … bei der Polizei ist.«

»Bei der Polizei?« Ich schnappte nach Luft. »Was macht er da? Was ist mit ihm?«

»Er, äh … wurde bei seiner Ankunft in Dubai verhaftet und befindet sich noch in Untersuchungshaft. Die Firma hat ihn verklagt, weil er ohne Erlaubnis so lang weggeblieben ist. Sie behauptet, er habe den Arbeitsvertrag nur benutzt, um ein Visum für Dubai zu erhalten …«

»Aber das ist doch absurd!«

»Ja, das ist Dubai. Hier haben die Unternehmen viel Macht über ihre Mitarbeiter aus dem Ausland.«

Ich konnte es nicht glauben. Schließlich redeten wir über Dubai, nicht China. Herrschte da etwa dieselbe Willkür? Oder hatten die Chinesen etwas mit seiner Verhaftung zu tun? Mir fiel ein, dass sie mit Dubai viele Geschäfte betrieben und deshalb vermutlich auch hier Einfluss hatten. Vielleicht steckte das dahinter.

»Aber mach dir, wie gesagt, keine Sorgen«, versuchte mich der Ägypter am anderen Ende der Leitung immer noch zu beruhigen. »Er kommt sicher schnell wieder frei. Schließlich hat er nichts verbrochen …«

Ich hatte auch nichts verbrochen und war trotzdem im Gefängnis gelandet, dachte ich. Sollte dasselbe Schicksal nun Mahmud blühen? Ich fing an zu weinen.

»Na, nun weine doch nicht! Du wirst schon sehen, dass alles gut ausgeht. Jedenfalls halte ich dich auf dem Laufenden.«

»Danke. Das ist nett.«

Nachdem ich aufgelegt hatte, überlegte ich, ob ich meinen Schwiegereltern diese Nachricht überbringen sollte. Aber ich fühlte mich schuldig, weil Mahmud meinetwegen in Schwierigkeiten steckte. Also hielt ich mich erst mal zurück.

Kurz darauf meldete er sich. Er befand sich in der Wohnung seines Freundes. »Alles in Ordnung, Mihrigul«, sagte er betont optimistisch. Er berichtete mir, dass der Chef der Firma, für die er gearbeitet hatte, so erbost über sein Fehlen war, dass er ihn während seiner Abwesenheit bei den Behörden denunziert hatte. Deswegen fing die Polizei ihn gleich bei seiner Einreise ab. Nun war er seinen Job los und befand sich im Rechtsstreit mit seinem früheren Arbeitgeber.

Ich überlegte einen Augenblick. Das waren zwar keine guten Nachrichten, aber es bedeutete auch, dass Mahmud nun in Dubai nichts mehr zu tun hatte. Er konnte nach Kairo zurückkehren und mit mir gemeinsam versuchen, hier neu zu starten. »Wann kommst du zurück?«, fragte ich ihn.

»Das ist nicht so einfach.«

»Warum?«

»Die Polizei hat mir meinen Pass abgenommen.«

»Mit welcher Begründung?«

»Solange die Klage gegen mich anhängig ist, darf ich das Land nicht verlassen.« Ich schluckte. »Es tut mir leid …«

Konnte das sein, fragte ich mich: Konnte sich Gott wirklich so einen makabren Scherz mit uns erlauben? Nach allem, was wir durchgemacht hatten? Jetzt, wo ich Mahmud mehr als jeden anderen Menschen auf der Welt brauchte, durfte er uns doch nicht erneut trennen!

Aber genau das war unsere Situation: Mahmud hing ohne seinen Pass bis auf Weiteres in Dubai fest. Ich hingegen befand mich in Kairo – und besaß ebenfalls keine gültigen Papiere.

Nun musste ich seinen Eltern wohl oder übel die Wahrheit erzählen. »Bis die Sache von der Justiz geklärt ist, darf Mahmud nicht ins Ausland reisen«, berichtete ich meinem Schwiegervater, für den es eine mittlere Katastrophe bedeutete, dass sein Sohn ohne Verdienst nun nicht einmal den Unterhalt für mich und die beiden Kinder bestreiten konnte. Denn er und seine Frau lebten lediglich von einer bescheidenen Rente. »Seine Wohnung wurde ebenfalls beschlagnahmt.«

»Wir müssen geduldig sein. Gott wird uns beistehen«, sagte der fromme Mann. Aber ich spürte genau, dass auch ihm mulmig zumute wurde. Wir fragten uns beide: Ging das alles mit rechten Dingen zu? Oder war am Ende doch ich das Ziel der Schikane? Schließlich hatten wir es mit einem mächtigen Gegner zu tun.

»Wir müssen so bald wie möglich deinen Aufenthaltsstatus hier klären und einen Personalausweis für dich besorgen«, sagte mein Schwiegervater. »Nicht, dass sie …« Er biss sich auf die Lippen. Aber ich wusste, was er sagen wollte.

»Nicht, dass sie mich nach China ausweisen«, vervollständigte ich den Satz. Mir schauderte. Diese Gefahr war real.

Also ging ich zum Einwohnermeldeamt. Ich zeigte dem Verwaltungsbeamten mein Einreisedokument mit chinesischen

Schriftzeichen und meine Heiratsurkunde, die Mahmud glücklicherweise bei seinen Eltern deponiert hatte. »Ich möchte einen Ausweis beantragen«, sagte ich zu dem streng gescheitelten älteren Herrn, der zuerst mich beäugte, bevor der die Dokumente eines Blickes würdigte.

»Sie sind doch Ausländerin!«

»Ja, aber ich bin mit einem Ägypter verheiratet.« Ich deutete auf die Heiratsurkunde. Sie war mittlerweile zerknittert und etwas vergilbt, aber gut lesbar.

»Und wo ist Ihr Mann?«

»Der ist im Ausland.«

»Den brauchen wir aber!«

»Er kann nicht kommen. Reicht die Heiratsurkunde nicht aus?«

»Ihr Mann muss sich ausweisen.«

Ich überlegte. »Und sein Vater? Kann der nicht für ihn bürgen?«

Der Beamte brummte irgendetwas. »Meinetwegen«, sagte er schließlich. »Kommen Sie das nächste Mal mit Ihrem Schwiegervater. Und eine amtliche Übersetzung Ihres Passes bringen sie bitte ebenfalls mit.«

Nach dieser ersten Sondierung war ich vorsichtig optimistisch. Bei meinem nächsten Termin auf der Behörde kam ich wie gewünscht mit meinem Schwiegervater im Schlepptau und legte eine amtliche Übersetzung meines vorläufigen Ausreisedokuments inklusive des darin ausgestellten Visums vor.

»Hm«, machte der Beamte, während er sich über das Papier beugte. »Aus Xinjiang kommen Sie also. Ist es nicht sehr schwer, von dort auszureisen?« Er runzelte die Stirn. »Das Dokument ist außerdem nur zwei Monate lang gültig, es ist schon fast abgelaufen ...«

Ich ahnte, dass das Gespräch in keine gute Richtung ging. »Ja, ich weiß«, sagte ich zu ihm. »Sie haben vollkommen recht: Es ist im Moment wirklich kompliziert, aus Xinjiang auszureisen. Deshalb bin ich auch sehr froh, dass ich hier bin.«

»Aber wenn Ihr Ausweis nicht mehr gültig ist, erlischt damit auch Ihr Visum.«

»Das glaube ich nicht.«

»Auf jeden Fall muss ich mich vergewissern«, sagte der Beamte. »Ich wundere mich ohnehin, dass man Sie damit hat einreisen lassen.«

Diese Worte waren der Auftakt zu einer intensiven Recherche seitens der ägyptischen Behörden. Bereits eine Woche später bekam ich einen Anruf von der Grenzpolizei. Die Beamtin, mit der ich am Telefon sprach, stellte mir einige Fragen zu den Hintergründen meiner Ausreise. »Wie kam es, dass man Sie aus der Provinz Xinjiang ins Ausland reisen ließ«, wollte sie wissen. »Und warum haben Sie keinen normalen chinesischen Pass? Wer hat Ihnen dieses Übergangsdokument ausgestellt?«

Die Antworten, die ich ihr gab, machten sie offenbar nur noch neugieriger. Denn etwa eine Woche später bekam ich einen erneuten Anruf, diesmal von einer anderen Einheit, die sich mit dem Bereich Menschenschmuggel beschäftigte.

»Ich bin legal hier!«, beteuerte ich gegenüber dem Beamten am Hörer.

»Aber Ihre Papiere sind nicht in Ordnung.«

Wie sollten Sie auch, dachte ich. »Wir hatten es sehr eilig auszureisen. Fragen Sie Ihren Botschafter in China, wenn Sie mir nicht glauben.«

»Wir werden alle Erkundigungen vornehmen, die notwendig sind«, beteuerte der Mann. »Ich muss Sie auch bitten, hier vorstellig zu werden. Würde es Ihnen nächste Woche passen? Und bitte bringen Sie etwas Zeit mit, die Sache scheint ja kompliziert zu sein.«

Mir wurde heiß und kalt. Die Vorladung zur Polizei erinnerte mich brutal an meine Erfahrungen in Qarqan. Sofort hatte ich Flashbacks von den vielen Verhören, die ich dort über mich hatte ergehen lassen müssen. Was, wenn die Chinesen die Ägypter unter Druck setzten, damit sie mich wieder auswiesen? Dann würde ich die Wache in Kairo unter Umständen nicht als freie Frau verlassen – und mich unverhofft in einer Zelle in Qarqan wiederfinden. Deshalb schrie alles in mir: Nein! Nie wieder! Geh nur nicht zur Polizei!

Den Termin ließ ich also verstreichen. Stattdessen legte ich mir auf Facebook ein neues Profil zu und begann, dort nach Uiguren zu suchen, die wie ich selbst im Ausland lebten. Vielleicht, dachte ich, hatten sie Erfahrung mit solchen Situationen und konnten mir helfen. Auf diese Weise stieß ich auf zahlreiche Aktivisten. Ich fand auch eine Journalistin, die für das »Radio Free Asia« etliche Uiguren interviewt hatte. Sie zeichnete ein düsteres Bild von der Situation in Xinjiang. Diese Frau würde mich zumindest verstehen, vielleicht hatte sie einen Rat. Ich schickte ihr eine Nachricht über die Messenger-Funktion.

Gespannt wartete ich, ob sie sich bei mir melden würde. Aber nichts geschah. Vielleicht war sie nicht oft auf Facebook, hatte kein Interesse oder reagierte grundsätzlich auf solche Nachrichten nicht. Da ich ihr meine ägyptische Telefonnummer geschrieben hatte, gab es theoretisch auch die Option, dass sie mich anrufen würde. Nach zehn Tagen bekam ich tatsächlich einen Anruf von einer unbekannten Nummer.

»Hallo?«, sagte ich.

»Mihrigul!«, vernahm ich die Stimme meines Vaters. Ich war wie vom Donner gerührt: Damit hatte ich überhaupt nicht gerechnet. Ich freute mich natürlich, ihn zu hören. Aber ich war auch erschrocken. Woher hatte er meine ägyptische Nummer?

»Papa!«, sagte sich sprachlos.

Er kam gleich zur Sache. »Mihrigul, wir wissen, wo du bist«, sagte er in ernstem Tonfall zu mir. »Was machst du dort in Ägypten? China ist doch dein Heimatland ...«

Da wusste ich, dass er nicht allein war. Bestimmt saß ein chinesischer Beamter neben ihm und zwang ihn, dieses Gespräch zu führen.

»Bist du drinnen oder draußen?«, fragte ich ihn.

»Was redest du da für einen Unsinn?«

»Das weißt du genau.«

»Uns ist jedenfalls nichts passiert. Dir hat niemand was zuleide getan«, plapperte er weiter. »Also hör auf mit den Faxen. Komm zurück! Oder willst du deine gesamte Familie ruinieren? Weißt du, wie viele von uns wegen dir bereits in Schwierigkeiten sind?«

Danach riss die Verbindung ab. Aber seine letzte Frage hatte mich ins Herz getroffen. Ja, fragte ich mich: Was tat ich hier eigentlich? Reichte es nicht langsam mit meinen Eskapaden? Ich zog meine gesamte Familie in den Abgrund. Vielleicht sollte ich zurück nach China und mich den Behörden stellen. So würde ich zumindest meine Eltern vor weiterem Schaden bewahren.

Ich merkte, dass das kurze Gespräch mit meinem Vater aus der Sicht der chinesischen Behörden seinen Zweck erfüllt hatte: Es hinterließ mich sehr verwirrt und zweifelnd, ob ich das Richtige getan hatte. Der lange Arm der Manipulation erreichte mich sogar Tausende Kilometer von den chinesischen Gefängniszellen entfernt. Ich musste auf der Hut sein, um meinen Gegnern nicht wieder in die Fänge zu geraten. Deshalb durfte ich jetzt nicht schwach werden!

Erneut öffnete ich den Facebook-Messenger. Da sah ich, dass mir die Journalistin geschrieben hatte. »Hey Mihrigul, lass uns sprechen! Ich würde gerne deine Geschichte erfahren«, schrieb sie mir.

Am Tag darauf verabredeten wir uns. In einem langen Telefonat berichtete ich ihr sowohl von meiner Leidensgeschichte in den Lagern von Xinjiang als auch von meinen aktuellen Schwierigkeiten in Ägypten. »Ich glaube, dass die Chinesen erneut hinter mir her sind«, sagte ich zu ihr.

»Das ist kein Wunder«, sagte sie: »Du verfügst über sehr brisante Informationen. Keiner soll erfahren, welche Gräueltaten sie in diesen Lagern verüben. Das ist ein Staatgeheimnis.«

Noch während sie das aussprach, wurde mir klar, dass die Bezeichnung Staatsgeheimnis keine Übertreibung war: Ich verfügte in der Tat über Informationen, die die chinesische Regierung um jeden Preis geheim halten wollte. Niemand in der Welt draußen sollte erfahren, was die Chinesen uns Uiguren in unserer Heimat antaten. Aber ich, Mihrigul Tursun, war in der Lage, davon zu berichten. Zum ersten Mal fühlte ich die Macht, die mir das gab. Ich hatte nicht nur die Möglichkeit, sondern auch die Pflicht, der Welt von den abscheulichen Verbrechen an meinem Volk zu berichten. Die Menschen, die in den überfüllten Gefängniszellen ausharrten, verlangten genau das. Ich war entkommen, aber ich durfte die zahllosen Gefangenen in meiner Heimat nicht vergessen. Und ich traf eine Entscheidung.

»Ich will, dass du alles veröffentlichst«, sagte ich zu der Journalistin, »alles, was ich dir erzählt habe.«

»Das mache ich gern«, sagte sie. »Aber ich glaube nicht, dass du danach in Ägypten noch sicher bist.«

»Das bin ich auch jetzt schon nicht mehr: Sie wissen, wo ich bin.«

Ich bat sie, zumindest meine Stimme aufzunehmen. Falls mir etwas passierte oder ich abgeschoben würde, bliebe so zumindest meine Zeugenaussage erhalten. Das war ich meinen Leidensgenossinnen in den Zellen und meinem verstorbenen Sohn schuldig. »Wenn ich plötzlich verschwunden bin, kannst du das veröffentlichen«, sagte ich zu ihr.

Danach hörte ich eine Weile nichts von ihr. Aber ich bekam immer wieder Anrufe von der Polizei, die mich aufforderte, mich endlich der Vernehmung zu stellen. »Es ist wichtig, dass Sie hier erscheinen. Wir stehen mittlerweile auch mit den chinesischen Behörden im Kontakt«, sagten sie. Ich machte mehrere Termine, die ich nie wahrnahm. Das konnte nicht mehr lange gut gehen. Dann erhielt ich einen weiteren Anruf von einer Nummer, die ich nicht kannte. Ich überlegte, ob ich überhaupt antworten sollte; in der Regel bedeuteten diese Anrufe nichts Gutes. Ich tat es trotzdem.

»Spreche ich mit Mihrigul Tursun?«, meldete sich eine Frauenstimme, die Arabisch mit Akzent sprach.

»Ja, wer ist da?«, antwortete ich zögerlich.

»Hier ist Jennifer von der amerikanischen Botschaft.« Sie verriet mir, dass sie meine Nummer von der Journalistin erhalten hatte, und bat darum, mich treffen zu dürfen. Ich verstand sofort, dass sie am Telefon nicht mehr sagen wollte. »Heute Nachmittag um vier Uhr bei McDonald's im Hafen?« Das war nur zwei Straßen weiter. Offenbar wusste sie also auch, wo ich wohnte. Vorsicht, Mihrigul, warnte mich eine Stimme: Vielleicht ist es eine Falle. Oder eine Chance.

»Ja, einverstanden, in Ordnung«, sagte ich.

Am Nachmittag ließ ich die Kinder in der Obhut meiner Schwiegermutter und machte mich auf den Weg zum besagten McDonald's. Ich musste nicht lange laufen. Jennifer hatte mir gesagt, dass sie draußen sitzen und ein blaues Jackett tragen würde. Mit ihrem hellblonden und sorgfältig geföhnten Pagenschnitt erkannte ich sie sofort, sie saß mit zwei anderen Frauen an einem Tisch.

»Hi, ich bin Jennifer«, sagte sie zur Begrüßung und streckte mir ihre Hand entgegen. »Danke, dass du gekommen bist.«

Sie hatte bereits Cola für alle besorgt und stellte mich den beiden anderen Frauen am Tisch vor: Die eine war ebenfalls Amerikanerin und ihre Kollegin von der US-Botschaft. Die zweite, eine Ägypterin, hatten die beiden als Übersetzerin angeheuert. Jennifer, die offenbar die Chefin der Runde war, kam gleich zur Sache. »Wir haben gehört, dass du aus Xinjiang kommst und dort schlimme Erfahrungen gemacht hast«, sagte sie zu mir.

Ich nickte. Unwillkürlich sah ich mich um. War da irgendwo eine Kamera, die uns beobachtete, oder jemand, der Fotos von uns machte? Nachdem ich bei meinen Verhören in Qarqan immer wieder auch mit Bildmaterial aus Ägypten konfrontiert worden war, konnte ich gar nicht anders, als daran zu denken, dass die Augen und Ohren Chinas überall waren. Das hatte ich am eigenen Leib erfahren müssen. Deshalb war ich am Anfang unseres Gesprächs unglaublich schüchtern. In meinem Unterbewusstsein rechnete ich automatisch damit, dass alles, was ich sagte, aufgezeichnet und später gegen mich verwendet würde. Deshalb sagte ich nur »Ja« und »Nein«.

»Fühlst du dich nicht wohl mit uns?«, konfrontierte mich Jennifer. »Ist es dir nicht recht, dass wir sprechen?«

»Doch!«, beteuerte ich. »Es ist nur … Können wir vielleicht einen Spaziergang machen?«

Jetzt sah auch sie sich etwas misstrauisch um. »Ja, natürlich«, sagte sie, »das hätten wir gleich machen sollen.«

Wir spazierten also durch den Hafen. Jennifer erklärte mir, dass die Regierung ihres Landes sich mit der Problematik der Uiguren beschäftige. Allerdings sei es im Moment sehr schwierig, etwas über die Lage vor Ort zu erfahren, deshalb habe sie mich aufgesucht. »Unsere Abgeordneten versuchen, sich ihre eigene Meinung zu bilden: Sie müssen entscheiden, wie die USA künftig mit China umgehen sollen«, erklärte sie mir. »Und dafür ist es wichtig, dass sie verstehen, wie die Uiguren behandelt werden.«

Das erstaunte mich. Ich verstand nicht recht, warum ein fremdes Land sich damit beschäftigte, wie es uns ging und was China mit uns tat. Aber es freute mich, dass sich überhaupt jemand für unser Schicksal interessierte.

»Willst du als Zeugin vor dem amerikanischen Kongress aussagen?«, fragte mich Jennifer.

Ich wusste nicht genau, was der Kongress war. Es hörte sich an wie ein Tribunal. Aber ehrlich gesagt spielte das auch keine große Rolle für mich: Meine Mission war es, der Welt von den Gräueltaten der Chinesen an meinen Landsleuten zu berichten. Ihre Verbrechen an mir, an meinen Kindern und all den anderen

Uiguren mussten an die Öffentlichkeit. Davon hätte ich jedem erzählt, der es hören wollte. »Unbedingt«, sagte ich.

»Die USA werden dir im Gegenzug Asyl gewähren. Damit du wegen deiner Aussage nicht in Schwierigkeiten gerätst«, sagte Jennifer.

»Wirklich? Heißt das, ich kann danach in den USA leben?«

»So ist es.«

Ich war sprachlos. Hatte Gott etwa ein weiteres Mal meine verzweifelten Gebete erhört? »Danke«, flüsterte ich.

»Am besten verlässt du bis dahin nicht mehr die Wohnung«, riet sie mir, »Pack deine Sachen und warte auf meinen Anruf.«

Drei Tage später hielt Jennifer mit einem Wagen der Botschaft vor meiner Tür.

12
Mein neues Leben im alten

Ich hatte nichts zum Anziehen. Naserümpfend begutachtete Jennifer die drei Outfits, die im Schrank meines Keller-Apartments in Washington hingen. Die dunklen Blusen und Gewänder, in die ich mich während des ägyptischen Sommers gehüllt hatte, erschienen ihr nicht passend. Sie entschied, mit mir einkaufen zu gehen. »Du kannst nicht herumlaufen wie eine Krähe«, sagte sie, »wir brauchen etwas Businessmäßiges für dich.«

Jennifer, die meine Kinder und mich aus dem Apartment meiner Schwiegereltern in Kairo abgeholt und in die Business-Class einer American-Airlines-Maschine nach Washington verfrachtet hatte, war meine wichtigste Anlaufstelle in der neuen Heimat. Als Mitarbeiterin des amerikanischen Außenministeriums war sie im November 2018 eigens dafür abgestellt worden, meinen Auftritt vor dem Kongress und meine Umsiedelung in die USA zu organisieren, dem meine Schwiegereltern verständnisvoll zugestimmt hatten, als ich sie mit dieser Option konfrontierte. »Es ist richtig, was du tust«, ermutigte mich mein Schwiegervater ganz ausdrücklich vor der Abreise.

Wir fuhren zusammen in ein Einkaufszentrum. Dort suchte Jennifer ein dezentes, zweiteiliges Kostüm für mich aus. Außerdem kauften wir noch Pumps. Als ich mich damit im Spiegel sah, fühlte ich mich wie eine Rechtsanwältin aus einer amerikanischen TV-Serie. Aber Jennifer fand, das passte. »Willst du auch etwas für den Kopf?«, frage sie. Ich nickte. So erwarben wir in einem anderen Geschäft noch ein schönes Seidentuch in verschiedenen Blautönen. Es sollte meine islamische Identität unterstreichen. Als Jennifer mich schließlich mit meinem neuen Look sah, zeigte sie sich sehr zufrieden. »Gut siehst du aus!«, befand sie: »Dann kann ja übermorgen nichts mehr schiefgehen.«

In zwei Tagen hatte ich meinen großen Auftritt. Fast zwei Monate arbeiteten wir nun bereits auf die Aussage vor dem Kongress hin. Im Vorfeld hatte sich Jennifer mithilfe einer Übersetzerin jedes Detail meines Aufenthalts in den Gefangenenlagern erzählen lassen und versucht, einige Fakten zu überprüfen. Oft hatten sie und ihre Mitarbeiter noch Nachfragen. Schließlich stellten sie aus allen Berichten eine kompakte Zeugenaussage für mich zusammen.

Diesen Text, der sowohl auf Englisch als auch auf Uigurisch vorlag, las ich mir nun durch und überprüfte ihn wieder und wieder, während ich zusammen mit meinen Kindern in Jennifers Büro saß. Ich hatte ihr die Foltermethoden beschrieben, die die Wachleute bei den Verhören mit mir angewendet hatten, und ich zeichnete ihr den Winkel auf, in dem die Kameras in den Zellen angebracht worden waren. Auch die Halsschnitte der Kinder waren in der Akte vermerkt. »Es ist wichtig, dass jede Einzelheit stimmt«, schärfte Jennifer mir ein und fragte mich mehrmals, ob auch alle Orts- und Personennamen korrekt waren. Ich bejahte. Für mich war es merkwürdig, dass dort alles schwarz auf weiß dokumentiert war. Aber es fühlte sich auch gut an: Nun hatte ich endlich alles, was mir passiert war und was ich über das Internierungssystem der Chinesen wusste, festgehalten. Zwar fühlte ich mich in den USA halbwegs sicher. Aber falls mir doch etwas passieren sollte, gab es zumindest diese Dokumente, dachte ich.

Als wir nach diesem Termin mit einem Taxi zurück nach Hause fuhren, bemerkte ich plötzlich ein paar helle Scheinwerfer im Rückspiegel des Fahrers. Ich verkrampfte. War das Zufall? Hing uns da nur ein Raser auf der Stoßstange? Oder verfolgte uns jemand? Ich vergewisserte mich, dass meine Kinder, die mit mir auf der Rückbank hockten, angeschnallt waren. »Können Sie schneller fahren?«, bat ich den Fahrer.

»Kein Problem, Madame«, sagte der Mann, ein Inder mit Turban, und trat aufs Gaspedal. Unser Wagen heizte mit über hundert Meilen pro Stunde über den städtischen Highway. Doch der Wagen, der hinter uns fuhr, zog ebenfalls die Geschwindigkeit an.

Mir pochte das Herz bis zum Hals. Er ließ sich nicht abschütteln. Auch der Taxifahrer merkte, dass da irgendetwas nicht stimmte. Er legte noch einen Zahn zu. Aber das änderte überhaupt nichts: Der andere Wagen holte sogar noch weiter zu uns auf. Dann wechselte er die Spur. Wollte er uns überholen? Nein, er näherte sich von der Seite. Er kam so nah an uns heran, dass der Spiegel abbrach.

Der Taxifahrer fluchte. »Du Arschloch! Ich zeig dich an!«, brüllte er. »Madame, er versucht, uns abzudrängen. Ich glaube, er will, dass wir anhalten ...«

»Bitte, um alles in der Welt, halten Sie nicht!«, flehte ich. Meine Kinder weinten vor Angst. Schon zog der Wagen an uns vorbei und versuchte, vor uns zu kommen. Er wollte uns den Weg abschneiden. Geistesgegenwärtig zückte ich mein Handy und fotografierte sein Nummernschild. Er hatte ein mexikanisches

Kennzeichen. Unterdessen gelang es dem Taxifahrer, sich nach rechts auf eine Seitenstraße zu flüchten. Er hatte unsere Verfolger abgeschüttelt.

»Oh mein Gott«, sagte ich und atmete tief aus. »Danke. Das haben Sie gut gemacht.«

»Kannten Sie diesen Typen?«, fragte er.

»Nein«, antwortete ich wahrheitsgemäß. Der Fahrer hatte ein südamerikanisches Äußeres gehabt. »Nie gesehen.«

Wir fuhren noch eine Weile mit Vollgas durch die Straßen, bis wir ganz sicher waren, dass wir den Kerl wirklich hinter uns gelassen hatten. Dann hielt der Fahrer an einer Station des FBI. Er erstattete Anzeige gegen unbekannt.

»Haben Sie irgendeinen Verdacht, wer das gewesen sein könnte?«, fragte mich auch der Beamte der Hauptstadtpolizei USCP, der das Protokoll aufnahm. »Gibt es irgendjemanden, der Ihnen Böses will?« Ich musste fasst lachen, so grotesk klang diese Frage. Ja, die Regierung des zweitmächtigsten Landes der Welt, dachte ich.

Ich zeigte dem Beamten das Foto, das ich geschossen hatte, damit er das Kennzeichen überprüfen konnte. Und tatsächlich gelang es ihm, den Besitzer des Wagens zu identifizieren. Er gehörte einem mexikanischen Einwanderer, der über keine gültigen Aufenthaltspapiere verfügte und eigentlich abgeschoben werden sollte. Ich bin überzeugt, dass er als Auftragskiller angeheuert worden war.

In dieser Nacht schlief ich sehr schlecht. Ich lag zusammen mit Elena und Moez in einem Bett, und wir hielten uns an den Händen. Das taten wir oft, um uns zu vergewissern, dass wir nicht allein waren. Die Kinder beruhigte es, meine Anwesenheit zu spüren. Während ich ihrem regelmäßigen Atem lauschte, versuchte auch ich, vor dem großen Tag Kräfte zu sammeln. Aber immer, wenn mich der Schlummer übermannte, schreckte ich auf und glaubte, Geräusche zu hören. Schlich da jemand ums Haus? Oder versuchte jemand, in die Wohnung zu kommen? Ich war mir nicht sicher, ob meine Gegner wussten, wo ich wohnte. Immerhin hatten sie gewusst, in welchem Taxi ich saß.

Ziemlich gerädert wachte ich am nächsten Morgen auf. Ich tapste zur Kochzeile und brühte mir einen starken Tee auf, um mich in Schwung zu bringen. Als ich einigermaßen auf den Beinen war, weckte ich Elena und Moez und zog ihnen ihre besten Sachen an. Während die Kinder ihre Cornflakes löffelten, warf ich mich selbst in das Kostüm, das mir Jennifer besorgt hatte. Denn es war so weit: Schon hielt vor unserer Tür der Wagen, den uns das State Department schickte. Er fuhr mich und die Kinder ins Zentrum Washingtons, zum Kapitol.

Es war ein großer Augenblick für mich, als wir das altehrwürdige, weiße Steingebäude mit der mächtigen Kuppel betraten, das ich bislang nur aus dem Fernsehen kannte. Eine von Jennifers Kolleginnen führte uns in einen Raum, in dem die Kinder spielen konnten, während ich für meinen Auftritt geschminkt wurde. Jetzt wurde ich doch langsam ziemlich aufgeregt. Bevor es losging, vergewisserte ich mich noch einmal, dass es Moez und Elena gut ging. »Wohin gehst du, Mama?«, fragten sie.

»Ich bin gleich wieder da. Ich werde nur ein paar Süßigkeiten für uns kaufen«, log ich. Dann überließ ich sie der Babysitterin, denn die Politiker warteten bereits auf mich.

Der Raum, in dem die Anhörung stattfand, war riesengroß und mit dunklem Holz getäfelt. Ich erschrak, wie viele Leute dort saßen: Ungefähr 300 Politiker und Vertreter der Presse. Ganz vorne gab es eine Bühne, auf der in einem Halbkreis Stühle angeordnet waren. Dort nahm ich neben einer Übersetzerin Platz. Alle Journalisten richteten ihre Mikrofone und Kameras auf mich. Dann wurde es still im Raum. Ich blinzelte verlegen, die Scheinwerfer blendeten mich.

»Vielen Dank, dass Sie heute bei uns sind, Mihrigul Tursun«, begrüßte mich ein Politiker. Ich hatte keine Ahnung, wer er war.

Ich nickte und bedankte mich für die Einladung. Als meine Stimme über die Lautsprecher in den Raum hallte, fand ich, dass sie sich krächzend anhörte. Zudem war ich mir nicht sicher, ob die Leute mein Englisch verstehen würden. Aber ich dachte nur: Die amerikanische Regierung fragt dich, und deshalb wirst du ihr antworten. Glücklicherweise musste ich auch erst einmal nicht selbst reden, sondern nur zuhören. Die Übersetzerin las meine Zeugenaussage für mich vor.

Während ich ihrem oder, besser gesagt: meinem Bericht lauschte, war meine Miene versteinert. Ich fühlte mich auf merkwürdige Weise unbeteiligt. War tatsächlich ich diese Person, die all diese Grausamkeiten erlebt hatte? Ich kam mir mehr und mehr vor wie eine Zuschauerin, die einen Film oder ein Theaterstück betrachtete. Doch dann kam die Übersetzerin an die Stelle, an der ich vom Tod meines Sohnes im Krankenhaus von Urumchi berichte. Da hielt ich plötzlich wieder seinen in die Decke gewickelten toten Körper in den Armen. Unwillkürlich kamen mir die Tränen. Ich sah in die Gesichter der Abgeordneten und merkte auch ihnen ihr Entsetzen an.

Nach dem Verlesen meiner Zeugenaussage sagte der Politiker, der schon zuvor das Wort geführt hatte: »Wir haben Ihre Geschichte gehört, und Ihre Dokumente liegen uns vor. Aber wir würden gerne mehr von Ihnen persönlich erfahren. Ist es möglich, dass wir Ihnen einige Fragen stellen?«

Ich nickte. Klar war ich einverstanden, das hatte ich mir schließlich vorgenommen. Doch als die ersten Fragen kamen, merkte ich, dass mich das sehr nervös machte. Ich fühlte mich unwohl, weil mich die Situation an meine Verhöre mit den Chinesen erinnerte. Unterbewusst erwartete ich, dass ich bestraft würde, dass sie mir Schmerzen zufügen würden. Was, wenn du eine Antwort nicht weißt, spukte es in meinem Hinterkopf. Und dann verdüsterte sich plötzlich alles in meinem Hirn, und ich konnte tatsächlich nicht mehr antworten.

»Ist alles in Ordnung, Frau Tursun?«, fragte mich der Politiker. »Sollen wir vielleicht eine Pause machen?«

»Nein«, antwortete ich und versuchte, mich daran zu erinnern, dass ich hier nicht in einem chinesischen Verhörsaal war. Diese Menschen wollten mir nichts Böses. Sie würden mich weder foltern noch in eine Zelle sperren. Sie interessierten sich lediglich für das, was ich durchlitten hatte. Und vielleicht konnten sie mir sogar helfen, meinen mächtigen Gegner für das, was er mir angetan hatte, zu bestrafen. »Alles in Ordnung, wir können weitermachen«, sagte ich fest.

Die Politiker stellten mir viele Fragen. Ich beantwortete sie mal auf Uigurisch, mal auf Englisch. Insgesamt dauerte die Anhörung zwei Stunden. Danach fühlte ich mich erschöpft, aber auch zufrieden, dass ich diesen einflussreichen Menschen einen Einblick geben konnte, was für unfassbare Verbrechen an meinen Landsleuten verübt werden.

Ich kann allerdings nicht sagen, dass ich danach glücklich war. »Glück« gibt es in meinem Leben nicht mehr. Die chinesische Regierung hat mich so gequält: Sie hat mich der Freuden meiner Mutterschaft beraubt, des Erlebnisses, meine Babys an meine Brust zu legen und für sie da zu sein. Diese Chance kehrt nie wieder zurück. Und ich selbst werde nie mehr so fröhlich und unbefangen wie vor meiner Inhaftierung sein. Selbst diese mächtigen Politiker in den USA konnten mir diese verlorene Zeit nicht zurückgeben. Und auch meinen toten Sohn und meine zurückgelassene Familie konnten sie mir nicht wiedergeben. Deshalb führten alle meine Rachegelüste ins Leere. Was immer ich jetzt tat: Es würde die schmerzvollen und tragischen Verluste, die ich erlitten hatte, nicht kompensieren. Ich würde es meinen Peinigern nie heimzahlen können. Das verstand ich in diesem Moment.

Später habe ich einmal mit einem Psychologen über all das geredet. Ich sagte ihm, dass ich mir nichts sehnlicher wünschte, als die schreckliche Zeit in Xinjiang ungeschehen zu machen oder sie zumindest zu vergessen. »Bitte gib mir eine Pille, die mein Gehirn wieder leer macht«, sagte ich zu ihm, »damit ich wieder befreit leben kann.« Aber eine solche Medizin gibt es leider nicht. Ich bin dazu verurteilt, die Erinnerung an die erlittenen Gräueltaten mit mir herumzutragen, mein Leben lang.

Leider ergeht das meinen Kindern nicht anders. Nach der Anhörung holte ich sie wieder ab und brachte ihnen die versprochenen Süßigkeiten: Aus einem Automaten hatte ich Gummibärchen und Schokoladenriegel besorgt. »Seid ihr auch brav gewesen?«, fragte ich und sah dabei vor allem die Babysitterin an. Ich weiß, dass meine Kinder manchmal anstrengend sein können, besonders wenn sie Personen nicht kennen. Immer wieder beobachte ich an ihnen Verhaltensweisen, die mir verraten, dass auch sie die Zeit der Gefangenschaft noch belastet. Sie sind zwar dem Lager entkommen, aber das Leid steckt in ihren Körpern und in ihren Köpfen.

Dass sie sich in Gegenwart von Fremden nicht wohlfühlen – und sich manchmal auch vor ihnen verstecken –, ist ein Symptom der schlechten Erfahrungen, die sie dort gemacht haben. Sie sind sehr ängstlich. Beide fürchten sich vor Tieren, insbesondere vor Hunden. Wenn wir im Park einem Vierbeiner begegnen, ergreifen sie die Flucht, denn Hunde erinnern sie an die Nacht meiner Verhaftung: Damals umstellten die Polizisten mit großen, wütend kläffenden Hunden unser Bett. Dieses Erlebnis hat sie traumatisiert, und das sitzt ihnen bis heute in den Knochen.

Nachts vergewissert sich Moez meiner Anwesenheit in der Wohnung. Am liebsten hat er es, wenn ich neben ihm schlafe und dabei seine Hand halte. Tue ich das nicht, kommt er ständig ins Zimmer und kontrolliert, ob ich noch da bin. Er hat höllische Angst, mich erneut zu verlieren.

Manchmal überrascht mich mein Sohn zudem mit Aggressionsschüben, die auf den ersten Blick gar nicht zu seinem sonst sanftmütigen Wesen passen. Als wir etwa im Flugzeug saßen, entdeckte er hinter uns einen Mann und eine Frau aus Korea. Sie hatten Augen, die denen der Han-Chinesen ähnelten. Und offenbar löste dieser Anblick Erinnerungen an die Lagerzeit in ihm aus. Jedenfalls war er mit einem Mal sehr aufgedreht und erklärte mir mit lauter Stimme, dass er die beiden »ni how« verprügeln würde. Er benutzte das chinesische »Wie geht's« dabei als Synonym für Chinesen. Schon sprang er von seinem Sitz auf, um seine Ankündigung in die Tat umzusetzen. Ich konnte ihn mir gerade noch schnappen und festhalten. »Du kannst nicht einfach losziehen und fremde Leute vermöbeln, Moez«, ermahnte ich. »Das tut man nicht.« Er heulte vor Wut.

Ein anderes Mal, das ist noch nicht so lange her, beobachteten wir auf der Straße eine Demonstration gegen die neuen Handelssanktionen, die China gegen die USA erlassen hatte. Ich weiß nicht mehr, um welche Produkte es da konkret ging. Jedenfalls waren die Menschen wütend, dass ihre Exportgüter demnächst seitens Pekings mit hohen Steuern belegt würden. Die Demonstranten hielten Plakate in die Höhe und riefen »China go home«. Das hörte Moez – und das gefiel meinem Sohn. Seitdem hat er jedenfalls dauernd diesen Slogan auf den Lippen.

Als ich ihn am nächsten Tag von der Kita abholte, nahm mich die Erzieherin zur Seite. »So geht das nicht«, sagte sie zu mir, »ihr Sohn darf die anderen Kinder nicht politisch indoktrinieren …«

Ich verstand anfangs überhaupt nicht, wovon sie redete. »Hat Moez etwas angestellt?«, frage ich sie rundheraus.

»Er hat die anderen Kinder angehalten, sich in eine Reihe zu stellen und politische Slogans zu rufen.«

»Was denn für Slogans?«

»»China go home«.« Sie schüttelte missbilligend den Kopf – und ich errötete vor Scham. Aber innerlich war mir zum Weinen zumute. Denn natürlich fragte ich mich, welche Erlebnisse Moez da verarbeitete. Hatte auch er sich im Lager in eine Reihe aufstellen und Slogans rufen müssen, genauso wie ich? Hatten die Chinesen bei ihrer Gehirnwäsche noch nicht einmal vor den Kindern haltgemacht?

Auch gesundheitlich haben wir alle drei immer noch mit Folgen der Internierungen zu kämpfen. Meine Tochter hat Probleme mit ihren Augen und muss eine Brille tragen, weil sie halb blind ist. Leider wurde die operative Begradigung ihrer Augen versäumt. Und mein Sohn leidet immer noch stark darunter, dass er nicht genug Luft bekommt. Er schläft jede Nacht unter einer Sauerstoffmaske und wurde mittlerweile mehrfach operiert.

Nach Auskunft der Ärzte entstand durch die seitlichen Schnitte, die meine Kinder am Hals trugen, als ich sie in Urumchi zurückbekam, bei ihm eine Entzündung und danach eine Zyste. Die schnürte ihm buchstäblich die Luft ab. Auch seine Nase ist durch die Schläuche geschädigt, die dort eingeführt wurden. Durch den Luftmangel wiederum sind seine Hoden zu klein geraten. Zudem kann er den Urin nicht halten: Lange Zeit musste ich ihm Windeln anziehen, denn er nässte sich nachts ein.

Ich selbst begann auf Anraten eines Psychiaters kurz nach meiner Ankunft in den USA, Antidepressiva einzunehmen. Nach all den schrecklichen Erlebnissen litt ich unter einer posttraumatischen Belastungsstörung, die eine Depression auslöste. Besonders belastete mich die Auskunft der Ärzte, dass ich unfruchtbar geworden bin. Ich hätte mit Mahmud gerne noch mehr Kinder bekommen. Ich vermute, das ist auf die Medikamente zurückzuführen, die im Lager zwangsverabreicht wurden. Außerdem habe ich einen merkwürdigen Hautausschlag, den sich niemand erklären kann.

Mein größtes Problem aber ist mein rechtes Ohr: Aufgrund der Schläge, die ich erhalten habe, ist die Ader dahinter gerissen, und es blutet ständig. Mein Ohr läuft dann mit Eiter voll und schmerzt. Es muss jede Woche gereinigt werden, damit die Infektion nicht ins Hirn zieht. Eigentlich müsste ich am Kopf operiert werden. Aber ich habe keine Krankenversicherung, die das zahlt.

Mein Leben in den USA war in den vergangenen drei Jahren nicht besonders stabil. Für meine Bereitschaft, vor dem Kongress auszusagen, wurde meinen Kinder und mir zwar das Aufenthaltsrecht gewährt. Im Dezember 2018 bekam ich dafür außerdem einen Menschenrechtspreis verliehen, den »Citizen Power Award«. Ich bin sehr froh, dass wir hier in den Vereinigten Staaten leben können – und dass ich sogar dafür ausgezeichnet werde, meine Meinung zu sagen. Trotzdem war die Anfangszeit alles andere als leicht. Insgesamt musste ich bisher fünf Mal umziehen, weil es immer wieder Versuche gab, mich einzuschüchtern. Es ist erschreckend zu sehen, dass der lange Arm Chinas sogar bis nach Washington reicht.

Einmal zum Beispiel befand ich mich in einem Einkaufszentrum, um ein paar Sachen für die Kinder zu besorgen. Als ich mit ihnen von einem Bekleidungsgeschäft ins nächste ging, bemerkte ich, dass stets zwei Chinesen hinter uns herkamen. Zunächst dachte ich, sie seien vielleicht zufällig da. Du siehst bereits Gespenster, schalt ich mich selbst. Doch als ich in ein Fast-Food-Restaurant ging, um den Kindern Pommes zu kaufen, folgten sie uns auch dorthin und setzten sich an einen Tisch in unmittelbarer Nähe. Und dann machten sie von dort Fotos von uns.

Ich bekam Panik. Auch Moez und Elena spürten, dass etwas faul war, und rutschten unruhig auf ihren Stühlen herum. Was sollte ich tun? Ich wollte auf keinen Fall nach Hause gehen, um ihnen nicht zu verraten, wo ich wohnte. Schließlich rief ich von unserem Tisch aus das FBI an: Ich erklärte den Beamten die Situation und sagte ihnen, dass ich mich von den beiden verfolgt fühlte. Wenig später kamen sie. Bei der Überprüfung der Personalien meiner beiden Verfolger stellte sich heraus, dass sie Angehörige der chinesischen Botschaft in Washington waren.

Doch auch wenn ich bei dieser Gelegenheit verhindern konnte, dass sie mich bis nach Hause verfolgten: Meine Adresse wussten sie dennoch. Ich erschrak fürchterlich, als es eines Nachts laut an unserer Tür klopfte. Das konnte nichts Gutes bedeuten. Meine Kinder, die bei dem Geräusch ebenfalls sofort aufgewacht waren, lagen starr vor Schreck im Bett und fragten mich, wer da zu uns kam. »Ich weiß es nicht«, flüsterte ich und versuchte, mir meine Angst nicht allzu deutlich anmerken zu lassen. »Ich gehe mal nachsehen.«

»Nein!«, schrie Moez. Er und Elena hielten meine Hand fest und wollten mich nicht gehen lassen. Ehrlich gesagt wäre ich selbst auch lieber liegen geblieben. Aber das Klopfen nahm kein Ende. Daher wollte ich zumindest einen Blick durch den Spion werfen und herausfinden, wer uns da terrorisierte.

»Ich mache die Tür nicht auf«, versprach ich meinen Kindern.

Auf leisen Sohlen tapste ich in der Dunkelheit zur Wohnungstür und schaute durch die Luke. Aber der Mensch auf der anderen Seite musste gemerkt haben, dass ich mich näherte: Er hielt seinen Finger auf den Sehschlitz. Ich wagte kaum zu atmen. Er wusste genau, dass ich auf der anderen Seite stand. Eine Weile verharrte ich in Regungslosigkeit. Dann schlich ich mich ins Bett zurück.

Dort kuschelte ich mich an meine Kinder. »Habt keine Angst«, versuchte ich sie zu beruhigen, obwohl ich selbst alles anderes als beruhigt war. Das Klopfen hatte inzwischen aufgehört. Aber ich fragte mich: Stand der Typ immer noch da?

Auf einmal hörten wir ein lautes Klirren in unmittelbarer Nähe. Meine Kinder schrien. Ein Backstein war durch unser Schlafzimmerfester geflogen und hatte die Scheibe zertrümmert. Von draußen strömte die kalte Nachtluft hinein. Ich hatte schreckliche Angst und umklammerte meine Kinder. Erst als ich mich aus der Stockstarre gelöst hatte, vermochte ich, die 911 zu wählen. Die Polizisten erreichten unser Haus kaum zwei Minuten später.

»Sie sollten umziehen, Madame«, riet mir der FBI-Officer, der den Vorfall untersuchte. »Hier sind Sie nicht sicher.« Drei Tage später bezogen wir eine neue Bleibe, die zweite von fünf.

In unserer neuen Wohnung trafen wir zusammen mit den FBI-Beamten einige Sicherheitsvorkehrungen: Sie installierten Kameras vor der Eingangstür und den Fenstern, deren Aufnahmen auf einen Bildschirm im Schlafzimmer übertragen wurden. So konnte ich dort stets beobachten, was draußen vor sich ging – und im Notfall Alarm schlagen. So zumindest die Theorie.

Tatsächlich aber ließen mich meine Verfolger bereits kurz nach meinem Einzug auf subtile Weise wissen, dass sie auch diese Adresse kannten: Zuerst ritzten sie ein Kreuz in die Tür.

Dann wurden sie deutlicher: Sie schoben ein gefaltetes Blatt durch den Schlitz für die Zeitungen. »Wir wissen alles über dich, was du isst, wo du wohnst, wo deine Kinder zum Kindergarten gehen«, las ich die chinesischen Schriftzeichen. »Es ist besser, wenn du in Zukunft den Mund hältst …«

Sprachlos ließ ich das Papier sinken. Wie konnte das sein? Wie hatten sie das in meine Wohnung befördert, wo doch der gesamte Türbereich draußen von Kameras überwacht wurde?

Ich zeigte das Papier dem Officer, und der nahm es mit, um es auf Fingerabdrücke zu untersuchen. Außerdem durchforstete er die Bänder mit den Kameraaufnahmen. Den Besucher, der mir den Brief hinterlassen hatte, fand er darauf jedoch nicht. Einzig seine behandschuhten Hände, die das Papier durch den Schlitz schoben, waren zu sehen.

»Der Typ hat genau den toten Winkel ausgenutzt«, sagte er mit einer Mischung aus Abscheu und handwerklichem Respekt: »Da war ein absoluter Profi am Werk.«

Meine Verfolger aus der alten Heimat abzuschütteln ist mir bis heute nicht gelungen. Fast habe ich mich daran gewöhnt, dass sie mich immer wieder finden. Kürzlich ist eine chinesische Frau in meine Gegend gezogen: eine Patriotin, die nur in chinesischen Geschäften einkauft. Kann es Zufall sein, dass sie jetzt meine Nachbarin ist? Spioniert sie mich aus? Ich weiß es nicht. Aber ich lasse mich davon nicht mehr einschüchtern, ich muss mit der Angst leben. Für mich selbst habe ich die Entscheidung getroffen, dass mich niemand mehr zum Schweigen bringen kann.

Viele Uiguren, die in Washington leben, ticken da anders. Sie fürchten den langen Arm Chinas und verhalten sich entsprechend vorsichtig. Um mich machen sie deshalb einen großen Bogen: Sie wissen, dass ich vor dem Kongress ausgesagt habe und deswegen bei den Chinesen auf der Abschussliste stehe. Wenn es bei einer Veranstaltung der Uiguren darum geht, Tacheles über die Situation in unserer Heimat zu reden, soll ich zwar immer kommen, auf die Bühne steigen und sprechen. Aber bei privaten Feiern wie Hochzeiten laden sie mich lieber nicht ein. Auch Fotos machen sie nicht mit mir zusammen, denn sie könnten ja auf Facebook oder Instagram landen. Und wenn ich auf einem Bild doch neben ihnen auftauche, schwärzen sie mein Gesicht, damit kein chinesischer Zensor mich – die Nestbeschmutzerin – erkennt.

Sie begründen diese Vorsichtsmaßnahmen, indem sie auf ihre Familien in Xinjiang verweisen. »Wir dürfen die, die zurückgeblieben sind, nicht in Gefahr bringen«, sagen sie. Das tut mir sehr weh, denn auch ich habe schließlich noch Familie dort. Es zeigt mir, dass sie immer noch Angst vor den Racheaktionen Chinas haben. Sie haben sich innerlich noch nicht frei gemacht. Ihre Hirne sind noch immer gewaschen: Keiner tritt mutig auf.

Es braucht eine enorme innere Stärke, um das zu tun. Auch ich habe diese Kraft oft nicht. Dann muss ich mich daran erinnern, dass ich eine Pflicht habe, die Wahrheit auszusprechen, selbst wenn ich einen hohen Preis dafür zahle. Wer soll es denn sonst tun? Die, die zurückgeblieben sind, können es jedenfalls nicht.

Auch meine Eltern können das nicht. Ich muss das Schlimmste befürchten: dass sie selbst in Lagerhaft sitzen und gefoltert werden. Ich höre nur von ihnen, wenn die chinesische Regierung sie benutzt, um mich unter Druck zu setzen. Zweimal riefen sie mich in Ägypten an und beschworen mich zurückzukehren, damit nicht noch mehr Mitglieder meiner Familie verhaftet würden. Mein Onkel, der in Qarqan als Polizist arbeitete und im Rahmen seiner Möglichkeiten immer schützend seine Hand über mich hielt, wurde nach meiner Ausreise offenbar zu zwölf Jahren Haft verurteilt. »Denk auch mal an deine Verwandten!«, beschwor mich mein Vater, als ich ihn zum letzten Mal hörte. »Komm zurück, wir werden dich schützen.« Aber ich glaubte ihm kein Wort, denn das war nicht wirklich er, mit dem ich sprach: Das war ein gequälter, ferngesteuerter Mensch voller Angst.

Seitdem ich in den USA lebe, haben wir keinen direkten Kontakt mehr. Das ist besser so. Allerdings verfolge ich natürlich die Propaganda, die die chinesische Regierung im Internet verbreitet, um meiner Geschichte die Glaubwürdigkeit zu entziehen. Sie haben diverse Videos gedreht, in denen auch meine Eltern zu sehen sind und von unseren Peinigern gezwungen werden, als Kronzeugen gegen mich aufzutreten.

Im letzten Video, das Anfang April 2021 veröffentlicht wurde, sagt mein Vater: »Mihrigul war nie in einem Lager. Sie hat immer bei uns zu Hause gelebt, und ihr ging es gut. Sie hat höchstens studiert.«

Es schmerzt mich sehr, so etwas zu hören. Doch ich nehme ihm das nicht übel: Keiner, der noch in China lebt, würde es wagen, etwas anderes zu sagen. Viel mehr quält mich der Gedanke, dass meine Angehörigen terrorisiert und bedroht werden, nur weil ich den Mut habe, die Wahrheit zu erzählen. Ich habe deswegen ein furchtbar schlechtes Gewissen meiner Familie gegenüber. Gleichzeitig bin ich zutiefst davon überzeugt, dass ich es tun muss: Die chinesische Staatsführung versucht, ein ganzes Volk auszulöschen.

Mehr als eine Million Menschen teilen mein Schicksal. Viele von ihnen sitzen just in diesem Moment, in dem ich diese Zeilen schreibe, in einem Konzentrationslager und werden dort mit unvorstellbarer Grausamkeit gefoltert und misshandelt. Selbst wenn man diese Menschen aus den Lagern entlässt, werden sie nie wieder dieselben sein, genau wie ich und meine Familie

Denn das ist das Ziel: Durch die völlige Entmenschlichung mittels Totalüberwachung und Gehirnwäsche will China die Gefangenen für immer ihrer individuellen und kulturellen Identität berauben. Wie kann ich da etwas anderes tun, als dieses

Verbrechen, das ich am eigenen Leib erfahren musste, in die Welt hinauszuschreien? Es wird Zeit, dass der Rest der Welt aufwacht und etwas dagegen tut.

Angesichts des Verlusts meiner eigenen Familie tröstet es mich sehr, dass zumindest mein Mann und dessen Eltern weiter felsenfest zu mir stehen und mir helfen. Wir telefonieren fast jeden Tag. Kürzlich, bei einem Videochat, zog meine Schwiegermutter eine Schatulle hervor. Darin lagen zwölf goldene Armreife. »Die habe ich für dich gekauft«, verkündete sie stolz. »Das ist dein Hochzeitsschmuck.«

»Bis du verrückt?«, schalt ich sie.

Die beiden wollen mir immer Geld schicken, obwohl sie als pensionierte Lehrerin und pensionierter Pilot auch nur sehr begrenzte Mittel haben. Meine Schwiegermutter, die bereits 87 Jahre alt ist, sagt oft, dass sie sich dazu verpflichtet fühlt. »Ich schulde dir das«, meint sie. »Schließlich konnte ich dich nicht unterstützen, als deine Kinder klein waren. Also muss ich das jetzt nachholen.«

»Aber es geht mir doch gut. Ich habe doch einen Job!«, behauptete ich, damit sie endlich damit aufhörte. Tatsächlich half ich eine Zeit lang in einer Pizzeria aus. Aber dieser Job brachte nicht viel ein und fiel später der Corona-Pandemie zum Opfer. Deshalb konnte ich ihre Zuwendungen in Wahrheit gut gebrauchen.

Mahmud sitzt nun schon seit drei Jahren in Dubai fest und wartet darauf, ausreisen zu können. Wir hoffen sehr, dass seine Situation sich bald klärt. Es wäre so schön, wenn er endlich bei uns sein könnte. Ich will nicht mehr allein sein. Und die Kinder wünschen sich nichts sehnlicher, als ihren Vater zu sehen.

Manchmal schauen wir uns zusammen Bilder von früher an: von Mahmud und mir vor zehn Jahren, als wir uns in Kairo kennenlernten. Wenn ich diese Fotos betrachte, kann ich kaum glauben, wie jung und unbefangen wir beide darauf aussehen. Viel zu viel ist seitdem geschehen. Einmal fiel den Kindern beim Betrachten der Bilder auch das Foto von mir und meinen drei Babys in die Hand, das kurz nach ihrer Geburt entstanden ist.

»Aber da sind ja drei Babys!«, konfrontierte mich Elena sofort.

»Ja. Das seid ihr beide. Und das dritte Baby ist euer Bruder Mohammed.«

»Wo ist der jetzt?«

»Der ist bei Papa«, log ich. Es purzelte einfach so aus mir heraus. Obwohl inzwischen so viel Zeit vergangen ist, bin ich immer noch unfähig, mir einzugestehen, dass mein Ältester in China gestorben ist.

»Kommt er dann auch mit, wenn Papa zu uns kommt?«, fragte Elena.

»Ja, bestimmt.«

Irgendwann werde ich auch meiner Tochter die Wahrheit sagen. Heute jedoch noch nicht. Sie ist noch zu klein, um die grausame Wirklichkeit zu begreifen.

Die Welt aber soll aus meinem Munde erfahren, welch unfassbare Verbrechen am uigurischen Volk verübt werden. Das ist mein Auftrag: Ich habe überlebt, um davon zu berichten. Niemand soll später sagen können, er habe von nichts gewusst.

Nachwort

Die wenigsten Menschen in Deutschland kennen die Geschichte der Uiguren am westlichen Rand der Volksrepublik China. Man liest gelegentlich etwas über Zwangsmaßnahmen und Unterdrückung dort, doch dieses Schicksal teilen die Uiguren mit Minderheiten auf der ganzen Welt.

Dennoch sind uns die Vorgänge in dieser weit entlegenen Weltgegend näher, als die meisten denken oder auch nur erahnen können. Schon beim nächsten Einkauf halten wir vielleicht ein T-Shirt in den Händen, dessen Baumwolle aus dem Gebiet der Uiguren stammt. Oder wir probieren einen Turnschuh an, den uigurische Zwangsarbeiter unter chinesischer Aufsicht in riesigen, kasernenartigen Fabriken hergestellt haben.

Nach einem Bericht des Australian Strategic Policy Institute von Februar 2020 sind mehr als eine Million der rund zwölf Millionen Uiguren von der chinesischen Regierung bereits in Lagern interniert worden. Es gebe zunehmend Beweise, dass viele dieser Lagerinsassen gezwungen würden, in Xinjiang oder in Produktionsstätten anderer chinesischer Provinzen zu arbeiten, schreiben die Forscher in dem Bericht. Außerhalb von Xinjiang wurden mindestens 27 Fabriken mit mehr als 80.000 uigurischen Zwangsarbeitern identifiziert. Dahinter stecke ein Programm mit dem Namen »Hilfe für Xinjiang«, das die Regierung für den Transfer von Arbeitskräften aufgelegt habe. Nutznießer dieses Programms seien, so schreiben die Forscher, mindestens 83 chinesische und internationale Unternehmen, darunter Konzerne wie Adidas, Apple, Asus, Calvin Klein, Hitachi, Lacoste, Microsoft, Mitsubishi und Panasonic. Auch große deutsche Firmen stehen auf der Liste, etwa BMW, Bosch, Siemens und Volkswagen. Sie alle stehen im Verdacht, von der potenziellen Ausbeutung muslimischer Arbeiter aus Xinjiang zu profitieren, und sei es nur dadurch, nicht näher nachzufragen, wer alles an der Produktion beteiligt ist. Oft verlassen sich die Manager auf die Unterzeichnung von »Supplier code of conduct«-Erklärungen, in denen die Produzenten bestätigen, dass selbstverständlich ihres Wissens nach keinerlei Zwangsarbeit geleistet werde. Manche ihrer Produkte, so der Bericht, würden möglicherweise trotz entgegenstehender Erklärungen der Hersteller direkt von uigurischen Zwangsarbeitern gefertigt. Hinter anderen wiederum stünden komplizierte Zuliefererketten, die die Firmen selbst kaum durchschauen könnten, selbst wenn sie sich diese Mühe machen. Die Autoren des Berichts berufen sich auf Zulieferlisten der jeweiligen Unternehmen sowie auf Satellitenbilder, Medienberichte und andere Quellen.

Es gibt zahlreiche unabhängige Untersuchungen, die die Unterdrückung und Ausbeutung der Uiguren ebenso belegen wie die systematische Überwachung und die Inhaftierung der Bevölkerung. Rund ein Zehntel des Volks der Uiguren wird unter teils furchtbaren Bedingungen in Lagern festgehalten und ist dort Umerziehungsmaßnahmen, Folter und systematischer Gehirnwäsche ausgesetzt. Eine umfangreiche Studie, die von der Standford Law School zusammen mit der Menschenrechtsorganisation Human Rights Watch im April 2021 vorgelegt wurde, listet erschütternde Fakten auf: Danach begeht die chinesische Staatsführung in Xinjiang fortgesetzte »Verbrechen gegen die Menschlichkeit« an den Uiguren und anderen Minderheiten. Das bedeutet nach den Kriterien des Internationalen Strafgerichtshofs (ICC), dass die Zivilbevölkerung umfangreich und systematisch angegriffen wird.

Das amerikanische Außenministerium sowie die Parlamente von Kanada, Belgien und den Niederladen haben die Vorgänge auf der Basis des internationalen Rechts als »Genozid« eingestuft. Zwei Dutzend Regierungen unterzeichneten im Juli 2019 einen Brief an den Menschenrechtsrat der Vereinten Nationen. Darin wird für den Hohen Kommissar dringend der ungehinderte Zugang zu der Region verlangt, um die Vorgänge dort weiter untersuchen zu können.

Die Machthaber in Peking bestreiten alle diese Vorwürfe nachdrücklich. Bei den Lagern handele es sich lediglich um »Ausbildungsstätten«, in denen Angehörige der muslimischen Minderheit »deradikalisiert« und »qualifiziert« würden. Nach ihrer Entlassung, die offiziell »Schulabschluss« genannt wird, sei es den »Absolventen« leichter möglich, einen Platz in der chinesischen Gesellschaft zu finden. Bei den Uiguren, die über das »Hilfsprogramm« in andere chinesische Provinzen »vermittelt« werden, handelt es sich nach Regierungsangaben lediglich um »Freiwillige«, die bei ihrer Verwendung als »Gastarbeiter« gut verdienen würden.

Tatsächlich ist es den Uiguren nahezu unmöglich, die Arbeitseinsätze außerhalb Xinjiangs zu verweigern oder ihnen zu entkommen, schreiben die australischen Forscher. Zur ständigen Überwachung kommt die Angst vor willkürlicher Internierung, die ihnen im chinesischen Kernland als Angehörige einer Minderheit droht. Außerdem müssen die uigurischen »Gastarbeiter« am Feierabend an Chinesischunterricht und einer »patriotischen

Erziehung« teilnehmen. Sie wohnen in isolierten Sammelunterkünften und dürfen ihre islamische Religion nicht ausüben.

Auch Frauen sind betroffen. In dem australischen Bericht wird eine Fabrik in der Stadt Laixi bei Qingdao benannt, in der überwiegend uigurische Frauen arbeiten und wohnen. Der Ablauf dort sei dem in den Umerziehungslagern in Xinjiang zumindest recht ähnlich. Die Produktionsstätte in Laixi beliefere hauptsächlich den US-Sportartikelhersteller Nike mit jährlich mehr als sieben Millionen Paar Schuhen.

Zeugen aus dem Kreis der Betroffenen, die westlichen Medien von den Zuständen erzählten, werden von chinesischen Amtsträgern wie dem Botschafter der Volksrepublik China in Deutschland wahlweise als »bezahlte Schauspieler« oder »westliche Provokateure« bezeichnet. Auch Mihrigul Tursun ist von solcherlei Diskreditierungsmaßnahmen seitens der chinesischen Regierung natürlich nicht verschont geblieben.

Tief verstrickt in das Problem einer menschenrechtswidrigen Produktion ist auch die internationale Textilindustrie. Nach einer viel beachteten Untersuchung der US-Denkfabrik Center for Global Policy müssen Hunderttausende Uiguren, zumeist Frauen, auf den Baumwollfeldern Zwangsarbeit verrichten. Die USA haben inzwischen ein Importverbot von Baumwolle aus Xinjiang eingeführt. Mehrere große Modemarken haben sich von entsprechenden Lieferanten in Xinjiang distanziert. Das Modeunternehmen »H&M« etwa will auf Baumwolle aus der Region ganz verzichten. Der Entschluss ist nicht leicht umzusetzen: Immerhin stammen rund 20 Prozent der weltweiten Baumwolle aus Xinjiang.

Der steigende Druck auf westliche Hersteller, Produkte aus der Region aus ihren Lieferketten zu streichen, führt in Peking zu erbosten Reaktionen. Die Kommunistische Partei Chinas ist angesichts der zunehmenden Stärke des Landes und der wachsenden wirtschaftlichen Macht immer weniger bereit, auf westliche Regeln und internationale Standards Rücksicht zu nehmen. Vereinbarungen zu Rechtsstaatsdialog und zur Einhaltung der Menschenrechte werden offiziell geschlossen, im konkreten Alltag aber zunehmend ignoriert. Wer als westlicher Unternehmer trotzdem darauf pocht, gerät leicht in die Mühlen des chinesischen Machtapparats – mit weitreichenden wirtschaftlichen Folgen.

Das Problem ist, dass gerade Deutschland seit vielen Jahren so intensive Wirtschaftsbeziehungen zum Reich der Mitte pflegt, dass eine gefährliche Abhängigkeit entstanden ist. Manche Firmen wie V W verkaufen in China mehr Autos als auf ihrem Heimatmarkt. Der Volkswagen-Konzern dürfte kaum noch in der Lage sein, einen grundsätzlichen Streit mit den Machthabern in Peking auszutragen. Sollte die KP Chinas einmal beschließen, in ihrem Land den Bau und Verkauf von Volkswagen zu verbieten, dürfte der Konzern in ernste Probleme geraten. Kleineren Firmen geht es ebenso. Wenn China ernst macht, steht die deutsche Wirtschaft vor riesigen Problemen, in deren Folge die Existenz zahlreicher Unternehmen vernichtet werden kann. Wer so abhängig ist, drückt halt eher einmal die Augen zu, wenn es um die Verletzung von Menschenrechten in einem entlegenen Teil des chinesischen Riesenreichs geht.

Ähnlich ergeht es der Politik. In den 16 Jahren Regierungszeit von Kanzlerin Angela Merkel ist auf Wunsch der Wirtschaft alles unternommen worden, um die gegenseitigen Beziehungen und die deutschen Exportinteressen zu fördern. Mit einem Handelsvolumen von sagenhaften 212 Milliarden Euro war China

2020 – wie schon in den Jahren zuvor – deshalb auch der mit Abstand wichtigste Warenhandelspartner Deutschlands. Ein beträchtlicher Teil unseres Wohlstandes und unserer Arbeitsplätze hängt also davon ab, dass unsere Unternehmen ihre Produkte nach China verkaufen können oder gleich dort Waren aller Art produzieren dürfen.

Doch die Zeiten ändern sich. Im Bewusstsein seiner zunehmenden Größe verfolgt China inzwischen eine demonstrative Machtpolitik, an der westliche Kritik ebenso abprallt wie die Mahnung zur Einhaltung internationaler Vereinbarungen. Die Verfolgung der Minderheiten im Land, die massive Unterdrückung der Demokratiebewegung in Hongkong, der aggressive Auftritt Pekings im Südchinesischen Meer oder die Drohungen gegenüber Taiwan: Der Konfliktstoff mit China wächst. Die USA unter der neuen Führung von Präsident Joe Biden wollen das nicht mehr hinnehmen und halten aktiv dagegen. Unter dem Vorzeichen der wachsenden Großmachtrivalitäten muss Europa deshalb einen eigenen Platz suchen, ohne sich von den USA zu isolieren, aber auch, ohne zwischen die Fronten zu geraten. Für das kraftvolle Einfordern von Menschenrechten sind das keine guten Vorzeichen.

In ihrer wechselvollen Geschichte haben die Uiguren viele fremde Herrscher erduldet, vertrieben und am Ende wieder akzeptieren müssen. Ethnologisch sind sie ein altes Turkvolk, das ursprünglich in der mongolischen Steppe beheimatet war. Nach der Eroberung durch die Kirgisen floh die Aristokratie im 15. Jahrhundert gen Südosten, ins Grenzgebiet zwischen der Steppe und China. Im Tamrinbecken gründeten die Diaspora-Uiguren einen eigenen Staat. Dieser Staat, »Hui-p'u« (islamische Region), weckte im Verlauf der nachfolgenden Jahrhunderte immer wieder Begehrlichkeiten bei anderen Mächten. Dennoch konnten sich die Uiguren im Tamrinbecken, das in der heutigen chinesischen Provinz Xinjiang liegt, ein gewisses Maß an Unabhängigkeit bewahren.

Ende des 18. Jahrhunderts geriet das Gebiet dann unter chinesische Herrschaft. Nach dem Zusammenbruch des Kaiserreichs Anfang des 20. Jahrhunderts wurde in Xinjiang – mit Unterstützung der Sowjetunion – zwei Mal eine unabhängige Republik namens »Ost-Turkestan« gegründet. Danach war es einige Zeit unklar, ob das Gebiet in den Einflussbereich Chinas oder der Sowjetunion fallen würde. Beide Perioden der Unabhängigkeit endeten jedoch mit der Rückeroberung des Gebiets durch die Chinesen.

Seit dem Sieg der chinesischen Revolution 1949 gehört die Provinz »Autonome Provinz Xinjiang«, in der heute rund zwölf Millionen Uiguren leben, zur Volksrepublik. Offiziell erkennt Peking 55 ethnische Minderheiten in seinem Staatsgebiet an. Die Han-Chinesen stellen mit 92 Prozent Bevölkerungsanteil die erdrückende Mehrheit. Von größerer politischer Bedeutung sind vor allem die Minderheiten der Uiguren und Tibeter. Sie besitzen neben einer eigenen Sprache, Kultur und Religion auch eine aktive Autonomiebewegung.

Sowohl Tibet als auch Xinjiang haben deshalb den Status einer autonomen Region. Der Grad an Autonomie, den die Provinz genoss, variierte allerdings stark. Zunächst gestand Peking Xinjiang eine relativ große kulturelle Unabhängigkeit zu. So wurde toleriert, dass die Uiguren dort ihre eigene Sprache sprachen und den muslimischen Glauben lebten. Das Misstrauen Pekings wuchs jedoch, als es nach dem Zusammenbruch der Sowjetunion abermals Bestrebungen gab, die Provinz aus China herauszulösen und – nach dem Vorbild von Kirgisien und Kasachstan – als eigenständiges Land zu etablieren.

Die größte Veränderung in den Beziehungen Pekings zu Xinjiang fand jedoch unter dem Eindruck der Anschläge vom 11. September 2001 statt. Der weltweite Aufwind von radikalmuslimischen Terrorgruppen machte die stets um Ruhe und Frieden im Land besorgte Staatsführung nervös. Besonders gefährlich erschien Peking, dass auch Mitglieder der uigurischen Unabhängigkeitsbewegung Verbindungen zu ausländischen islamistischen Gruppen pflegten. Ein Terroranschlag, den uigurische Separatisten 2009 in der Provinz-Hauptstadt Urumchi verübten und in dessen Folge Uiguren und Han-Chinesen gewaltsam aufeinander losgingen, löste in chinesischen Regierungskreisen eine regelrechte Dämonisierung der Uiguren und ihrer Autonomiebestrebungen aus. Man fürchtete weitere Anschläge und das Einsickern islamischer Terrorgruppen. Da die Uiguren dem islamischen Glauben anhängen, glaubt Peking, dass der Funke der radikalislamischen Bewegung ein Feuer entfachen könnte, das auch auf andere Provinzen übergreift. Die den Uiguren zugestandene Autonomie steht deshalb nur noch auf dem Papier. Heute strebt die chinesische Führung offen die komplette Sinisierung der Provinz an. Um jegliche separatistische Ambitionen im Keim zu ersticken, sollen die Uiguren ihrer gesamten religiösen und kulturellen Identität beraubt werden, ihr historisches Gedächtnis ausgelöscht werden.

Allerdings geht es bei der Unterdrückung der Uiguren längst nicht nur darum, eine verdächtige ethnische Minderheit muslimischen Glaubens in Schach zu halten. Die Provinz Xinjiang verfügt über reiche Bodenschätze, auf die Peking ein Auge geworfen hat. Rund ein Drittel der chinesischen Erdöl- und Kohlevorkommen liegt dort unter der Erde. Außerdem werden Eisen, Gold, Blei, Kupfer, Sulfat und seltene Erden gewonnen. Auch das ist ein Grund, warum die Regierung versucht, die weit entfernte Provinz fest im Griff zu halten. Zudem ist die Region aufgrund ihrer geografischen Besonderheiten ein Schwerpunkt für erneuerbare Energien: Mehr als ein Drittel der heute in China erzeugten Windenergie stammt von dort - und die Produktion soll stetig ausgebaut werden. Das gilt auch für die Gewinnung von Solarstrom in dem sonnenreichen und trockenen Gebiet. China kann und will wegen der grassierenden Luftverschmutzung in zahlreichen Städten nicht darauf verzichten, einen Teil seines rasch wachsenden Energiebedarfs mit grünem Strom aus Xinjiang zu decken. Es sind also auch handfeste ökonomische Interessen, die bei der Unterdrückung und Ausbeutung der Menschen dort eine Rolle spielen.

Obwohl mehr als eine Million Uiguren Zwangsarbeit, Gefängnis und Gehirnwäsche erlitten haben, gibt es nur eine Handvoll Augenzeugen, die über die Gräueltaten und die Zustände in den Lagern berichten können: Nur wem nach dem Aufenthalt in den Strafanstalten die Flucht außer Landes gelingt, kann es wagen, darüber zu sprechen. Mihrigul Tursun ist eine dieser wenigen Menschen, denen das geglückt ist. Nach ihrer Odyssee durch drei Lager konnte sie flüchten und wohnt heute zusammen mit ihren beiden überlebenden Kindern in Washington.

Ich lernte Mihrigul im Frühjahr 2021 kennen. Nach mehreren Vorgesprächen konnte ich sie überzeugen, mir ihr Vertrauen zu schenken. So fasste sie den mutigen Entschluss, mir ihre Geschichte zu erzählen. Sie wollte, dass die Welt aus ihrem Mund erfährt, was heute in ihrer Heimat tagtäglich an unvorstellbaren Gräueltaten geschieht. Mihrigul ist dankbar, dass sie entkommen konnte, aber sie will nicht schweigen, nicht verdrängen, nicht vergessen. Sie hört und liest, dass die chinesische Regierung die grausame Unterdrückung und die kulturelle Vernichtung ihres Volkes trotz zahlreicher Beweise mit einer kaum zu überbietenden Arroganz bestreitet. Auch das spornt sie an, sich zu erinnern, auszusagen und ihre Peiniger anzuklagen.

Die Gespräche, insgesamt rund 200 Stunden Interview, waren für uns beide nicht einfach. Oft musste ich Mihrigul bitten, mir so genau wie möglich Situationen und Orte zu schildern, die sie lieber vergessen hätte. Manchmal weinten wir zusammen. Denn auch für mich, ihrer ersten Zuhörerin, waren die vielen grausamen Einzelheiten ihres Martyriums nur schwer zu ertragen.

Entstanden ist daraus ein Augenzeugenbericht, der es in sich hat und den die Machthaber in Peking sicher gerne verhindert hätten: Mihrigul schildert im Detail, wie China mittels Folter und systematischer Gehirnwäsche ein ganzes Volk seiner Religion, Sprache und Identität berauben will. Es ist uns beiden nicht leichtgefallen, dieses Buch zu schreiben. Aber wir hoffen, dass diese so aufwühlende wie authentische Geschichte nicht nur die Leserinnen und Leser berührt, sondern auch die Politiker unseres Landes erreicht und in ihnen den Wunsch weckt, auf eine Veränderung zu dringen – auch wenn dies möglicherweise wirtschaftlichen Interessen zuwiderläuft.

Berlin, im November 2021

Andrea C. Hoffmann